自分の力を
信じよう

Trust yourself
Trust the Universe

성공자의 고백

성공자의 고백

1판 1쇄 인쇄   2024. 2. 21.
1판 1쇄 발행   2024. 2. 28.

지은이   간다 마사노리
옮긴이   이선희

발행인   박강휘
편집 정혜경 디자인 유상현 마케팅 이헌영 홍보 반재서
발행처   김영사
등록   1979년 5월 17일(제406-2003-036호)
주소   경기도 파주시 문발로 197(문발동) 우편번호 10881
전화   마케팅부 031)955-3100, 편집부 031)955-3200 | 팩스 031)955-3111

값은 뒤표지에 있습니다.
ISBN 978-89-349-1086-2 03320

홈페이지 www.gimmyoung.com   블로그 blog.naver.com/gybook
인스타그램 instagram.com/gimmyoung   이메일 bestbook@gimmyoung.com

좋은 독자가 좋은 책을 만듭니다.
김영사는 독자 여러분의 의견에 항상 귀 기울이고 있습니다.

5년간의 창업 노하우를 3시간에 배울 수 있는 이야기

성공자의 成功者の告白 고백

Confessions of
Self-made
Millionaires

간다 마사노리
神田昌典

이선희 옮김

김영사

'돈을 많이 벌고 싶다!
큰 집에서 살고 싶다!'

이런 욕망에 사로잡힌 나는
도망치듯 회사를 때려치우고
독립했다.

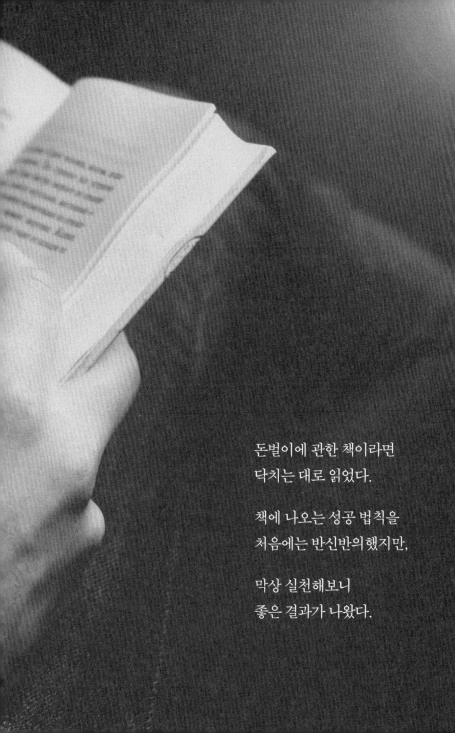

돈벌이에 관한 책이라면
닥치는 대로 읽었다.

책에 나오는 성공 법칙을
처음에는 반신반의했지만,

막상 실천해보니
좋은 결과가 나왔다.

나는 앞을 향해

달리고,
　　달리고,
　　　또 달렸다.

통장의 돈은 늘어났고

큰 집에서 살게 되었으며,

꿈에 그리던 스포츠카도 손에 넣었다.

그리고 어느새 '사업의 천재'라는
별명까지 얻게 되었다.

꿈에 그리던 해피엔딩.

누구나 부러워하는 성공 이야기다.

하지만 그런 성공 법칙에는
나오지 않은 것이 있었다.

성공으로 가는 길목 곳곳에는
내가 전혀 예상하지 못한

수많은 지뢰가 숨어 있었던 것이다.

2장　행복과 불행 사이에서

3장 다정함의 함정

成功者の告白

4장 성공의 끝에서

에필로그

모든 꿈꾸는 사람에게

일러두기
_____

○ 이 이야기는 여러 경영자와 관련된 실화를 바탕으로 하고 있지만 어디까지나 픽션이
  다. 등장인물과 단체 등은 실제로 존재하지 않고, 모델 또한 특정한 개인이 아니다.

○ 본서의 원서는 2006년에 고단샤에서 출간한 《成功者の告白》문고본으로, 이야기는
  출간 당시를 배경으로 하고 있다.

성공으로

The Road
to Success

가는 길

"자신을 믿고 시작하자.
스스로를 믿지 않으면
그 누구도 믿지 않을 것이다."

마크 트웨인

숨어 있는 수많은 지뢰

큰 꿈을 가지고서 적극적으로 열심히 노력하면 반드시 성공한다!

나는 이런 성공 법칙을 굳게 믿어왔다. 그리고 그러한 믿음은 틀리지 않았다. 그 결과, 나는 부자가 되었다. 그러나 해피엔딩으로 끝나지는 않았다. 지금 내 마음에는 깊은 상처가 남아 있다. 성공을 향해 정신없이 달리는 과정에서 예상치 못했던 수많은 지뢰를 밟았기 때문이었다.

성공으로 가는 길에는 의외로 수많은 지뢰가 숨어 있다. 성공이 눈앞에 보일 때쯤이면 이상하게도 그것과 똑같은 크기의 고통과 장애물이 등장한다. 그러나 지뢰는 일이나 사업에서 폭발하지 않는다.

'사업에서 얻은 것은 사업에서 잃어버린다.'

이런 단순한 문제라면 나만 고통을 당하면 되는 일이니까 얼마든지 대응할 수 있다. 그러나 현실은 그렇게 단순하지 않다. 지뢰는 상상도 하지 못한 곳에서, 더구나 아주 개인적인 부분에서 터져버리는 것이다. 내가 밟은 지뢰 역시 그랬다.

○ 어느 날, 세 살배기 아들의 다리에 수많은 멍 자국이 올라와서 병원에 갔더니 당장 입원해야 한다고 했다. 특발성 혈소판감소성자반증 원인을 알 수 없는 혈소판의 감소로 몸에 반점이 생기는 질환 이라는 것이다. 이 병은 혈소판 수가 급격하게 감소해서 넘어지기만 해도 몸 안에서 피가 새어나오는데, 만약 그곳이 뇌라면 죽음에 이를 수도 있다고 한다.

○ 네 살배기 딸이 원인을 알 수 없는 복통에 시달렸다. 그 나이에 걸리지 않는 장폐색이란 진단을 받고 치료하여 가까스로 괜찮아지긴 했지만, 하마터면 때를 놓쳐서 큰일 날 뻔했다.

○ 밤늦게 집에 들어간 어느 날, 아내의 모습은 보이지 않고 식탁에 이혼 청구서가 놓여 있었다.

○ 직원 세 명이 잇따라 메니에르병 내이출혈에 의한 현기증으로, 이명, 난청 등이 발작적으로 일어나는 경우가 많다 으로 쓰러졌다. 업무가 제대로 이루어지지 않아서 고객의 클레임이 쇄도했다.

성공자의 고백

○ 가장 친했던 동료 컨설턴트가 심한 우울증에 걸렸다. 그러다가 어느 정도 회복되고 기운을 차렸다고 안심한 순간, 그는 스스로 목숨을 끊었다.

이렇게 수많은 장애물이 불쑥불쑥 나타나서 나를 괴롭혔다. 그때마다 나는 운이 나빴을 뿐이라고 스스로를 위로했다. 나에게만 일어난 특수한 사건으로 받아들인 것이다. 하지만 유감스럽게도 그 일은 결코 나만 겪는 일이 아니었다.

성공으로 가는 길목에서는 누구나 이런저런 장애물에 부딪힌다. 성공이라는 달콤한 열매만 차지하는 경우는 별로 없다. 이것은 조심하라는 뜻에서 하는 말이 아니라 내가 실제로 경험한 끝에 뼈저리게 느낀 진실이다. 내가 이렇게 단호하게 말하는 이유는 실제로 단기간에 급성장한 회사의 경영자들이 그러한 일을 겪는 경우를 많이 보았기 때문이다.

내 입으로 말하기는 쑥스럽지만, 나는 사업 기회를 찾아내고 상품을 파는 시스템을 만드는 데 뛰어난 재능을 가지고 있다. 그리고 지금까지 1만 명이 넘는 경영자에게 그 노하우를 전수해왔다. 그 결과, 불과 몇 년 사이에 수많은 성공자를 만들어냈고, 나는 그 사실에 자부심을 가지고 있다.

성공자들과 이야기하다 보면 한 가지 공통점, 즉 일종의 패턴이 있다는 사실을 알 수 있다. 사업이 성장함에 따라 어떤 회사든 똑같은 문제가 발생한다는 것이다. 가장 골치 아픈 것은 성장 속도가 빨라지면 가정 문제가 빈발한다는 점이다.

미국의 논리적 경영 기법이 뼛속까지 박혀 있는 MBA로서, 처음에는 경영과 가정생활에 밀접한 관계가 있다는 사실을 받아들이기 힘들었다. 그러나 그것은 사업 논리를 초월한 경험적인 측면에서 무시할 수 없는 중요한 문제였다. 아마 여러분도 다음과 같은 이야기를 들은 적이 있을 것이다.

- **성공의 정점에 올라선 순간, 큰 사고를 당하거나 병에 걸리거나 갑자기 사망하는 일이 있다.**
- **사회에서 각광을 받거나 매스컴의 찬사를 받을 때, 가족이 사고를 당하거나 병에 걸리는 일이 있다.**
- **성공해서 책을 출판하자마자 갑자기 회사 실적이 악화된다.**
- **강력한 카리스마로 유명한 경영자 중에는 부인과 별거하거나 여기저기에 애인이 있는 사람이 많다.**
- **투기를 통해 거액의 이익을 올린 사람 중에는 젊은 나이에 사고나 병으로 죽은 사람이 많다.**

이런 일은 아무에게나 일어나지 않는 예외적인 사건이라고 믿고 싶다. 그러나 예외치고는 너무 자주 일어난다. 성공한 사람들도 다른 사람들과 마찬가지로 인생의 어두운 그림자가 있게 마련이지만, 매스컴에서는 거의 언급하지 않는다. 신문이나 잡지에서는 성공한 사람의 사업에만 초점을 맞추어 영웅을 만들어낸다.

그러나 그 사람의 개인적인 부분에 초점을 맞추면, 그 순간 영웅은 추락하고 만다. 가족 관계의 단절과 가정 폭력, 이혼, 불륜, 자녀의 등교 거부, 학교 폭력, 은둔형 외톨이, 우울증 등 정상적인 가정은 그렇게 많지 않다. TV의 아침 프로그램에서 떠들고 있는 청소년 범죄는 주로 사회적 지위가 높은 가정에서 일어나고 있다.

성공하면 그만큼 고통도 늘어난다!

이런 이야기를 좋아하는 사람은 아무도 없다. 최선을 다해 열심히 사는 사람일수록 그런 이야기는 미신이라고 믿고 싶어 한다. 좋은 이야기만 하면 말하는 사람도 듣는 사람도 마음이 편하다. 따라서 진실을 은폐하고 좋은 이야기만 쓰면 시원한 청량제가 되어 책도 많이 팔릴 것이다.

빛이 있으면 그림자가 있는 법이다. 비즈니스에서도 성공이 있으면 그 이면에는 어두운 측면이 있지만 이런 사실을 언급하고 싶어 하는 사람은 별로 없다. 하지만 이 책에서는 그 어두운 주제에 한 걸음 깊이 들어가고자 한다.

내가 굳이 이 주제에 도전하려는 이유는 나는 어느 누구보다 그런 문제를 온몸으로 겪었고, 경험에서 얻은 대처 방법을 자세히 알려줄 수 있기 때문이다.

사업의 어느 부분에 지뢰가 숨어 있는가? 지뢰를 밟지 않으려면 언제 어떤 조치를 취해야 하는가? 장애물에 대한 이런 예측과 장애물을 극복하는 방법, 사업에서도 성공하고 가정도 잘 지키는 방법……. 나는 직접 겪은 실패와 고통을 통해서 이러한 것들을 온몸으로 절감하게 되었다.

그 결과 어느 회사나 똑같은 패턴으로 장애물에 부딪힌다는 사실을 알게 되었다. 그렇다면 그 패턴만 파악하면 약간의 사실만 알아도 앞으로 그 회사에 무슨 일이 발생할지, 경영자와 직원들의 가정에 무슨 일이 일어날지 예측할 수 있지 않을까?

한 가지 예를 들어보자.

며칠 전에 눈부시게 성장하고 있는 한 벤처기업의 직원을 만났다. 직원 수 50여 명 규모의 그 회사 직원은 나에게 사업상 한 가지 제안을 하면서 덧붙였다.

"저희 회사는 담당자와 사장님이 직접 연결되어 있어서 결정이 빠릅니다. 이 기획안도 사장님께 말씀드리면 좋다고 단번에 승인하실 겁니다."

그 회사 사장은 카리스마가 뛰어나고, 빠른 판단력과 과감한 추진력으로 유명한 사람이다. 이쯤에서 독자 여러분께 한 가지 문제를 내려고 한다. 이 정도 정보만으로 이 회사에 대해서 무엇을 알 수 있을까?

"겨우 그 정도 정보 가지고는 그 회사에 대해서 알 만한 것이 아무것도 없지 않은가?"

아마 이렇게 고개를 갸웃거리는 사람이 많을 것이다. 어쩌면 '회사 조직이 수직이 아니라 수평이라서 분위기가 자유로울 것'이라고 추측하는 사람이 있을지도 모른다.

나는 그때 그 직원에게 이렇게 말했다.

"괜찮으시다면 느낀 점을 몇 가지 말씀드려도 될까요?"

"네, 물론입니다."

"혹시 사내에 다른 직원들의 의욕을 떨어뜨리는 문제 직원이 있지 않나요? 어쩌면 그 문제 직원을 그만두게 하려는 분위기가 있을지도 모르겠군요. 하지만 문제 직원을 해고한다고 해서 문제가 해결되지는 않습니다. 예전에도 그런 직원이 있었지만 그 직원을 해고한 순간 다른 문제 직원이 나타났을 테니까요."

그는 연신 고개를 끄덕이면서 내 이야기에 귀를 기울였다.

"그런 경영자의 가정은 대개 원만하지 않죠."

그러자 그의 얼굴에서 놀라움의 빛이 떠올랐다.

"그렇습니다. 저희 사장님은 두 번이나 이혼을 하셨습니다. 그런데 그걸 어떻게 아신 거예요?"

나는 그의 질문에 대답하지 않고 계속해서 회사의 문제점을 지적했다.

"수평 조직은 대부분 사장의 카리스마로 운영되는 법이죠. 아마 당신 회사에는 창업 당시부터 있던 직원들이 사장 주위에 진을 치고 있고, 관리부 직원들 중에는 자신의 확고한 주관 없이 사장이 시키는 대로 일하는 예스맨이 많을 겁니다. 그런 상태로 계속 성장하다 보면 얼마 가지 않아서 조직에 균열이 생길지도 모릅니다. 보아하니 당신은 창업 당시부터 있던 사람이 아닌 것 같군요."

"그렇습니다. 최근에 다른 회사에서 이직했습니다."

"이것은 일반적인 얘기니까 당신과는 관계가 없을지도 모르지만, 그런 상태에서 외부에서 온 사람이 갑자기 실적을 올리면 회사에 뿌리를 내리기 힘들 수도 있습니다. 그런 경우에는 일단 주변 사람들과 보조를 맞추고 협조하는 것부터 시작하면 원만한 관계를 유지할 수 있죠."

이렇게 회사에 관한 몇 가지 정보만으로도 경영자의 가정생활은 물론이고 조직에서 지뢰가 폭발하는 타이밍, 도화선에 불을 붙이는 사람까지도 알 수 있다. 나의 추론을 정리하면 다음과 같다.

○ 사장이 멈추지 않고 계속 달리기만 하면, 마치 그것을 제지하려
는 듯이 문제 직원이 나타난다.

○ 회사의 성장 속도가 빠를수록 조직의 문제는 커진다.

○ 사장의 에너지가 고갈되면 회사는 산산조각으로 분해된다. 그
리고 그 타이밍은 기업의 라이프 사이클을 보면 어느 정도 예측
할 수 있다.

○ 회사 혼란의 방아쇠를 당기는 사람은 뜻밖에 사장이 가장 신뢰
하는 오른팔인 경우가 많다.

○ 창업할 때부터 사장의 주위에는 예스맨만 모여 있기 때문에, 도
중에 입사한 직원은 따돌림당하기 일쑤다.

○ 사장의 아버지는 매우 엄격한 사람으로, 사장은 아버지에 대한
분노를 해결하지 못한 경우가 많다.

○ 사장의 가정에는 여러 문제가 있는데, 특히 자녀에게 문제가 있
는 경우가 많다.

어떻게 이런 것까지 알 수 있을까?

그것은 기업의 성장 시나리오가 어떻게 전개되는지, 그 패턴
을 알면 쉽게 예측할 수 있기 때문이다. 기업의 성장 시나리오는
그렇게 복잡하지 않다. 다만 무대가 다르고 배우가 다르기에 복
잡하게 보이는 것뿐이다. 전국 200만 개의 기업에는 모두 독자
적인 성장 시나리오가 있다고 여길지도 모른다. 하지만 성장 시

나리오의 패턴은 고작해야 서너 가지에 불과하다.

"말도 안 돼!"라고 반발할 수도 있을 것이다. 자기 회사에는 자기 회사만의 사정이 있고, 자기 가정에는 자기 가정만의 사정이 있다고 생각하는 것이다. 그렇다면 여기에서 문제를 한 가지 더 내고자 한다.

지금까지 영화는 수십만 편이나 만들어졌는데, 과연 시나리오의 전개 패턴은 몇 종류나 될까?

사람들은 영화의 시나리오는 모두 다르다고 인식하고 있다. 그러나 잘 들여다보면 시나리오의 전개 패턴은 불과 몇 종류밖에 되지 않는다는 사실을 알 수 있다. 더구나 90퍼센트 이상은 신화학자 조지프 캠벨(1904~1987)이 분석한 신화의 전개 패턴, 즉 영웅의 성장 이야기 Hero's Journery에 따라서 만들어지고 있다. 〈스타워즈〉와 〈타이타닉〉, 〈귀여운 여인〉과 〈센과 치히로의 행방불명〉 등을 보면 시나리오의 전개 패턴이 전부 똑같지 않은가? 즉, 우리는 무대와 배우만 다른 똑같은 패턴의 영화를, 질리지도 않고 계속 돈을 내면서 보고 있는 것이다!

이와 마찬가지로 경영자는 다른 회사와 비슷한 패턴으로 나아가면서, 자기 회사만의 독자적인 길을 걷고 있다고 착각하곤 한다.

문제는 패턴을 보지 못하기 때문에 패턴에 농락당하고 있다는 것이다. 그 결과, 다른 회사와 똑같은 잘못을 다른 회사와 똑같이 저지르면서, 다른 회사와 똑같이 문제가 겉으로 드러날 때까지 아무런 조치도 취하지 않는다. 그리고 결국 다른 회사와 똑같이 가족들이나 사원들이 희생되는 것이다.

물론 패턴화하는 것에 문제가 전혀 없다고 할 수는 없다. 모두 한데 묶어 다룸으로써 독자성을 간과할 위험이 있다는 것은 잘 알고 있다. 그러나 패턴을 보지 못하기 때문에 패턴에 농락당할 위험이 그보다 몇 배는 더 크다고 봐야 한다. 더구나 패턴을 알면 패턴에서 빠져나올 수 있지 않은가! 자기가 나아가는 길에 지뢰가 숨어 있다는 사실을 알고 있으면 지뢰에 대처할 수 있는 것이다.

'지뢰'라는 과격한 표현을 사용했지만, 이 책의 목적은 여러분을 위협하려는 것이 아니다. 또한 성공으로 가는 영웅의 길을 포기하라는 것도 아니다.

실제로 나는 지뢰를 밟고 고통을 겪었지만, 지금은 그 고통이 큰 힘을 만들기 위한 귀한 선물이었다고 받아들이고 있다. 지뢰가 있다고 해서 한 발짝도 나아가지 못하고 멈춰 서 있기만 했다면 지금처럼 매일 일어나는 놀라운 기적도 만나지 못하고 풍요로운 인생도 살 수 없었으리라.

나는 여러분에게 지뢰를 피할 수 있는 방법을 가르쳐주려는 게 아니다. 유감스럽지만 성공의 길 곳곳에 숨어 있는 고난과 장애물은 피할 수 없다. 하지만 멋지게 극복할 수는 있다. 하나하나 극복하다 보면 아름답게 펼쳐진 풍경을 만날 수 있다. 그런 풍경은 성공이라는 목표를 향해 달려가도록 사람을 부추긴다. 하지만 성공 이야기에는 자기를 해방시키는 결말도 있고, 죄수로 만드는 결말도 있다.

나는 여러분이 성공에 사로잡힌 죄수가 되기 위해서가 아니라, 본인이 가진 모든 능력을 해방하기 위한 나침반으로서 이 책을 이용했으면 좋겠다. 그리고 고난에 대항할 각오와 그것을 극복하는 힘을 기르는 데 작은 도움이 되길 바라면서 이 책을 바치고 싶다.

소설의 형식을 빌린 성공 가이드북

이 책의 주제는 한 가지다. '어떻게 하면 가정과 사업의 균형을 유지하면서 회사를 성장시킬 것인가!' 이 주제를 좀 더 효과적으로 다루기 위해 소설의 형식을 빌렸다. 소설이라는 형식을 빌리면 광범위한 소재를 더 이해하기 쉽고 일관성 있게 전할 수 있다고 생각한 것이다.

이것은 소설이지만 완전히 꾸며낸 이야기는 아니다. 특정한 인물이나 회사를 모델로 삼지는 않았으나, 내가 겪은 사건들을 포함해서 실화를 여러 개 빌려 쓰기도 했다. 몇몇 성공한 경영자가 겪었던 패턴에서 불필요한 부분을 덜어낸 결과 태어난 이야기라고 하는 편이 맞을 것이다. 따라서 사업 경험이 많은 사람일수록 여기에 나오는 이야기가 현실과 정확히 일치한다는 사실을 알아차릴 수 있을 것이다.

이야기를 따라가다 보면, 앞으로 회사에서 일어날 문제를 예측하고 통찰하는 능력이 몸에 배일 것이다. 그리고 주인공과 함께 문제에 대한 해결책을 찾다 보면 마치 추리소설을 읽는 듯한 재미도 느낄 수 있으리라.

또한 등장인물의 대화도 자신의 조직이 안고 있는 문제에 응용하기 쉽도록 코칭 지식을 이용해서 만들었다. 단순한 자기계발서나 경제경영서 이상으로 활용할 수 있도록 고심하고 연구했다. 이 책을 통해서 많은 것을 배우고 싶은 사람은 처음에는 줄거리에 초점을 맞추어서 읽고, 두 번째는 자기 회사에 응용할 수 있는 방법을 생각하면서 읽길 바란다. 그러면 한 권으로 몇 권의 효과를 거둘 수 있을 것이다.

주인공은 벤처기업을 창업한 경영자로 설정했다. 그러나 주인공이 마주치는 문제들은 아마 모든 직장인의 가슴속에 숨어 있는 병이 아닐까? 주변에 비슷한 고민에 빠져 있는 동료나 친구가 있다면, 그 사람의 상황에 맞추어서 읽길 바란다. 그러면 근본적인 문제점을 발견할 수도 있고, 어쩌면 친구를 도와줄 수도 있을 것이다.

그러면 서론은 이쯤에서 마치고 이제 본격적으로 이야기를 시작하겠다.

이야기는 어느 샐러리맨의 하루에서 시작된다.

1장

표면적인 성공 이야기

A Story of
a Superficial
Success

*창업의 결단부터 성공의 순간까지

스넵킨이 가슴 두근거리며 말했다.
"이 세상에 평온한 인생이 어디 있어요?"

〈즐거운 무민 가족〉 중에서

빛나는 미래로 가는 순간

문득 정신을 차렸을 때는 서점에 있었다.

이런 대낮에 서점에서 시간을 보내는 것이 몇 년 만일까? 서점에 들어서자마자 자신이 원하는 책이 있는 코너로 곧장 직행하는 것이 지금까지의 습관이었다. 하지만 머릿속이 백지상태인 지금은 자신이 무슨 책을 원하는지조차 알 수 없었다. 어쩌면 책을 사러 온 게 아니라 사람들 사이에서 혼자 있을 수 있는 장소를 찾아온 것인지도 모르겠다.

아오시마 다쿠는 발밑이 꺼지는 듯한 느낌에 휩싸인 채 멍하니 책장을 바라보았다.

인생은 결코 예상대로 되지 않는 법이다.

그는 오늘 자회사로 전적하라는 통보를 받았다. '파견'이라는 말은 많이 들었지만 '전적轉籍'이라는 단어는 처음 들었다. 파견과 전적, 무엇이 어떻게 다를까? 파견은 장차 본사로 돌아올 수 있다. 월급도 본사에서 받는다. 그러나 전적은 본사로 돌아올 수 없다. 자회사로 옮기면 월급도 줄어든다. 그리고 회사에서는 전적한 사원이 알아서 그만두기를 기다리거나 이익이 나지 않으면 자회사를 청산한다.

'한마디로, 전적은 정리해고를 조금 뒤로 미루는 게 아닌가!'

전적은 곧 샐러리맨 자격이 없다는 낙인과 똑같다고 다쿠는 생각했다. 즉, 회사에서 능력이 없다고 판단한 것이나 다름없다.

'겨우 서른세 살에 정리해고를 당해야 하다니! 그렇게 열심히 일했는데, 왜 인정받지 못한 걸까?'

눈물이라도 나오면 속이라도 좀 후련해지리라. 하지만 슬픔은 느껴지지 않았다. 마음마저 마비되어버린 것이 아닐까? 그는 감정을 억누르고 생각을 멈췄다. 그래야만 마음의 상처에서 피가 흘러나오는 걸 막을 수 있을 것 같았다.

회사 사정이 악화되고 있다는 소문은 들었다. 언제 구조조정이 시작될지, 누가 정리해고를 당할지 하는 문제들에 대해 술집에서 동료들과 침을 튀기며 이야기한 것이 바로 어젯밤이었다!

"회사 방침이 정해진 것 같아. 내일부터 개별 면담을 시작한다는군."

"왜 개별 면담을 하지?"

"해고할 사람들을 한꺼번에 발표하면 여기저기서 반발이 일어나니까 수습하기 어렵잖아. 그런 반대 여론을 분산시킬 속셈이겠지 뭐."

정리해고를 당하면 어떻게 하지? 겉으로 표현은 안 했지만 속으로는 모두 불안해했다. 특히 다쿠는 정말로 불안했다. 그는 이제 겨우 석 달 된 아들이 있었다.

'아내와 갓난아이가 있는 상태에서 실직이라고? 그런 건 내 인생 계획에 없어!'

더구나 그는 입사한 지 겨우 6개월밖에 되지 않았다.

'지금 같은 불경기에 정리해고를 당하면 다음 직장을 어떻게 구하지?'

다쿠의 얼굴에선 표정이 사라지고, 온몸의 근육이 뻣뻣하게 굳어갔다. 이력서를 써야 하는 번거로움이 머릿속을 스쳐 지나갔고, 면접을 볼 때마다 받았던 굴욕감이 온몸을 훑고 지나갔다.

그가 다니는 '디지월 주식회사'는 몇 달 전까지만 해도 연일 매스컴을 떠들썩하게 만드는 화제의 기업이었다. 업계 최고를 자랑하는 놀라운 성장 속도, 창업 5년 만의 주식 상장, 강력한 카리스마로 유명한 사장, 20대에 연봉 2000만 엔을 받을 수 있는 실력 위주의 급여제도 등이 화제를 불러일으켰다.

대학을 졸업하고 대기업에 취직해서 성실하게 근무한 다쿠의 경력으로 보면 벤처기업으로 옮기는 것은 중대한 결정이었다. 가장 먼저 떠오른 것은 실망하는 부모의 얼굴이었다. 은행 지점장인 그의 아버지는 사람을 판단할 때 상대가 어느 회사의 어느 직위에 있느냐를 기준으로 삼는다. 그런 아버지의 기준으로 보면 외국기업이나 벤처기업에 취직하는 것은 위험한 도박에 불과하다.

대기업에 근무하면 그럭저럭 안정된 인생을 살아갈 수 있다. 그러나 그 안정된 인생이 다쿠를 도망치게 만들었다. 어느 날 고개를 돌려 옆에서 일하는 50대 상사를 쳐다본 순간, 그는 한순간 숨을 쉴 수 없었다. 멍한 눈빛에 잿빛 얼굴, 번들거리는 대머리, 불룩 튀어나온 뱃살…… 20년 후 자신의 모습을 보는 것 같았다.

'이 회사에서 계속 일하면 나도 저렇게 되는 게 아닐까?'

평생 아등바등 일해도 집은 살 수 없으리라. 설령 산다고 해도 도쿄 근교에 있는 비좁은 아파트나 겨우 살 수 있을 것이다. 그것도 30년 동안 은행 대출금을 갚아야 하는 조건으로…….

'대기업의 사원은 노예나 마찬가지가 아닌가? 회사 가축이란 말이 있는데, 내가 꼭 그 꼴이야. 난 여기서 끝날 수 없어! 난 절대로 여기서 끝나지 않겠다!'

마음 깊은 곳에서 그런 목소리가 메아리쳤다.

다쿠는 피곤에 지친 앞날이 뻔한 미래보다, 불안정하지만 자신의 실력을 발휘할 수 있는 빛나는 미래를 개척하고 싶었다. 그래서 부모님께는 비밀로 하고 몇 군데에 이력서를 냈고, 다섯 군데에 면접을 보고 나서 디지월에 취직했다. 연봉은 520만 엔. 그가 원했던 액수보다는 적었지만 성과에 따라서 몇 년 뒤에는 1000만 엔을 받을 수 있다고 했다.

연일 매스컴을 장식하는 디지월로 이직하자 친구들은 모두 부러워하며, 이직을 축하하는 술자리를 마련해주었다. 그도 희망찬 미래를 그리며 야심만만한 미소를 지었다.

그런데 그로부터 6개월 뒤, 기분은 최악의 밑바닥을 헤매고 있었다. 그런 상태에서 다쿠는 빨려 들어가듯 서점으로 발길을 옮겼다. 특별한 목적이 있었던 것은 아니다. 다만 자신이 있을 곳이 거기밖에 없었을 뿐이다.

평소에 자주 찾는 코너로 가려던 순간, 누군가가 뒤에서 말을 거는 듯한 느낌이 들었다. 어깨 너머로 돌아보자 낯선 제목의 책 한 권이 눈으로 뛰어들었다. 그의 눈길을 사로잡은 책 제목에서는 뭔가 수상쩍은 느낌이 들었다.

《잠자면서 성공한다》 조셉 머피 지음

'잠자면서 성공할 수 있다면 누구나 부자가 됐을 거야!'
평소의 그였다면 코웃음을 치며 고개를 돌렸으리라. 하지만 지금은 지푸라기라도 잡고 싶은 심정이었다. 그는 다른 사람의 시선을 신경 쓰면서 조심스럽게 책을 집어 들었다. 몇 페이지를 대충 들춰보았더니 현재의식顯在意識, 전의식, 잠재의식, 암시 같은 심리학 용어가 눈에 들어왔다.

'그렇게 어설픈 책은 아닌 것 같군. 기분 전환에는 좋을지도 모르지.'

그는 그렇게 생각하면서 책을 사기로 결심했다. 그리고 오마에 겐이치 일본의 세계적인 경제학자의 신간과 《MBA의 최강전략》이라는 번역서를 들고 계산대로 향했다.

당시에는 상상도 할 수 없었으리라. 그 책을 손에 든 순간이 자기 인생의 큰 전환점이 되리라는 것을…….

독립이라는 큰 결심

"흐음……."

유키코는 한숨을 내쉬며 무표정한 얼굴로 입을 다물었다.

전적 사실을 말하자 아내인 유키코의 안색이 한순간 어두워진 듯했다. 그러나 그 이후부터는 그녀가 무슨 생각을 하는지 표정을 읽을 수 없었다. 그녀는 다쿠의 이야기를 들으면서 계속 아이에게 분유를 먹였다.

'나한테 실망을 한 걸까? 아니면 무슨 일이 일어났는지 이해하지 못하는 걸까?'

결국 다쿠는 무거운 침묵을 견디지 못하고 자신의 생각을 토해냈다.

"이대로 자회사로 가서 평생 회사의 노예처럼 혹사만 당하다가 죽고 싶지는 않아. 독립해서 회사를 차릴 거야. 다시 이력서를 쓰는 일도 그렇고, 면접에서 무능력자로 취급받는 것은 죽기보다 싫어."

그래도 유키코는 대답하지 않고 분유를 다 먹은 신이치를 재우려고 했다. 그동안 다쿠는 탁자 위에 있는 가족사진을 한 장한 장 꼼꼼히 살펴보았다.

'가족을 행복하게 만들기 위해서라도 이대로 있을 수는 없어!'

그렇게 생각하면서 다쿠는 사진 한 장을 집어 지갑에 넣었다.

신이치가 잠든 것을 확인한 유키코는 홍차를 준비하면서 물었다.

"독립해서 무슨 일을 할 거야?"

"그건 아직 안 정했어. 하지만 굉장한 일을 할 거야!"

어린아이 같은 다쿠의 대답을 듣더니 유키코의 얼굴에 미소가 돌아왔다.

"좋아. 굉장한 일이라면 한번 해봐. 예전부터 독립하고 싶다고 했잖아. 그게 조금 빨라졌을 뿐이야."

그녀도 불안하지 않을 리 없다. 하지만 원래 낙천적인 유키코는 상황이 나쁠수록 밝은 이야기를 한다. 그것은 처음 사귈 때부터 느꼈던 그녀의 타고난 장점이었다.

대학 친구의 소개로 유키코를 처음 만났을 때, 진부한 표현이기는 하지만, 그는 온몸에 찌릿찌릿 전기가 흐르는 듯한 느낌을 받았다.

'세상에 이렇게 사랑스러운 여자가 있다니! 이런 여자와 결혼하는 남자는 얼마나 행복할까?'

시간이 지날수록 서로의 마음이 통한다는 걸 느꼈다. 관심 분야도, 농담의 수준도 비슷했다.

다쿠는 언젠가 유키코에게 농담 반 진담 반으로 자신의 마음을 전한 적이 있었다.

"우리는 전생에 특별한 인연이 있었던 것 같아. 어쩌면 붉은 실로 이어져 있었을 거야."

"흐음, 붉은 실이라고?" 유키코는 진지한 표정으로, 손을 이마에 올리고는 먼 곳을 바라보면서 말했다. "내 눈에는 아무것도 안 보이는데?"

그 표현이 재미있어서 다쿠는 웃음을 터뜨렸다.

"지금은 안 보일지도 모르지만 시간이 지나면 틀림없이 보일 거야."

두 사람은 동시에 웃음을 터뜨렸다. 그리고 그때부터 항상 같이 있게 되었다.

결혼한 두 사람은 석 달 전에 신이치가 태어나면서 이제 부모가 되었다. 신이치가 태어났을 때, 다쿠는 이렇게 생각했다.

'신이치는 태어난 게 아니라 우리 눈에 보이지 않았을 뿐, 지금까지 어딘가에 있었던 게 아닐까?'

왜냐하면 아무리 생각해도 신이치가 없던 시절을 떠올릴 수 없었기 때문이었다. 그것은 온몸에 전율을 느끼게 하는 묘한 느낌이었다.

"독립해서 무슨 일을 할 거야?"

아내의 질문에 다쿠는 진지한 표정을 지었다.

"기획, 제작 일을 하면 어떨까 싶어. 일단 홈페이지와 웹 시스템을 만드는 거야."

솔직히 말해서 그것으로 먹고살 수 있을까 하는 불안감이 없는 것은 아니었다. 더구나 그 계획을 떠올렸을 때 '이거다!' 하고 등줄기에 전기가 내달리는 듯한 성공 예감은 느낄 수 없었다. 방향은 맞는 듯했지만 머릿속을 가득 메운 짙은 안개는 아직 걷히지 않았다.

홈페이지 제작과 웹 시스템 개발은 지금까지 다쿠가 해온 일의 연장선이다. 따라서 일 자체는 큰 걱정이 아니었지만, 문제는 수입에 대한 불안감이었다. 그들은 아이가 태어나고 나서 조금 넓은 아파트로 이사했다. 지하철역에서는 멀어졌으나 가족이 늘어난 것을 감안하면 어쩔 수 없는 선택이었다. 이사는 예상 밖으로 큰 지출을 감수해야 했다. '이사 가난뱅이'라는 말이 있는데, 그로 인해 저축한 돈이 얼마 남지 않았다.

"홈페이지 제작이라면 나도 도와줄 수 있어. 물론 아이를 돌봐야 하니까 풀타임으로 도와줄 순 없지만."

예전에 컴퓨터 강사로 일했던 유키코의 대답은 그에게 큰 힘이 되었다.

다쿠는 그 말에 깊은 감동을 받았다. 일은 도와주어도 좋고 도와주지 않아도 좋다. 그보다 자신을 응원해주는 아내가 있다는 것이 무엇보다 마음 든든했다.

"일단 사무실은 저 두 평짜리 방이야. 서랍장이 있긴 하지만 그 앞에 책상을 놓아도 되겠지?"

맨 안쪽에 있는 작은 방은 지금 창고로 사용하고 있다.

현재 다니고 있는 회사는 시부야의 최신식 건물에 자리 잡고 있다. 도심에 있는 24층짜리 건물로 출근하던 그가 집 안에 있는 두 평짜리 사무실로 옮기는 것에 저항감이 없다고 하면 거짓말이리라. 하지만 창업한다고 해서 사무실을 얻는 쓸데없는 경비는 사용하고 싶지도 않고, 사용할 수도 없었다.

책상을 들여놓자 서랍장 문이 열리지 않았다. 유키코도 솔직히 귀찮고 답답했겠지만 그녀는 얼굴을 찡그리지 않고 이렇게 대답했다.

성공자의 고백

"난 괜찮아. 서랍장 문을 열 때 의자만 조금 움직여주면 돼."

"고마워. 당신을 만난 건 내 생에 최고의 행운이야."

"그나저나 고객은 어떻게 찾을 거야?"

고객을 어떻게 찾을 거냐고? 아주 기본적인 유키코의 질문에 다쿠는 당황할 수밖에 없었다. 고객을 어떻게 찾을지, 전혀 생각하지 않은 것은 아니었다. 그러나 다른 사람에게 말하려는 순간, 어린아이 같은 유치한 생각이 아닐까 하는 불안에 빠진 것이다.

"고객을 어떻게 찾을 거냐면 말이지……."

다쿠의 말은 그곳에서 중단될 수밖에 없었다. 아이가 울음을 터뜨린 것이다. 아이가 태어난 뒤부터 생활은 부부 중심에서 아이 중심으로 바뀌었다. 부부가 대화하는 시간도 마음먹은 대로 되지 않았다.

"난 아이를 재우고 올 테니까 당신 먼저 자."

유키코가 그렇게 말하며 방에서 나갔다. 우울함에 빠져 있는 다쿠를 배려한 것이리라.

그는 침대에 들어가서 생각에 잠겼다. 사업 계획을 좀 더 구체적으로 만들어야겠다. 가장 중요한 고객 모집 방법조차 말할 수 없는 사람이 무슨 사업을 하겠다는 것인가! 그는 옆에 있는 가방에서 오늘 산 머피 박사의 《잠자면서 성공한다》를 꺼냈다.

'잠자면서 성공할 수 있다면, 앞으로는 잠자는 시간을 활용해야지.'

책을 펼친 그는 뜻밖의 흥미로운 내용 속으로 단숨에 빨려 들어갔다.

다음 날, 회사에 출근한 다쿠는 혼자 점심을 먹으러 밖으로 나왔다. 그는 점심시간에 혼자 있는 것을 좋아했다. 그 시간에는 집중적으로 책을 읽을 수 있기 때문이었다. 파스타가 나오기를 기다리면서 그는 어제 읽다 만 페이지를 펼쳤다.

당신의 잠재의식은 깊은 인상을 받은 것, 또는 의식적으로 믿는 것을 받아들인다. 그리고 의식하는 마음과 달리 사고思考는 하지 않고, 당신과 말다툼도 하지 않는다. 당신의 잠재의식은 대지와 같아서 좋은 씨앗이든 나쁜 씨앗이든 모두 받아들인다. 부정적이고 파괴적인 생각은 당신의 잠재의식 속에서 부정적으로 작용한다. 그리고 언젠가 그것은 외적 경험이 되어 싹을 틔운다.

이 글을 읽었을 때, 그의 머릿속에서 무엇인가가 번뜩였다.

'부정적이고 파괴적인 생각이 내 잠재의식 속에서 부정적으로 작용한단 말인가? 그래! 난 이번에 실질적으로 정리해고 대상이 됐어. 그것은 정리해고를 당할지도 모른다는 말을 계속 입에 담았기 때문인지도 몰라. 어쩌면 정리해고란 단어가 잠재의식에 새겨져 현실로 나타난 게 아닐까?'

그는 스스로 자신을 상처 입혔음을 깨닫고 큰 충격을 받았다. 그와 동시에 가슴 깊은 곳에서 뜨거운 에너지가 솟구쳤다.

'그래! 짧은 시간에 정리해고가 현실이 될 만큼 내 잠재의식의 힘은 대단해! 그렇게 강한 잠재의식의 힘을 이용하면 단기간에 성공할지도 몰라!'

그런 생각에 빠져 있을 때, 옆에서 말을 거는 사람이 있었다.

"아오시마 씨. 그 책, 재미있나?"

예전에 대기업에 다닐 때 상사였던 간자키 히로시였다. 그는 지금 독립해서 회계사무소와 컨설팅회사를 운영하고 있다.

독립한 이후, 간자키는 승승장구하고 있다. 체계적인 영업력과 수준 높은 회계 서비스가 높은 평가를 받아서, 고객이 1년에 100군데 이상 늘어나고 있다. 이제 겨우 마흔 살이지만 연 수입은 1억 엔이 넘는다고 한다.

사람들의 수입을 자세히 살펴보면, 수입이 많아 보이는 사람과 실제로 수입이 많은 사람이 있다.

다쿠는 처음에 롯폰기 힐스처럼 도심의 고층 빌딩에서 일하는 사람들의 연봉이 가장 많은 줄 알았다. 항상 비싼 외국 명품으로 몸을 치장하고, 영어도 잘하는 회사 간부야말로 최고의 연봉을 받는다고 믿어 의심치 않았다. 하지만 부자 대열에 들어간 간자키를 보고 나서야 자신의 믿음이 환상이라는 사실을 알게 되었다.

온몸을 명품으로 치장하는 사람은 많아봤자 연봉 2000만 엔 정도다. 그들은 수입이 많아 보이기 위해서 명품으로 몸을 치장하는 것이다. 그러나 간자키는 그들과 달리, 항상 산뜻하고 편안한 옷차림이다. 오늘도 하늘색 셔츠에 새하얀 바지를 입었을 뿐이다. 물론 복장에는 신경을 쓰겠지만 위압감은 들지 않는다.

수입이 적은 사람은 많게 보일 필요가 있지만, 정말로 수입이 많은 사람은 적게 보일 필요가 있다. 수입이 많으면 세금을 비롯해서 여러 가지 귀찮은 일이 벌어지기 때문이다.

간자키는 아무리 보아도 수입이 많은 것처럼 보이지 않는다. 겉으로 보기에는 평범한 사람과 다를 바가 없다.

간자키는 다쿠가 읽는 책을 들여다보면서 말했다. "잠자면서 성공한다……. 머피의 법칙이지? 이 책은 나도 읽었네."

자신과 똑같은 책을 읽었다는 말에 다쿠는 기분이 좋아졌다.

"어제 샀는데 재미있더군요. 머피의 법칙이라는 게, 어쩌면 사실일지도 모르겠습니다."

"그래, 사실이야." 간자키는 진지한 표정으로 대답한 후 목소리를 낮추며 말을 이었다. "부자들은 모두 그 사실을 알고 있지만 공공연하게 말하지는 않지."

자신이 수상쩍게 여기던 책을, 간자키처럼 성공한 사람이 진지하게 받아들이고 있다는 사실을 알고 다쿠는 깜짝 놀랐다.

"다음 약속까지 잠시 시간이 있는데, 괜찮다면 커피라도 마시지 않겠나?"

그 말에 다쿠의 얼굴이 환하게 빛났다.

'성공한 사람과 직접 얘기를 나눌 수 있는 절호의 기회야. 오후에는 일이 별로 없으니까 조금 늦게 들어가도 되겠지.'

다쿠는 한 시간 늦게 들어가겠다고 회사에 전화하고 나서 근처에 있는 커피숍으로 자리를 옮겼다.

명품으로 치장한 남녀 직장인들이 북적대는 커피숍 안에서 간자키에게서 들은 이야기는 그의 인생관을 뿌리째 뒤흔드는 내용이었다.

사업은 타이밍이다

주문한 카푸치노와 에스프레소가 탁자에 놓이자, 다쿠는 조심스럽게 말을 꺼냈다.

"실은 다음 달부터 자회사로 출근하라는 인사 명령을 받았습니다. 한마디로 말하면 정리해고 대상이 된 겁니다. 저는 거기로 갈 생각이 없어서 이번 기회에 독립하려고 합니다."

다쿠는 자신의 심각한 상황을 듣고 간자키가 "그거 큰일이군" 하고 위로해주기를 기대했다. 그러나 그의 예상은 멋지게 빗나가서, 간자키는 날씨 이야기라도 하듯이 가볍게 대꾸했다.

"자회사라, 그거 잘됐군! 자네는 행운아야."

그 소리에 다쿠는 불쾌감을 감출 수 없었다. 이번 인사에 자신을 희생자라고 여겼던 만큼, 왜 자신에게 행운아라고 하는지 이유를 알 수 없었던 것이다.

"왜 자회사로 가는 게 잘됐다는 거죠?"

"하하하하, 그래서 기분이 나쁜가? 실은 나도 젊은 시절에 정리해고를 당할 뻔했지. 그때는 분하고 억울해서 견딜 수 없었지만 지금은 오히려 고마워하고 있네. 회사에서 인정해주고 높이 평가해주었다면 독립은 생각도 못 했을 테니까. 지금 세상은 빠르게 변하고 있지. 변화의 속도는 점점 더 빨라질 것이고, 변화의 물결은 아무도 막을 수 없네. 이런 변화의 시대에 살아남기 위해서는 본인이 바뀌는 수밖에 없어. 따라서 젊은 시절에 정리해고를 경험하는 것은 참으로 다행스러운 일이라네. 만약 50대에 접어들어서 정리해고를 당했다고 생각해보게. 그야말로 머릿속이 새하얘지고 앞이 캄캄해지지 않겠나? 즉, 정리해고는 빠를수록 좋다는 뜻이네."

그토록 뛰어난 능력을 가지고 있는 간자키가 젊은 시절에 정리해고를 당할 뻔하다니!

"고맙습니다. 사장님 말씀을 들으니 왠지 기운이 나는데요?"

"아오시마 씨, 올해 몇 살이지?"

"그냥 편하게 다쿠라고 부르십시오. 다들 그렇게 부르니까요. 올해 서른셋입니다."

"독립하기에는 최고의 나이군."

최고라는 말에 어둡고 칙칙하게 가라앉았던 다쿠의 마음이 순식간에 밝고 투명해졌다.

"결혼은 했던가?"

"네, 작년에 아이가 태어났습니다."

"축하하네. 사진을 가지고 있나?"

다쿠는 지갑에 있는 아내와 아이 사진을 간자키에게 보여주었다. 간자키는 다쿠가 건네준 사진을 뚫어지게 쳐다보았다. 간자키의 눈길은 너무도 진지했다. 자신의 가족사진을 왜 그렇게 진지하게 보는 걸까? 다쿠는 고개를 갸웃거렸지만 그런 의문은 곧바로 사라졌다. 그것 말고도 묻고 싶은 것이 많았던 것이다.

"사장님, 한 가지 여쭙고 싶은 게 있는데요. 추상적인 질문이라서 죄송하지만, 독립해서 성공하기 위해서는 어떻게 해야 할까요?"

"글쎄……."

간자키는 시선을 약간 아래로 내리깔았다. 자신의 과거를 되돌아보는 것일까?

"지금부터 7년 전, 내가 독립했을 때 듣고 싶었던 말을 해도 되겠나?"

"물론입니다."

호흡을 가다듬은 간자키의 시선이 허공을 향했다. 그리고 잠시 후, 이번에는 다쿠를 똑바로 쳐다보며 천천히 입을 열었다.

"부동산 투자에서 성공하기 위한 비결은 첫째도 현장 확인, 둘째도 현장 확인, 셋째도 현장 확인이지. 그러면 사업에서 성공하기 위한 비결은 무엇일까?"

"고객 아닐까요? 고객이 필요로 하는 상품을 만든다면 성공하겠죠."

"흐음, 교과서적인 대답이군. 하지만 고객이 필요로 하더라도 잘 팔리지 않는 상품은 많이 있지."

"그러면 사업에서 성공하기 위한 비결은 무엇인가요?"

"이번에는 질문을 바꿔보지. 얼마 전 낮에 우연히 TV를 봤는데, 주부들을 위한 프로그램에 중국의 젊은 대부호가 나오더군. 나이는 마흔쯤 됐을 거야. 그는 전용 제트기를 타고 다니며 광대한 대지에 회사 빌딩을 세웠고, 성처럼 생긴 초호화 저택에 살고 있더군. 그때 아나운서가 이렇게 물었네. '이 청년사업가는 어떤 사업을 하고 있을까요?' 나는 잔뜩 기대하며 대답을 기다렸지.

그랬더니 그다음에 무슨 말이 나왔는지 아나? '정답은 광고 후에!' 난 어이가 없어서 고개를 떨구었지. 그리고 광고가 나오는 도중에 계속 생각했다네. 자네는 그 청년사업가가 어떤 사업을 하고 있다고 생각하나?"

"빌 게이츠나 손정의처럼 컴퓨터나 인터넷 관련 사업을 하지 않을까요?"

"하하하, 나도 그렇게 생각했지. 하지만 내 예상은 빗나갔어. 정답은 에어컨 제조회사라네."

"에어컨 제조회사?"

"지금 일본에서 에어컨을 만들어서, 전용 제트기를 타고 다닐 만한 부자가 될 수 있을까?"

"말도 안 돼요! 어림없는 소리예요!"

"그래, 어림없는 소리지. 마쓰시타 고노스케 1894~1989, 마쓰시타전기의 창업자가 21세기에 다시 태어난다고 해도, 아무리 천재적인 경영자라고 해도, 지금 일본에서는 에어컨을 만들어 대부호가 되는 것은 절대로 불가능해. 즉, 사업 성공과 경영자의 능력이 반드시 일치하지는 않는다는 뜻이지."

"그러면 창업해서 성공하기 위한 가장 중요한 비결은 무엇일까요?"

"타이밍일세. 사업에서 성공하기 위해서는 첫째도 타이밍, 둘째도 타이밍, 셋째도 타이밍이야. 즉, 언제 시장에 뛰어드느냐가 가장 중요한 열쇠라고 할 수 있지. 사업의 타이밍만 맞으면 회사는 순조롭게 성장하고, 그다음에는 에스컬레이터를 탄 것처럼 저절로 매출이 성장하네.

아무리 자기계발서를 많이 읽어도, 아무리 영업 능력이 뛰어나도, 아무리 밤을 새워 일을 해도 시장에 뛰어드는 타이밍이 맞지 않으면 창업자는 가시밭길을 걸어간 끝에 결국 빚만 떠안게 되지. 그와 반대로 시장에 뛰어드는 타이밍이 좋으면 경영자의 능력이 뛰어나지 않아도 사업은 급속히 성장한다네.

인터넷 쇼핑몰이나 휴대전화 판매회사로 출발해서 주식을 상장한 회사가 있지? 하지만 지금은 아무리 천재 경영자라도 그 업계에서 주식을 상장하는 건 불가능하네. 반면에 사업 타이밍을 제대로 잡은 회사는 단기간에 상장해서 신흥 재벌이 되었지. 즉, 성장하는 회사와 도태하는 회사의 차이는 결국 타이밍이라고 할 수 있네."

간자키의 말은 이해하지만 사업을 지나치게 단순하게 보는 게 아닐까? 타이밍만 좋으면 된다는 단순한 발상으로 장기적으로 발전하는 사업을 구상할 수 있을까? 다쿠는 목소리에 반발심이 묻어나지 않도록 조심하면서 물었다.

"그렇다면 지금 유행하는 상품을 만들면 된다는 건가요?"

"그것과는 달라." 간자키는 탁자 위에 있는 종이 냅킨을 펼쳐 볼펜으로 그림을 그리며 말했다. "자네도 성장곡선Growth Curve이라는 건 알고 있겠지.”

“네.”

“MBA 교과서에선 성장곡선에 대해 겨우 몇 페이지밖에 설명하지 않았지. 하지만 성장곡선에서 읽어낼 수 있는 지식은 너무나 심오해서, 겨우 몇 페이지만으로는 설명할 수 없다네. 성장곡선에는 사업에서 성공하기 위한 모든 요소와, 인생을 제대로 살기 위한 모든 요소가 담겨 있다고 해도 좋을 정도야. 성장곡선이 네 시기로 나뉜다는 것은 알고 있겠지?”

“도입기, 성장기, 성숙기, 쇠퇴기죠. 그것은 인간의 성장 과정과 똑같다고 하더라고요. 어떤 회사, 어떤 사업도 어린 시절에서 청년으로 성장하고, 장년기를 거쳐 노년을 맞이하니까요.”

“그래, 잘 알고 있군. 그러면 시장에 뛰어들려면 어느 타이밍이 가장 좋겠나?”

“보통은 성장기가 가장 좋다고들 하죠. 하지만 쇠퇴기가 좋다는 사람도 있더군요. 성장기에는 경쟁이 치열해서 이익이 거의 없으니까 경쟁이 많지 않은 성숙기나 쇠퇴기가 좋다고요.”

“흐음, 제법 공부를 많이 했군. 그렇게 생각하는 사람이 없는 것은 아니지만 나는 그래도 성장기를 노리겠네. 성장기에는 그 사업에서 얻을 수 있는 수익의 80~85퍼센트를 얻을 수 있으니까. 나머지 15~20퍼센트는 도입기와 성숙기로 나뉘기 때문에 각각 7.5~10퍼센트밖에 얻을 수 없지.

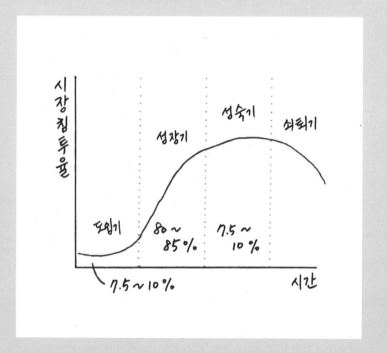

성장기에 뛰어들지 말라는 조언을 정확하게 해석하면, 성장기 후반으로 갈수록 경쟁이 너무 치열해서 이익을 올릴 수 없다는 뜻이네. 신문에서 연일 주가가 최고치를 경신했다고 보도할 때는 이미 고가니까 주식을 사지 말라는 것과 똑같은 셈이지. 그에 비해서 성장기가 시작되었을 때는 경쟁 업체도 많지 않고 가격 경쟁도 심하지 않아서 큰 기회를 잡을 수 있네."

"그런데 성장기가 시작되었다는 것을 어떻게 알 수 있죠? 그것은 너무 어렵지 않을까요?"

"아니, 지식과 정보만 있으면 얼마든지 예측할 수 있어. 정보를 얻기 위해서 안테나를 세워두는 것은 매우 중요한 일이네. 고도 성장기에 있을 때는 일본 경제 자체가 성장곡선을 타고 있으니까 그저 열심히 일하면 그럭저럭 성공할 수 있었지. 하지만 지금은 그렇게 만만하지 않네. 각 사업별로 성장곡선을 타지 않으면 사업이 제대로 굴러가지 않게 되었지. 지금은 대부분의 사업이 성숙기에서 쇠퇴기로 접어들어서, 창업자는 산꼭대기에서 굴러떨어질 것 같은 경제 상황에서 정상을 목표로 하지 않으면 안 되는 시점이네. 이런 상황에서 성공하려고 할 때, 가장 중요한 건 무엇일까?"

"어떤 상품과 사업으로 시장에 뛰어들지 결정하는 것이겠죠."

"바로 그거야. 여기저기에 굴러다니는 돌멩이 중에서 다이아몬드 원석을 찾아야겠지. 돌멩이는 아무리 연마해도 다이아몬드가 되지 못하네. 따라서 바닷가에 무한히 펼쳐진 모래밭에서 다이아몬드 원석을 발견해내는 지혜가 중요하겠지.

부동산업자는 팔리는 부동산과 팔리지 않는 부동산을 구별하는 눈이 있어야 하고, 주식 투자 전문가는 오르는 주식과 내리는 주식을 구별하는 눈이 있어야 하네. 그와 마찬가지로 경영자에게는 돈을 벌 수 있는 사업과 벌 수 없는 사업을 구별하는 눈이 있어야 하지. 그런데 유감스럽게도 사람들은 신규 사업을 생각할 때, 다이아몬드 원석을 발견하려고 하지 않고 눈앞에 있는 돌멩이를 연마하기 시작하지. 더구나 창업자는 노력과 끈기, 적극적인 사고방식을 가지고 있기에 자금과 체력이 모두 소진될 때까지 계속 돌멩이를 연마한다네."

그 말을 들은 다쿠는 돌연 불안해졌다. 앞으로 자신이 하려는 홈페이지 제작과 웹 시스템 개발 사업이 눈앞에 있는 돌멩이를 연마하는 일이 아닐까?

마음속의 불안을 없애기 위해 그의 입에서 질문이 나왔다.

"돌멩이라도 계속 연마하면 어느 정도는 사용할 수 있지 않을까요?"

"물론 열심히 연마하면 그럴 수도 있겠지만 시간이 많이 걸리겠지. 더구나 사람에게는 노력에 쏟을 수 있는 에너지가 한정되어 있네. 그런 탓에 노력이 열매를 맺기 전에 회사가 망해버리는 경우도 있지.

성장기에 들어간 상품을 취급해본 경험이 있으면 내 말을 실감할 수 있을 거야. 성장기에 있는 상품은 그야말로 손님이 먼저 달라붙네. 성숙기에 접어든 상품을 팔기 위해선 손님을 찾아다녀야 하지만, 성장기에 있는 상품은 손님이 앞다투어 빨리 달라고 요구하지.

내 고객 중에 건강상품을 판매하는 회사가 있는데, 거기에서 피로를 없애는 발바닥 패치를 판매하기 시작했네. 그런 건강상품을 판매하려고 할 때, 신규 고객을 모집하는 데 드는 광고비가 얼마인지 아나? 한 사람당 2만 엔 정도일세. 그런데 이미 다른 회사에서 나온 발바닥 패치가 날개 돋친 듯이 팔린 덕분에 그 회사는 신규 고객을 만들기 위한 광고비를 한 사람당 3000엔 정도로 줄일 수 있었네.

그런 수준이라면 신규 고객이 처음 상품을 구매한 시점에서 광고비를 지불하고도 이익이 나오지. 그러면 광고를 할수록 고객이 모여들어 돈을 벌게 되고, 그 돈을 다시 광고에 쏟아부으면 또 고객을 모을 수 있네. 이러한 선순환에 들어가서 그 회사는 창업한 지 1년 만에 고객을 2만 명이나 확보할 수 있었어. 아마 보통 회사가 그 정도까지 성장하려면 적어도 3년은 걸리지 않을까? 그런데 성장기에 있는 상품을 팔거나 성장기에 들어선 사업에 끼어들면 3년 투자해야 확보할 수 있는 고객 수를 1년 만에 확보할 수 있네. 고객이 늘어나면 경영은 자연히 안정되고, 건강

상품을 취급하는 회사에서 고객 2만 명을 확보하면 어떻게 되는지 아나?"

"짐작도 안 됩니다."

간자키는 냅킨 뒷면에다 구체적인 숫자를 써가며 설명하기 시작했다.

"욕심만 내지 않으면 평생 잘 먹고 잘살 수 있네. 가령 고객이 발바닥 패치를 두 달에 한 번 산다고 하세. 물론 2만 명 모두 사지는 않을 테니까 2 대 8 법칙으로 해서 4000명으로 계산하지. 1회당 평균 구입 금액을 적게 잡아서 5000엔이라고 하고 1년에 여섯 번 산다고 가정하면, 한 사람당 3만 엔이니까 연간 매출은 1억 2000만 엔! 건강상품의 경우, 매출총이익Gross Profit은 절반쯤 되니까 이익은 6000만 엔. 직원은 거의 필요 없으니까 사장의 손에는 쓰고 남을 만큼의 돈이 떨어지네.

하지만 이것으로 끝나는 게 아니야. 고객의 요구에 제대로 대응해서 신뢰가 쌓이면 그 고객은 신상품이 나올 때마다 구입할걸세. 그러면 힘들이지 않고도 고객의 구입 금액은 1만 엔이 넘어가지. 연 매출이 2억 4000만 엔이 되고 매출총이익은 1억 엔이 훌쩍 넘어가네. 더구나 고객이 또 다른 고객을 소개해주면 신규 고객을 모으는 광고비도 줄어들걸세."

"그러면 연 매출이 많지 않아도 이익이 많아지겠군요."

"그래. 물론 비용은 들겠지만 결코 나쁜 사업은 아니야. 지금

고객 수	20000 명
유효고객(약 20%)	4000 명
연간 평균 구입금액	30000엔

연매출 4000명 × 30000엔 = 1억 2000만엔

건강상품의 매출총이익이 절반이라고 하면

$$6000만엔$$

판매관리비 4000만엔

2000만엔 ⟸ 매출 1억 2000엔인 경우
사장의 순이익

매출이 지금의 두 배가 됐을 때,
사장의 순이익 (광고비도 늘지 않으니까)

약 6000만엔

일본에는 이렇게 연 매출에 2억~3억 엔 이하의 사업이 대단히 많네. 물론 사장은 지금보다 사업을 키우려고 하겠지만 이런 규모라면 조직의 갈등도 별로 없는 행복한 사업이라고 할 수 있지."

다쿠는 머릿속으로 재빨리 계산해보았다. 자신의 연봉보다 '0'이 하나 더 많다. 예전에는 높은 빌딩의 넓은 사무실에서 일하는 사람이 최고라고 생각했다. 그러나 수입을 보면 상장기업의 임원이라도 연봉 2000만~3000만 엔이 고작이다. 한편 부자의 순위표를 보면 항상 성형외과 원장이나 건강식품 판매업자, 속옷 판매회사의 경영자가 이름을 올리고, 그들은 해마다 5억 엔에서 10억 엔의 세금을 내고 있다. 어떻게 해서 그렇게 많은 돈을 벌 수 있었을까 고개를 갸웃거렸는데, 간자키의 이야기를 들으니 그런 의문이 풀리는 것 같았다.

간자키는 다쿠를 쳐다보며 말을 이었다.

"물론 손익 계산만으로 사업을 시작하면, 다시 말해 오직 돈을 벌기 위해 사업을 시작하면 행복해질 수 없네. 자신의 모든 정열을 쏟을 수 있는 일이 아니면 보람을 느낄 수 없으니까 말이야. 사업을 시작할 때는 하루 스물네 시간, 1년 365일 오로지 상품에 대해서 생각해야 하네. 따라서 자신이 좋아하지 않는 상품을 취급하면 아무리 돈을 많이 번다고 해도 인생이 허무해지지 않을까?

대부분의 인간은 좋아하는 일과 돈 버는 일 사이에서 흔들리다가 결국 아무것도 못하고 인생을 마감하곤 하지. 하지만 긍지를 가질 수 있는 일과 돈 버는 시스템은 얼마든지 양립할 수 있네. 자신의 모든 정열을 쏟을 수 있는 일을 하면서 그 위에 비즈니스 시스템을 만들어 양쪽 수레바퀴를 돌리는 걸세. 그래서 돈 버는 일에 진지한 경영자는 상품을 만드는 일에도 진지하지. 그런 사람은 자기가 파는 상품을 진심으로 사랑하네. 그리고 그 상품을 많은 사람에게 전파하는 일을 진심으로 즐기고 있지.

내가 독립했을 때, 첫 고객은 농부였네. 그는 자신이 직접 재배한 농작물을 이용해 많은 사람들에게 도움이 되기 위해 화학 첨가물이 없는 무첨가 절임류를 만들어 전국에 통신판매를 하고 있었지. 200평쯤 되는 큰 집에 살면서 늘 작업복을 입고 자유롭게 일하는 그는 그 마을의 유명 인사였다네. 딸도 좋은 대학에 다니고 있었지. 그는 세금으로 많이 빼앗길 바에야 차라리 수입을 줄이자고 생각해서 연 수입을 2000만 엔 정도로 제한하고 있었네. 그것을 보고 나는 큰 충격을 받았지. 그때까지 매스컴에 나오는 큰 회사에 다니는 사람이 수입도 좋고 안정된 생활을 하고 있다는 착각에 빠져 있었거든. 그것 말고는 인생의 선택지를 몰랐던 거지.

지금처럼 모든 게 빠르게 변하는 시대에는 큰 회사에 다닌다고 해서 안정을 얻을 수는 없어. 안정은 자기 힘으로 자기 인생을 개척하는 능력에 비례하는 것이라네. 그런데 세상에는 다른

사람이 깔아놓은 레일 위를 달리는 데만 급급해서, 자기 힘으로
레일을 깔 용기를 잃어버린 사람이 많은 것 같더군."

새로운 성장곡선

다쿠는 자기 사업에 관한 아이디어를 끌어내기 위해 질문을
계속했다.

"저도 제 레일을 깔고 싶은데 어떻게 해야 좋을지 모르겠습니
다. 다이아몬드 원석을 발견하는 것, 즉 성장기 초반의 상품이나
사업에 착수해야 한다는 사실은 알고 있습니다. 하지만 중국이
라면 또 몰라도 지금 일본에서는 모든 업계가 성숙기에 들어가
있지 않습니까?"

"그것이 일반적인 사고방식이지. 하지만 미래를 예측할 수 있
는 가장 빠른 길은 미래를 만들어내는 거라네."

간자키는 그렇게 말하고는 새로운 그래프를 그렸다.

"대부분의 사람들은 성장곡선은 성숙기에 들어가면 끝이라고
생각하지. 그런데 성숙기에 들어간 이후에 어떤 일이 일어나는
지 아나? 그것을 아느냐 모르느냐에 따라서 돈을 벌 수 있는 사
람과 돈을 벌 수 없는 사람이 정해진다네."

"성숙기에 들어간 다음에는 쇠퇴기로 접어들지 않나요?"

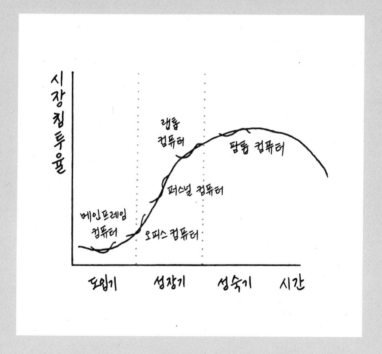

"아무것도 하지 않으면 쇠퇴기로 접어들 수밖에 없지. 하지만 거기에서 머리를 쓰면 재미있는 일이 벌어진다네. 상품이든 사업이든, 성숙기는 차세대의 시작이며 혁신을 일으키기에는 최고의 시기라고 할 수 있지.

컴퓨터를 예로 들어보겠네. 처음에 메인프레임 컴퓨터가 오피스 컴퓨터가 되고, 퍼스널 컴퓨터를 거쳐서 랩톱 컴퓨터와 팜톱 컴퓨터가 되었지. 그들은 이런 식으로 곡선 위에 다시 곡선을 만들면서 성장해, 컴퓨터를 생활에 침투하게 만드는 큰 물결을 만들어냈네. 이것을 보면 성숙기의 후반에 이르면 이윽고 그 연장선상에 있는 차세대 모델이 나타난다는 것을 알 수 있지.

메인프레임 컴퓨터를 만들어서 그것을 성장곡선에 올리는 것은 천재 경영자의 역할이지만, 메인프레임 컴퓨터를 작게 만들거나 성능을 좋게 만들어서 새로운 성장곡선을 만드는 것은 보통 사람도 얼마든지 할 수 있네."

"즉, 성장기가 보이지 않으면 기존 시장을 바라보면서 이미 성숙했거나 정체된 타이밍을 보고 새로운 물결을 만들면 되는 것이군요."

"바로 그거야!"

"어떻게 하면 새로운 물결을 만들어낼 수 있을까요?"

"통계적으로 볼 때, 기존 시장의 틈새를 노려서 창업하면 성공할 확률이 매우 높지. 재활용 시장을 생각해보게. 자네는 지금

재활용 사업이 어느 시기에 와 있다고 생각하나?"

"이미 성장기의 후반에 접어들지 않았나요? 지금은 과당 경쟁 상태니까요."

"잘 봤어. 하지만 돈벌이에 뛰어난 사람은 그렇게 생각하지 않네. 재활용 시장만큼 이익률이 높은 업계가 없으니까 말이야. 그곳에서는 매입 가격의 20~30배를 받고 판매하고 있지. 그래서 30~40평의 작은 매장을 가지고 있는 사람 중에도 벤츠를 타고 다니는 사람이 많다네.

물론 종합 재활용 시장은 성장기의 후반인 과당 경쟁 상태에 있을지도 모르지만 상품을 특화하면 앞으로도 꽤 유망한 사업이 될 걸세. 실제로 주방기기나 사무용품으로 특화한 회사는 지금도 계속 성장하고 있지.

인재파견 사업도 마찬가지야. 현재 종합 인재파견 분야는 과당 경쟁 상태일지도 모르지만 경리 담당자나 프로그래머, 세러피스트, 마사지사 등 특정 직종으로 전문화하면 아직 성장할 수 있네."

"성장이 멈춘 종합 업종에서도 전문화할 수 있는 틈새를 발견하면 새로운 성장곡선을 만들 수 있다는 말씀이시죠?"

"그래. 전문화가 완벽한 탈출구는 아니지만, 매우 강력한 탈출구라는 것만은 분명하네."

"정체되는 시점이 새로운 성장곡선의 신호라면, 지금의 일본은 차세대가 일어날 수 있는 시기라고 할 수 있지 않을까요?"

"현재 일본은 모든 업계가 성숙해 있는 상태야. 그것은 곧 엄청난 기회가 다가오고 있다는 뜻이네. 자네처럼 창조력이 있는 사람에게는 말이야."

그 말을 듣고 다쿠는 고개를 떨구었다. 지금까지 이야기를 듣다 보니, 자신이 얼마나 창조력이 없는 사람인지 절실하게 깨달았기 때문이었다.

그는 자신의 안이함을 반성할 수밖에 없었다. 열심히 일하면 그럭저럭 헤쳐나갈 수 있다고 생각했지만, 홈페이지 제작 사업과 웹 시스템 개발 사업은 성숙기 중에서도 최고의 정점에 도달해 있다. 그렇다면 돌멩이를 다이아몬드 원석으로 착각하고 계속 연마하는 사람은 바로 자기 자신이 아닌가!

'새로운 성장곡선을 만들려면 어떻게 하는 것이 좋을까?'

그런 의문에 대한 해답을 찾기 위해 다쿠는 머릿속을 빙글빙글 돌렸다. 시계를 쳐다보니 어느새 한 시간이나 지나 있었다. 아무리 곧 회사를 그만둔다고는 하지만 이렇게까지 오래 자리를 비우다니. 이제 회사로 돌아가지 않으면 안 된다. 다쿠는 간자키에게 머리를 숙이며 고맙다고 인사했다.

간자키는 따뜻하게 미소 지으며 대답했다. "어려운 일이 있으면 언제든지 연락하게."

"정말로 전화드려도 되나요?"

"물론이지. 같은 회사에 근무했던 것 또한 특별한 인연이 아닌가."

"고맙습니다. 오늘 가르침을 참고해서 사업 아이디어를 다시 구상해보겠습니다."

말은 그렇게 했지만 다쿠의 머릿속은 간자키에게서 들은 여러 가지 정보로 인해 매우 혼란스러웠다. 그 혼란을 더욱 휘저어 놓기라도 하듯 간자키는 헤어질 때 한마디를 덧붙였다.

"성공하고 싶으면 우연에 신경 쓰게. 우연을 우연이라고 생각하지 말아야 하네."

'그게 무슨 뜻일까?'

새로운 의문을 가슴에 품고 다쿠는 회사를 향해 걸음을 내딛기 시작했다.

"네가 할 수 있을 리 없어!"

"이번에는 또 무슨 짓을 하려는 거냐?"

분노에 찬 목소리가 온 집 안에 울려퍼졌다. 얼굴을 붉히고 입술을 일그러뜨린 사람은 다쿠의 아버지였다.

독립하겠다는 이야기를 하기 위해 토요일 저녁에 본가에 갔을 때의 일이다. 다쿠는 이제 서른셋이나 되었으니까 아버지도 자기 인생에는 참견하지 않을 것이라고 생각했다. 그런데 그 예상은 완전히 빗나갔다. 최근 아버지가 조용했던 것은 폭발하기 직전에 에너지를 축적하고 있는 것일 뿐이었다. 다쿠는 머릿속에 있는 사업 계획을 서둘러 설명했다.

"기획, 제작 회사를 차려서 홈페이지와 웹 시스템을 개발할 겁니다."

목소리가 가늘게 떨리는 것을 스스로도 느낄 수 있었다. 설득력이 없는 사업 계획이 가슴을 무겁게 내리눌렀다.

"그래서 매출을 어느 정도 올릴 수 있을 것 같으냐?"

"첫해는 1억 엔 정도로 예상하고 있습니다."

아버지는 분노를 뛰어넘어 어이없다는 표정을 지었다.

"서른세 살이나 된 녀석이 이렇게 세상 물정을 모르다니! 매출 1억 엔을 올리기 위해선 얼마나 많은 사람을 고용해야 하는지 알고 있느냐?"

은행 지점장인 아버지는 지금과 같은 불경기에 회사를 이끌어나가는 것이 얼마나 어려운지 누구보다도 잘 알고 있다. 그러나 다쿠는 기죽지 않고 대답했다.

"되도록 사람을 쓰지 않고 혼자 할 겁니다."

"말도 안 되는 소리! 회사는 혼자 할 수 있는 게 아니다!"

"물론 모든 걸 혼자 하겠다는 말은 아닙니다. 아웃소싱을 해서, 팀으로 운영할 겁니다."

화가 머리끝까지 난 아버지는 붉게 달아오른 얼굴로 한마디 한마디 토해내듯이 말했다.

"한심한 녀석! 애당초 왜 잘 다니던 회사를 옮겨서 이런 꼴을 당해? 그런 거품 같은 벤처기업으로 옮겨서 6개월 만에 정리해 고를 당하다니! 그런 녀석이 독립한다고 잘될 리 있겠어?"

최근에 큰 소리 내지 않고 그럭저럭 지내던 아버지와 아들의 관계는 한순간에 무너지고, 다시 벌어진 다쿠의 상처에선 피가 흐르기 시작했다.

'우리 부자 관계는 10대 시절부터 하나도 변하지 않았어.'

아무리 기억을 더듬어봐도 아버지와 다정하게 대화한 적은 한 번도 없었다. 아버지는 필요 이상으로 자신의 생각을 강요하고, 다쿠는 필요 이상으로 반항적인 태도를 보였다. 그러는 동안 다쿠의 가족은 언제 무너질지 모르는 모래성 위에 있었던 것이다.

'아버지한테는 무슨 말을 해도 소용이 없어. 아버지는 내 의견을 들어주지 않아!'

언제부턴가 다쿠는 자기를 보호하기 위해 아버지에게서 마음을 닫아버리고, 대치할 바에야 차라리 피하는 쪽을 선택했다. 아버지와 마주치지 않음으로써 가족의 평화를 지킨 것이다. 그렇다고 그가 아버지의 가치관에 영향을 받지 않은 것은 아니다. 불과 몇 해 전까지만 해도 아버지의 말처럼 대기업에서 출세하는 편이 안정되고 행복한 인생을 살 수 있다고 믿었다. 아내 유키코도 다쿠가 그런 사람이기에 안심하고 결혼한 것이다.

그러나 시대는 변했다. 엘리트의 상징이었던 은행 간판은 과거의 유물로 추락하고, 일본 경쟁력의 원천이라고 떠들던 종신고용제도 이미 사라졌다. 주변 환경이 변한 상황에서 자존심을 지키려면 자신도 달라질 수밖에 없지 않은가! 그는 아버지가 자신을 이해해주기를 바랐다.

아버지가 초등학생이었던 시절에 회사의 수명은 60년이라고 했다. 그러나 1970년대에 들어서자 30년으로 줄어들더니 지금은 15년밖에 되지 않는다. 그리고 2010년에는 10년으로 줄어든다고 한다.

미국의 경영학자인 피터 드러커는 회사나 사업의 수명이 개인의 노동 가능 수명보다 짧은 것은 인류 역사상 처음이라고 말했다. 예전에는 인쇄공처럼 단순 기능직이라도 한 가지 일만 열심히 하면 평생 그 기술을 이용해서 먹고살 수 있었다. 하지만 지금은 어떤 기술을 가지고 있어도 소용없고, 아직 얼마든지 일할 수 있음에도 회사의 수명이 먼저 끝나버린다. 그것은 평생 몇 개의 다른 분야에서 다른 능력을 발휘하지 않으면 안 되는, 완전히 새로운 시대에 살고 있다는 것을 의미한다.

이런 환경에서 가장 중요한 것은 변화에 적응할 수 있는 능력이다. 간판이나 직위에 매달리지 않고, 스스로를 파괴하고 유연하게 대처해야만 가치를 만들어낼 수 있는 것이다.

성공자의 고백

그는 자신의 이런 생각을 아버지에게 이해시키고 싶었다. 그러나 그가 입을 열자마자 아버지는 벼락처럼 호통을 치며 찍소리도 못하게 만들었다. 아버지도 머리로는 알고 있지만, 그렇게 하면 자신의 삶을 부정하는 듯한 느낌이 드는 것이리라.

서로 경험이 다르면 아무리 지혜를 짜내도 상대를 설득할 수 없다. 양쪽 모두 같은 언어로 말하고 있지만 실제로는 지구인과 외계인이 몸짓과 손짓으로 말하는 것이나 마찬가지다.

"네가 할 수 있을 리 없어!"

아버지는 그의 실패를 바라는 것처럼 말했다.

어머니도 옆에서 "난 네가 무슨 생각을 하고 있는지 모르겠구나"라며 깊은 한숨을 내쉬었다. 다쿠는 아무리 설명해도 부모를 설득할 수 없다는 사실을 절감했다.

"네 마음대로 해라!"

그 한마디로 아버지와는 서로를 이해하지 못한 채 대화의 막을 내렸다. 여느 때와 마찬가지로……. 두 사람은 지금까지 계속된, 상대방을 조종하기 위한 토론에 지쳤다.

가족이 안정의 보금자리라는 것은 환상일 뿐이다. 다쿠는 철이 든 후부터 항상 가족에게 상처를 받았다. 물리적으로는 어쩔 수 없이 함께 있지만 마음은 멀리 떨어져 있다. 부모의 삶에 대해서 들은 적도 없고, 부모의 진심을 느낀 적도 없다. 아버지의 꿈도 모르고, 아버지의 절망도 모른다.

'오늘은 무엇을 했는가? 내일은 무엇을 할까?'

이런 형식적인 대화를 나누는 사이에 수십 년의 세월이 흐르고, 오랜만에 나누는 아버지와 아들의 대화는 불과 몇 분 만에 막을 내렸다. 그리고 그런 대화가 오가는 사이에 어느덧 아버지의 머리칼은 하나도 남아 있지 않았다.

다쿠는 집으로 돌아오자마자 침대에 쓰러졌다. 온몸이 납덩이처럼 무거웠다. 오랜만에 만난 아버지와 씨름하느라 온몸의 진이 모두 빠진 것 같았다.

'안 그래도 정리해고를 당해서 우울해 있는 나에게 그렇게까지 말할 필요는 없잖아! 적어도 가족이라면 따뜻하게 위로해줘야 하지 않는가!'

모든 것을 잊고 잠들고 싶었다. 하지만 흥분 때문인지 다쿠의 머리는 오히려 맑아졌다. 마음속에서 희미한 목소리가 점차 커지더니 분노가 용암처럼 분출했다.

'아버지에게 반드시 성공하는 모습을 보여주고 말겠어! 1년에 수천만 엔의 수입을 올리고, 사람들이 깜짝 놀랄 정도로 자유롭고 여유 있는 사람이 되겠어!'

그렇게 되려면 성공하는 수밖에 없다. 성공하기 위해서는 어떻게 하는 것이 좋을까? 다이아몬드 원석이 꼭 필요하지만, 지금 손에 쥐고 있는 것은 그저 굴러다니는 돌멩이일 뿐이다.

그는 침대에서 벌떡 일어나 종이와 볼펜을 준비했다. 그리고 떠오르는 대로 자신의 사업 과제를 적었다.

- ○ 매달 생활비 30만 엔을 어떻게 확보할까?
- ○ 무엇을 팔면, 어떻게 연구하면, 성장곡선에 올라갈 수 있을까?
- ○ 어떻게 하면 효율적으로 고객을 끌어모을 수 있을까?
- ○ 적은 인원수로 회사를 운영하기 위해서는 어떻게 하는 것이 좋을까?
- ○ 계속 성장하기 위해서는 어떤 시스템을 만들어야 할까?

이런 몇 가지 과제를 동시에 해결할 사업 계획을 세우지 않으면 안 된다. 다쿠는 아이디어를 써내려가다 몇 번이나 종이를 구겼다. 마치 작가라도 된 듯이 책상 주위에는 구겨진 종이가 산더미처럼 쌓였다. 좋은 아이디어가 떠오를지 모른다는 생각에 물구나무서기도 해보았다.

표 계산 소프트웨어를 이용해서 실제로 숫자도 뽑아보았다. 그러자 머릿속에서는 그럭저럭 굴러갈 것 같은 비즈니스 모델도 전혀 이익이 나오지 않는다는 사실을 알게 되었다. 이익이 나온다고 해도 얼마 되지 않고 그의 손에 떨어지는 것은 한 달에 겨우 30만 엔 정도였다.

"이 정도로는 안 돼!"

그는 머리칼을 쥐어뜯었다.

처음에는 자신감이 넘쳤지만 희망은 곧 절망으로 바뀌고, 현실을 직시할수록 자신감이 사라졌다. 그는 되도록 긍정적으로 생각하려고 했지만 가슴속에 똬리를 틀고 있는 공포는 끊임없이 어두운 상황을 떠올리게 했다.

아버지에게 큰소리를 쳤지만 이런 상황에서는 도저히 창업할 수 없다. 한 달에 30만 엔밖에 벌 수 없다면 차라리 샐러리맨 생활을 하는 편이 낫다. 경영자에게는 퇴직금도 없고 유급휴가도 없지 않은가!

다쿠는 현재의 상황을 객관적으로 바라보았다. 구체적인 사업 계획도 없는 상황에서 창업하겠다고 하다니, 자신의 어리석음에 어이가 없을 지경이었다.

'내일 다시 생각해보자. 그래도 만족할 정도로 돈을 벌 수 있는 사업 계획이 보이지 않으면 다음 주 초에는 자회사로 가겠다고 말하는 수밖에 없다.'

그는 자신의 빈약한 창의력에 낙담할 수밖에 없었다.

'역시 창업은 재능이 있는 사람만 해야 하는 걸까?'

다음 날 일요일 오후 2시.

"아이를 공원에 데리고 가서 좀 놀다 와줄래? 난 마트에 다녀와야 하거든."

유키코의 말에 다쿠는 좀비처럼 천천히 움직였다.

아침부터 사업 계획을 짜려고 했지만, 책상 앞에 앉아 있었을 뿐 아무 생각도 나지 않았다. 생각은 조금도 발전하지 않고, 어젯밤 그 자리에서 회전목마처럼 빙글빙글 맴돌았다.

토요일에도 회사에 나가는 다쿠 때문에 유키코는 거의 일주일 내내 육아를 전담해야 했다. 첫아이인 데다가 아이를 키우는 일에 익숙하지 않은 유키코는 상당한 스트레스에 시달릴 수밖에 없었다. 다쿠가 아이를 데리고 나가면 그동안이라도 잠시 여유를 얻을 수 있을 것이다.

'머리가 폭발하기 일보 직전이야. 기분을 전환하기에는 산책도 나쁘지 않지.'

그는 기지개를 켠 후 운동화를 신었다.

오래된 아파트 사이에 작은 공원이 있었다. 놀이기구가 그렇게 많지는 않지만 아이들에게는 최고의 놀이터였다. 그는 아기 차를 세우고 벤치에 앉아서 오랜만에 햇살을 한껏 받았다. 그네 타는 소리, 초록의 향기, 천진난만한 아이들의 웃음소리⋯⋯.

눈과 코와 귀를 모두 열어놓고 있자 정리해고 따위는 그렇게 심각한 문제가 아닌 듯했다. 전쟁터에서 죽는 사람을 생각하면 사소한 고민에 지나지 않는다. 자회사에 간다고 해도, 거기에서 최선을 다하면 길이 열리지 않을까?

그렇게 생각하니 온몸을 뻣뻣하게 만들던 긴장감이 풀리고,

머릿속의 안개가 사라지는 것 같았다. 그렇게 몇 분이 흘렀을까? 깜빡 잠이 든 사이에 땅으로 꺼질 듯한 느낌은 사라지고 편안한 감각이 몸을 감쌌다.

그 평화를 깨뜨린 것은 갑작스러운 아이의 울음소리였다. 눈을 뜨자 3미터쯤 떨어진 곳에서 한 아이가 넘어져 울고 있었다.

"마미, 마미!"

아무래도 외국인 어린아이인 듯했다. 다쿠가 아이를 일으켜주는 동안, 금발의 여성이 뛰어와서 소리쳤다. 아이의 어머니인 듯한 여성은 "혼자 뛰어가면 어떡해? 그러니까 넘어지지!"라고 야단치는 것 같았다. 금발의 여성과 눈길이 마주친 순간, 그는 똑같은 부모의 입장에서 가볍게 고개를 숙였다. 이런 근교에 있는 아파트에 외국 사람이 사는 것은 흔하지 않은 일이다.

'우연이군.'

그렇게 생각하는 순간, 문득 간자키의 말이 떠올랐다.

'우연을 우연이라고 생각하지 말아야 하네.'

그는 잠시 생각에 잠겼다.

'지금 일어난 사건에는 어떤 의미가 있을까? 이 우연에서 무엇을 배워야 할까?'

그때 머릿속에서 아이디어가 떠올랐다. 너무나도 갑작스러운 일이었다.

'잠깐만……. 아, 그래! 외국어 홈페이지를 만들면 어떨까?'

요즘 홈페이지가 없는 회사는 거의 없다. 하지만 외국어 홈페이지를 가지고 있는 회사는 많지 않다. 그렇다면 외국어 홈페이지 제작이 좋은 사업이 되지 않을까?

홈페이지가 없는 회사는 찾기 힘들지만 외국에도 상품을 팔기 위한 홈페이지를 만든다면 잠재 고객이 적지 않을 것이다. 불황에 빠진 일본에서는 더 이상 상품이 팔리지 않지만 지금 성장하고 있는 아시아 여러 나라, 일본에 대한 관심이 높은 유럽, 미국에서라면 얼마든지 팔 수 있는 상품이 많지 않을까.

홈페이지 제작 사업의 성장곡선은 이미 성숙기에 접어들었다. 그러나 일본어 홈페이지를 기본으로 해서 외국어로 번역해주는 분야로 전문화하면 새로운 성장곡선을 그릴 수 있을지도 모른다.

홈페이지를 제작하려면 보통 디자인부터 협의해야 한다. 그러나 외국어로 번역하는 것이라면 디자인부터 시작할 필요가 없고 제작 기간도 길지 않아서 자금 회수도 좋을 것이다. 물론 최종 목적은 외국에서 매출을 올리는 것이니까, 외국의 검색 엔진에 등록해주는 서비스도 제공해야 한다.

아이디어가 하나 떠오르자 새로운 아이디어가 잇따라 떠올랐다. 아기차를 밀고 있는 그의 머릿속에서는 꼬리에 꼬리를 물고 뇌신경이 이어졌다.

집에 들어오자마자 그는 두근거리는 가슴으로 노트를 꺼냈다.

'잊어버리기 전에 머릿속에 떠오른 아이디어를 적어두자.'

금맥을 찾았다고 생각하니 갑자기 온몸에 전기가 통하는 것 같았다. 조금 전의 좀비는 어딘가로 사라지고 슈퍼맨으로 변한 듯한 느낌이 들었다.

그는 머릿속에 떠오른 아이디어를 모두 노트에 쏟아냈다. 노트는 눈 깜짝할 새에 그 이외에 다른 사람은 판독할 수 없는 글자와 그림, 그래프로 가득 찼다. 머릿속에 있는 것을 모두 꺼냈을 때, 창밖에는 어느새 짙은 어둠이 내려앉아 있었다.

그다음에는 노트에 적은 내용을 설명하기 쉽도록 프레젠테이션 형식으로 정리했다. 신뢰성을 높이기 위해 아이디어를 숫자로 만들고, 놓친 것들이 없는지 다시 한번 확인했다. 컴퓨터를 이용해서 문서로 만들고 나니, 시곗바늘이 새벽 2시를 가리키고 있었다.

완성된 사업계획서를 바라보는 그의 가슴에는 새로운 희망이 부풀어 올랐다.

'자회사로 가는 건 일단 중지다. 우선 간자키 사장님과 이 사업에 대해 의논해보자.'

창업자가 빠지기 쉬운 함정

시간은 모순덩어리다. 좋아하는 여자를 만날 때는 화살처럼 지나가지만 따분한 회의에 참석할 때는 시곗바늘이 일절 움직이지 않는다. 다쿠가 간자키를 만날 수 있었던 것은 그로부터 사흘 뒤였다. 수화기 너머로 간자키가 출장 가서 사흘 후에 돌아온다는 말을 들었을 때, 다쿠는 하늘이 무너지는 느낌에 휩싸였다. 그리고 그 사흘이 석 달보다 더 길게 느껴졌다.

다쿠는 첫 데이트를 애타게 기다리는 고등학생 같은 심정으로 간자키를 기다렸다. 그동안 그의 심장은 불안으로 인해 작게 오그라드는 것 같았다.

사업계획서를 들춰보는 간자키의 표정은 진지함 그 자체였다. 프로는 원래 작업에 몰두하면 표정은 섬세해지고 호흡은 장엄해지는 법이다. 무의식중에 잡념을 뿌리치고 직감을 얻기 쉽도록 감각을 예민하게 만드는 것이다. 다쿠는 간자키의 일하는 모습을 보는 것만으로도 자신이 한 단계 성장한 듯 뿌듯했다.

이윽고 간자키가 사업계획서를 내려놓고 고개를 들었다. 다쿠의 모든 세포는, 심지어 땀구멍 하나까지도 간자키의 입에 집중하고 있었다.

"재미있군. 사업 모델은 나쁘지 않네. 몇 가지 과제는 있겠지만 그것은 모두 해결할 수 있어."

'재미있군.'

간자키의 그 한마디에 다쿠는 모든 정열을 바쳤던 지난 주말이 아깝지 않았다. 다만 무작정 기뻐하는 것만은 피하고 싶었다.

그는 기쁨이 드러나지 않도록 감정을 조절하면서 물었다.

"왜 이 사업이 재미있다고 생각하시는 거죠?"

"사업 모델을 판단할 때, 나는 세 가지를 중요하게 여기네. 첫째, 이 사업 또는 상품은 성장곡선의 어디에 있는가? 둘째, 경쟁 업체와 비교해서 시장 우위성이 있는가? 셋째, 사업을 계속하기 위해서 이익을 충분히 확보할 수 있는 모델인가? 최소한 이것을 해결하지 못하면 아무리 연구를 해도 사업이 될 수 없네."

"이 외국어 홈페이지는 어떻게 판단하셨나요?"

"첫째, 성장곡선에 대해서는 잘 생각했더군. 홈페이지 제작은 성숙기에 접어들었지만 외국어 홈페이지로 특화하면 도입기라고 할 수 있네. 본래 도입기는 상품 개발 비용이 많이 들고, 고객에게 상품을 알리기 위한 광고비도 많이 들어서 이익이 줄어들지. 다만, 이 사업은 인터넷으로 홍보하거나 매스컴을 이용하면 비용을 줄일 수 있을 걸세. 그러면 첫 번째 관문은 해결한 것이나 마찬가지겠지.

둘째, 지금으로선 별다른 경쟁 업체가 없으니까 시장 우위성도 해결된 거야. 하지만 반대로 생각하면 사업이 커졌을 때, 시장에 대한 진입 장벽이 낮기 때문에 즉시 경쟁 업체가 등장할 가능성이 있네. 물론 이것은 지금부터 걱정해도 어쩔 수 없겠지. 가장 현실적인 방어책은 다른 회사가 뛰어들기 전에 이 분야에서 넘버원이 되는 걸세.

가장 골치 아픈 문제는 셋째, 충분한 이익을 확보할 수 있는가 하는 것이야. 많은 창업자들이 여기에서 함정에 빠지게 되지. 사업에서 이익은 자동차의 연료나 마찬가지네. 연료가 충분하지 않으면 사업은 계속 질주할 수 없어.

　신규 사업에 착수하는 사람들 중에는 대기업의 이익 구조를 보고 뛰어드는 사람이 많네. 그런데 자본력이 충분한 대기업은 매출총이익이 30~40퍼센트만 되어도 사업을 계속할 수 있지. 하지만 기존에 쌓아놓은 신용이 없는 창업자는 은행에서 돈을 빌릴 수 없네. 즉, 매출총이익에서 나오는 현금으로 회사를 운영하지 않으면 안 된다는 뜻이야. 그러니까 주택처럼 비싼 상품을 팔지 않으면 매출총이익이 최소한 50~60퍼센트가 되어야 하네. 이 사업은 아직 시스템을 갖춰놓은 곳이 없지 않은가? 따라서 조금 높은 가격을 설정할 수 있을 테니 비교적 매출총이익이 높을 걸세."

　"네. 일본인에 비해 외국인은 인건비가 저렴하기 때문에 중국어나 한국어의 번역 원가를 줄일 수 있습니다. 그러면 매출총이익이 높겠죠. 번역가 문제는 제가 아는 회사를 이용하면 해결할 수 있을 것 같습니다."

　"그거 다행이군. 창업자가 실패하는 가장 큰 이유는 사업에 대한 기본 지식도 없이 자기가 좋아하는 일을 하기 때문이지. 장사를 하고 싶다는 이유만으로 부모나 은행에서 대출을 받아 가게를 차리는 사람이 있는데, 그것은 사업이 얼마나 무서운지 모르는 철부지 어린애 짓이네. 중요한 것은 매출총이익이 높은 사업을 찾는 거야. 그리고 그 사업이 궤도에 오르면 매출총이익이 낮은 분야도 하는 건 좋지만, 매출총이익이 낮은 분야를 중심으로 사업을 시작하면 궤도에 오르지도 못하고 자멸할 수 있네."

"그것 말고 신경 써야 할 점이 또 있습니까?"

"아차, 중요한 것을 깜빡했군. 매출총이익을 올리는 데만 정신이 팔려 자네 시간을 지나치게 많이 빼앗기면 안 되네. 창업자가 빠지기 쉬운 가장 큰 함정은 성공의 길에 들어서면서 지나치게 바빠지는 것일세. 그렇게 되면 일이 하나씩 풀릴 때마다 발에 무거운 족쇄를 매달게 되지. 그러다 정신을 차리면 달릴 수 없고, 그 자리에 멈춘 채 꼼짝도 못하게 된다네.

어느 정도 성공하면 눈앞의 일반 업무에 시간을 빼앗겨서 사장의 시간을 영업에 사용할 수 없게 되지. 하지만 경영의 안전성이 어디까지나 숫자라는 걸 잊지 말게. 고객의 숫자가 늘어나면 경영은 안정되네. 따라서 처음에는 고객을 확보하기 위해서 사장이 시간을 많이 내야 하지. 자네는 영업에 얼마나 시간을 투자할 수 있나?"

"처음에는 시간을 많이 빼앗기겠지만 어느 정도 반복되면 일을 나눠주기만 하는 루틴 워크가 되니까 시간은 충분히 투자할 수 있을 겁니다."

"근본적인 부분은 제대로 파악하고 있군. 뿌리가 튼튼하면 그 다음은 노력에 달려 있지. 창업자들은 모두 편히 돈을 벌고 싶어 하지만, 실제로 창업하고 1년 동안은 토요일, 일요일도 없고 밤도 낮도 없이 일에 몰두해야 하네. 그런 각오는 되어 있나?"

"물론입니다."

"다행이군."

그때 한순간이지만 간자키의 표정에 어두운 그림자가 스쳤다. 다쿠는 그것이 마음에 걸렸다. 열심히 일할 각오가 되어 있다는 말에 왜 안색이 흐려진 것일까? 그러나 그 표정은 금세 사라졌다. 다쿠는 자신이 잘못 본 것이라고 생각했다.

어쨌든 간자키가 사업 계획을 높이 평가해준 덕분에 다쿠는 어깨에 있던 무거운 짐을 내리고 안도의 한숨을 내쉬었다. 그러나 그것도 잠시, 간자키는 곧바로 질문을 던졌다.

"사업 계획은 재미있었네. 그러면 다음 단계로 넘어가서, 고객은 어떻게 모을 건가?"

'고객은 어떻게 찾을 거야?'

다쿠는 유키코의 똑같은 질문에 아무 대답도 못 했던 것이 떠올랐다.

"일단 인맥을 통해서 하고, 그 후에는 신문 광고나 인터넷 광고를 이용하려고 합니다만……."

솔직히 말하면 그는 불안했다. 지금까지 자신이 직접 광고를 해서 고객을 모은 경험이 한 번도 없었던 것이다.

"알았네. 신규 고객을 개척한 경험이 별로 없나 보군. 그래도 상관없네. 창업자 중에 그런 사람은 흔하니까. 대체로 대기업에서는 신규 고객을 개척한 경험을 쌓을 수 없기에, 대부분의 창업자들이 신규 고객 개척 경험이 없는 상태에서 창업하게 되지. 그래서 결국 필요 이상으로 어려운 길을 걷게 된다네.

자네는 어디에 광고를 내면 고객을 효율적으로 모을 수 있는지 알고 있나? 유감스럽게도 이것은 MBA에서도 가르쳐주지 않네. 사업을 안정시키는 데 가장 중요한 지식인데도 말이야."

"네? MBA에서는 고객 모집 방법을 가르쳐주지 않나요?"

"고객 모집에 대해서는 전혀 언급하지 않아. 하버드 비즈니스 스쿨에선 영업에 관한 수업이 얼마나 될 것 같나? 2년 동안 겨우 한 시간이라네."

"왜 그런 거죠?"

"MBA는 'Master of Business Administration'의 약자일세. 'Administration'이 무슨 뜻인지 알지? 경영 관리라는 뜻이네. 결국 MBA에서 가르치는 건 경영 관리를 위한 지식일 뿐 창업을 위한 지식이 아니야."

"그러면 창업자에게는 별로 도움이 되지 않겠군요."

"도움은 되지. 아무리 사업을 하고 싶어도 고객이 없으면 할 수 없지 않겠는가? 따라서 MBA는 회사 규모가 좀 더 커져서 가업이 아니라 기업이 됐을 때 더 많은 도움이 되지."

"저는 MBA가 창업에 많은 도움이 된다고 생각했는데 그게 아니었군요. 그러면 고객을 모집하는 방법은 어디서 배울 수 있나요?"

"나중에 좋은 책을 소개해주지. 일단 꼼꼼히 읽고 나서, 그런 다음에 제대로 실천하게. 영업은 그 책을 읽으면 되니까 지금은 책에 쓰여 있지 않은 근본적인 일들에 대해서 설명해주겠네."

"고맙습니다."

"독립해서 궤도에 오를 때까지 가장 힘들고 어려운 시기이자 가장 신념이 흔들리는 시기는 고객을 100명 확보할 때까지라네. 그 이후에는 아무 생각도 할 수 없을 정도로 바빠지지. 일단 100명 확보한 방법을 계속 반복해서 사용하느라 바빠지고, 그런 다음에는 확보한 고객에게 신경 쓰면서 재구매를 받아야 하고 새로운 고객도 모집해야 하니까 말일세. 원래 수영장에 들어갈 때까지가 가장 힘들고, 일단 들어가면 즐겁게 헤엄칠 수 있는 것과 마찬가지네."

"우량 대기업을 몇 개쯤 확보하면 괜찮을까요?"

"아무리 대기업을 몇 개 확보한다고 해도, 고객의 숫자 자체가 적으면 항상 불안하지. 고객의 숫자가 적으면 자기가 주도권을 잡지 못하고 늘 상대방에게 휘둘려야 하는 하청 기업이 되는 걸세. 즉, 상사에게 휘둘리는 월급쟁이 신세와 똑같다고나 할까?

수입의 법칙은 아주 간단하네. 얼마나 많은 고객에게 도움이 되느냐 하는 것으로 정해지지. 상사 한 명에게밖에 도움이 되지 않는 월급쟁이의 연봉은 한계가 있지 않겠나? 그에 비해 많은 사람에게 도움이 되는 시스템을 만드는 창업자의 수입은 깜짝 놀랄 만큼 많아질 수 있지. 자신의 육체적, 물리적 시간을 초월해서 많은 사람에게 도움이 될 수 있으니까 말일세."

다쿠는 대기업 몇 군데만 확보하면 안정적으로 이끌어갈 수 있다는 자신의 생각이 얼마나 큰 착각이었는지 깨달았다. 대기업이 좋다는 발상에서 아직도 빠져나오지 못한 자신을 생각하니 쓴웃음이 나왔다. 대기업을 몇 개 확보하는 것보다 규모가 작은 거래처를 많이 확보하는 편이 확실히 위험도 분산되고 경영도 안정되리라.

'내가 과연 고객을 100명이나 모을 수 있을까?'

간자키는 불안해하는 다쿠의 얼굴을 쳐다보면서 말을 이었다.

"고객 100명을 확보하는 데 가장 중요한 일은 첫 번째 고객을 만드는 것이네. 첫 번째 고객은 창업자가 아니면 맛볼 수 없는 커다란 감동을 안겨주지. '내 일을 인정해주는 사람이 있다! 그것도 인맥이 없는 상태에서 나 스스로 개척했다!' 그것은 창업자가 평생에 한 번밖에 맛볼 수 없는 귀중한 경험일세. 나는 지금도 그 순간을 영화의 한 장면처럼 떠올릴 수 있다네."

성공자의 고백

다쿠는 가까운 곳에서 사업의 기쁨을 얻을 수 있다는 것에 신선함을 느꼈다. 사업의 최종 목적은 어디까지나 돈을 버는 것이다. 그런데 돈을 버는 과정에서 아름다운 만남을 가질 수 있다는 것이 아닌가!

그는 흥분을 억제하면서 물었다. "첫 번째 고객을 만들기 위해서는 어떻게 해야 할까요?"

"고객의 목소리를 모아야 하지."

"고객이 하나도 없는 상태에서 어떻게 고객의 목소리를 모을 수 있죠?"

그는 간자키의 말을 농담으로 받아들였다. 하지만 간자키의 얼굴은 더할 수 없이 진지했다.

"자네를 놀리는 게 아니라 그만큼 고객의 목소리가 중요하다는 뜻이네. 사업에서 현금을 '피'라고 한다면, 고객의 목소리는 '호흡'이라고 할 수 있지. 그리고 고객의 목소리를 들을 수 있으면 고객을 부를 수 있네. 만약 고객이 한 사람도 없으면 상품을 무료로 줘서라도 고객을 만들어야 하지. 처음부터 이익을 내려고 할 필요는 없으니까 말일세."

"그렇군요! 상품을 무료로 나누어주면 되는군요. 그러면 경험이 전혀 없어도 영업을 할 수 있습니다!"

"만일 그 고객이 상품에 만족했다고 하세. 그러면 그 고객의 목소리를 들려주면서 예상 고객에게 상품을 제안할 수 있지 않겠나?"

"그렇게 하면 영업 경험이 없어도 할 수 있을 것 같습니다."

"그래. 고객의 목소리는 사업의 근본으로, 가장 간단하면서도 가장 효과적인 광고네. 어떤 상품이라도 스스로 자기 상품이 좋다고 하는 것과, 고객이 상품을 칭찬해주는 것은 전혀 다르지. 자기가 백 번 광고하는 것보다 고객의 의견을 직접 한 번 들려주는 편이 훨씬 효과적이네. 사업을 처음 시작할 때는 돈을 들여서 상품 팸플릿을 만드는 것보다 고객이 감동했다고 보내온 편지를 복사해서 나누어주는 편이 훨씬 큰 힘을 발휘하는 법이야."

다쿠는 영업 경험이 일절 없었지만, 고객의 목소리를 모으는 것만큼은 간단하고 확실하게 실행할 수 있을 것 같았다.

"당장 실천해보고 싶습니다. 고객의 목소리를 모으기 위해 영어 홈페이지를 5만 엔에 만들어주면서 모니터를 받는 것은 어떨까요?"

"무료로 해주는 것이 좋지 않을까?"

"무료로 해주면 적자가 될 겁니다."

"그것이 프로와 아마추어의 차이일세. 5만 엔에 만들어주면서 고객을 모집하는 데 시간이 얼마나 걸릴까? 아마 영업에 익숙하지 않다면 많은 시행착오를 겪어야겠지. 또 계약서도 쓰지 않으면 안 되네. 반면에 광고비라고 생각하고 무료로 서비스해주면 어떻게 될까?"

"무료로 해준다고 하면 영업력은 필요 없겠죠. '무료로 외국어 홈페이지를 만들어드리겠습니다'라고 말하면 되니까요."

"결과적으로 보면 무료로 해주는 편이 더 빠르고 더 싸게 들지. 나는 창업할 때 세미나를 열었는데, 그때는 무료였을 뿐만 아니라 중화요리까지 대접하면서 친구들과 지인들을 끌어모았네. 즉, 일종의 뇌물을 써서 사람들을 모은 거지. 하지만 그것으로 강연 실적이 생기고, 그 실적을 홈페이지에 올렸네. 그랬더니 곧바로 강사료를 지급할 테니까 강연을 해달라는 의뢰가 들어오기 시작하더군."

이런 게릴라 같은 이야기는 경험자가 아니면 좀처럼 들을 수 없다. 이것이 살아 있는 비즈니스라는 것일까?

다쿠의 마음은 어느덧 기대로 부풀어 올랐다.

"자네, 다른 사람 명함을 몇 장이나 가지고 있나?"

"800장 정도입니다."

"그중에 얼굴을 알고 있는 사람은 약 20퍼센트 정도, 160명쯤 되겠지?"

"그럴 겁니다."

"그중에 무료로 영어 홈페이지를 만들고 싶어 하는 회사는 몇이나 될까?"

"적어도 열 군데는 될 겁니다. 무료로 해준다고 하면 다들 좋아하지 않을까요?"

"자네가 일을 제대로 해주면 어떻게 되지?"

"추천서를 써주거나 다른 고객을 소개해주겠죠."

"또 무료라면 미안하다고 하면서 얼마쯤 돈을 주는 회사도 있을 걸세."

그 순간, 다쿠의 머릿속을 꽉 채우고 있던 뿌연 안개가 걷혔다. 방법은 정해졌다. 이제 실행만 남아 있을 뿐이다.

"정말 고맙습니다. 이제 할 수 있을 것 같습니다. 그런데⋯⋯ 한 가지 여쭤봐도 될까요? 왜 저한테 이렇게 친절히 대해주시는 거죠?"

간자키의 얼굴에 또다시 어두운 그림자가 스쳤다.

"아마 자네가 나를 닮아서겠지. 어쨌든 한번 시도해보게. 고객을 모집하기 시작하면 두 번 정도 난관에 부딪힐 걸세. 하지만 지금은 신경 쓰지 말고 직접 경험하는 것이 중요하네."

인생의 중대한 갈림길

다쿠는 의기양양해져서 기분 좋게 걸음을 내디뎠다.

이렇게 멋있게 말할 수 있으면 얼마나 좋을까? 하지만 현실은 그렇게 만만하지 않았다. 하고 싶은 일을 한 가지 하기 위해서는 하고 싶지 않은 일을 그 열 배는 해야 하는 나이였다.

우선 상사에게 그만두겠다고 말해야 한다. 솔직히 말해서 그의 상사는 대하기 껄끄러운 사람이다. 이사급 개발부장인 오무라 데쓰야, 그는 디지월의 창업 멤버다. 예전에는 외국 증권회사 시스템부에 다녔다고 하는데, 그때의 영향인지 지금도 항상 멜빵 차림이었다.

6개월 전에 입사한 다쿠는 오무라와 인간적인 궁합이 맞지 않았다. 오무라는 업무 능력은 뛰어나지만 부하 직원에 대한 배려는 조금도 없는 사람이었다. 오직 사장에게 잘 보이기 위해 도저히 불가능한 개발 일정을 세우고, 막무가내로 일을 끝내게 했다. 그로 인해 부하 직원은 가정을 포기한 채 밤을 새워서 일해야 했다. 오무라는 '하면 된다'는 말을 입에 달고 살았다. 말은 쉽지만 그 일을 해내야 하는 사람은 견딜 수 없지 않은가? 그런 막무가내 정신으로 어떻게든 결과가 나오게 해서 그런지, 회사에서는 차기 사장 후보라는 소문이 자자했다.

그는 업무 이외에는 털끝만큼도 존경할 수 없는 사람으로, 특히 여자에게는 손버릇이 좋지 않았다. 사내에서 성추행으로 문제가 된 적도 있었으나 주위에 예스맨들이 진을 치고 있어서 불평하는 사람은 아무도 없었다.

또한 이목구비가 뚜렷해서 외모는 단정해 보였다. 본인도 외모에 자신이 있는 것 같았지만, 지나친 자신감으로 일그러진 그의 얼굴을 볼 때마다 다쿠는 온몸에 소름이 돋았다.

그만두겠다고 말하자 오무라는 치근덕거리며 붙잡는 척했다.

"자회사에서 자네가 꼭 필요하다고 신신당부하더군."

말은 그렇게 했지만 말투는 마치 매뉴얼을 읽는 것처럼 감정이 없었다. 하지만 다쿠의 결심이 변하지 않는다는 사실을 알고 나자 태도는 완전히 돌변했다.

"자네 실력이나 알고 그러나? 자네는 전형적인 사회의 탈락자야. 요즘은 개나 소나 다 창업하겠다고 난리더군. 영업도 한 적이 없는 사람이 무슨 창업을 한다는 거야? 괜히 벤처 붐에 편승해서 일확천금을 꿈꾸나 본데, 실패해도 아파트에서 뛰어내리진 말게. 그러면 나도 꿈자리가 사나울 테니까."

다쿠는 잠자코 언어폭력을 견뎌냈다.

평소의 다쿠였다면 오무라의 말에 큰 상처를 받았으리라. 하지만 지금은 오무라가 흥분해서 공격할수록 이상하게도 마음이 차분히 가라앉았다. 예전에는 회사에서 출세하는 것이 인생의 목표였으나, 그 집착에서 벗어난 순간 비로소 본연의 자신으로 돌아올 수 있었다. 드디어 자신이 걸어가야 할 길로 들어선 듯한 조용한 안정감마저 들었다.

살무사 같은 오무라에게서 빠져나와 이번에는 동료들에게 작별을 고했다. 회사를 그만두고 창업하겠다고 선언한 순간, 긍정적으로 평가하는 사람이 의외로 적어서 그는 깜짝 놀랐다. 오히려 왜 이렇게 어려운 시기에 안정된 직장을 그만두고 창업하느냐는 소리가 여기저기서 들려왔다. 벤처기업에 근무한다고 해서 반드시 벤처 정신을 가지고 있는 것이 아니라는 사실을 그는 온몸으로 실감했다. 벤처기업조차 상장 이후에 모여드는 사람들은 대부분 안정을 원하는 사람들이다. 실제로 그도 안정을 찾아서 이 회사에 들어왔으니까 그들의 심정은 충분히 이해할 수 있다. 자회사에 가라고 하지만 않았다면 그도 창업 같은 것은 생각도 하지 않았으리라.

동료들 중 몇몇은 관심을 보였다. 특히 영업부의 스기사키 료는 다쿠가 어떤 사업을 계획하고 있는지 끈질기게 물었다. 그 모습을 보아하니 료도 언젠가 독립하고 싶어 하는 것 같았다. 료는 다쿠보다 두 살 많은 서른다섯으로, 키는 작지만 건장한 체구에 부리부리한 눈이 사람들에게 호감을 주었다. 두 사람은 나이에 관계없이 친구처럼 허물없이 지내던 사이였다.

다쿠의 사업 계획을 들은 료는 더 깊숙이 파고들었다.

"다쿠, 영업은 어떻게 할 거야?"

"가능하면 홈페이지를 통해서 하려고 해."

"자네도 생각이 있겠지만, 홈페이지만으로 괜찮겠어?"

"당분간은 시행착오를 겪어야겠지."

"영업에서 가장 중요한 것은 인맥이야. 그리고 대기업을 뚫기 위해선 술에 강해야 하고, 그다음은 여자지. 여자만 안겨주면 아무리 어려운 계약도 단번에 따낼 수 있거든. 컨설턴트들은 고객을 감동시켜야 한다는 둥 프레젠테이션이 중요하다는 둥 하지만, 그것은 현장을 몰라서 하는 말이야. 사업의 세계는 그렇게 깨끗하지 않으니까. 자네, 알고 있어? 불과 몇 년 전까지만 해도 어느 기업에선 전시회 같은 것을 할 때 자기 부스에 있는 내레이터 모델을 안겨주기도 했거든. 그러면 수억 엔짜리 거래를 따낼 수 있었지."

지금까지 컴퓨터로 시스템을 만들어온 고지식한 다쿠에게는 도저히 믿을 수 없는 이야기였다.

"그건 옛날이야기 아니야?"

"아직 뭘 모르는군! 물론 공식적으론 불가능하지만 2차를 나가도 술집 명의로 영수증을 끊어주지. 만약에 경쟁 회사가 그런 방법을 사용하면 어떻게 될까? 겉으로 허울 좋은 말을 하면 가만히 지켜보고 있을 수만은 없겠지. 한마디로 말해서 중요한 것은 인간관계야, 인간관계!"

어쨌든 료가 현장 경험에 자신감을 갖고 있는 것은 분명했다.

'간자키 사장님의 시스템적 경영 스타일과는 극과 극이군.'

실제로 료의 영업 실적은 따라갈 자가 없었다. 운동 감각이 뛰어난 그는 거래처 사람들에게 골프 접대를 자주 하느라 얼굴은 항상 까맣게 그을려 있었다. 결혼은 했지만 사내에도 애인이 있다는 소문이 자자했다.

자신감 넘치는 료의 모습을 보자 다쿠는 자기가 만든 사업 계획이 갑자기 불안해졌다.

'계속 간자키 사장님을 믿어도 될까?'

간자키의 이론적인 경영 방식은 성공하면 다행이지만 실패하면 한 푼도 벌 수 없다. 지금과 같은 사업 분위기 속에서 인맥에 의지하지 않고 사업하는 것이 과연 가능한 일일까?

'역시 이론만이 아니라 료의 말처럼 지저분한 부분도 필요하지 않을까?'

그 순간, 료는 다쿠의 불안을 한층 더 자극하는 말을 했다.

"그나저나 이번 인사는 정말 이상했어. 자네만 그렇게 되다니 말이야."

"그게 무슨 말이야?"

"정리해고 대상자에 오른 거, 정사원 중에는 자네뿐이잖아? 나머지는 모두 파견직원과 계약직원들뿐이야."

"뭐? 그게 정말이야?"

다쿠의 얼굴에서 순식간에 핏기가 사라졌다.

"몰랐나 보군. 회사 상황도 소문처럼 그렇게 나쁘지만은 않은 것 같아."

'나를 계약직원과 똑같이 취급했다는 건가? 내가 그렇게까지 필요 없는 직원이란 말인가!'

료의 이야기를 들은 순간, 이번 자회사 발령을 긍정적으로 받아들이던 다쿠의 자존심은 무참하게 짓밟혔다.

'왜 나만! 나 말고도 빈둥거리면서 월급만 챙기는 녀석들이 우글우글하지 않은가!'

다쿠는 분노를 넘어서서 슬픔에 휩싸였다. 그러나 나약한 모습은 보이고 싶지 않았다. 그는 얼굴 표정을 바꾸지 않고 코웃음을 치면서 대수롭지 않게 대답했다.

"그래? 그러면 이번 인사 발령은 나를 독립시키기 위한 거였네? 결과적으로 다행이군. 회사가 등을 떠밀어줘서."

"나도 2년 뒤에는 독립할 생각이야. 어쨌든 응원해줄 테니까 영업에 문제가 생기면 언제든지 전화해. 내 거래처에도 말을 해놓을게."

"고마워. 자네가 응원해준다면 천군만마를 얻는 거나 마찬가지야."

료의 응원에 다쿠는 기운을 얻었지만, 자신을 자회사로 보내려 한 회사의 처사에는 부당함을 느낄 수밖에 없었다. 그리고 잊으려고 할수록 그 배신감은 온몸에 깊이 새겨졌다.

그로부터 한 달 후, 다쿠는 자본금 300만 엔으로 유한회사 有限會社, 50인 이하의 유한 책임 사원으로 조직되는 회사로, 사원들은 자본에 대한 출자 의무를 부담하며 회사 채무에 대해서는 출자액의 한도 내에서만 책임을 진다를 설립했다. 자본금은 자신과 유키코의 저축을 끌어모아서 마련했다. 회사 이름은 마스터 링크 Master Link. 두 평 남짓한 방에서 책상 하나와 컴퓨터 하나로 시작하는 조용한 출발이었다.

거래처는 단 하나. 간자키의 회계사무소뿐이었다. 회사를 설립하자마자 회계사에게 고문직을 부탁하는 것은 이르다고 생각했지만 무리하게 계약했다. 재미있는 사업 모델이라며 간자키도 직접 상담에 응해주겠다고 했다. 간자키의 비서는 "최근 3년간은 신규 고객을 받지 않았어요"라고 말했다. 아마 다쿠에 대한 간자키의 대우는 매우 예외적인 것 같았다. 어쨌든 창업의 'ㅊ'자도 모르는 상태에서 간자키 같은 사람을 만난 것은 다쿠에게 크나큰 행운이었다.

독립하고 가장 먼저 찾아온 것은 고독이었다. 창업자는 독립한 순간 세상과 격리된다. 처음에는 책상을 정리하고 전화를 놓고 인사장을 보내느라 비교적 바쁜 나날을 보내지만, 일주일쯤 지나면 할 일이 없어진다. 전화도 걸려오지 않고, 불안을 공유할 사람도 없다. 그런 고독 속에서 혼자 새로운 영역을 향해 도전하지 않으면 안 되는 것이다.

다쿠는 일단 간자키의 조언대로 고객의 목소리를 모으기 위해 무료 모니터를 시작했다. 그동안 명함을 받은 사람에게 '무료로 영어 홈페이지를 제작해드립니다'라는 안내장을 보낸 것이다. 반응은 예상보다 훨씬 좋았다.

본격적으로 일을 시작하기 전에 모니터를 시작한 것은 서비스 품질을 안정시키는 데 매우 효과적이었다. 일을 추진하는 사이에 외주처 선정과 업자와의 연락 과정 등 예상하지 못했던 몇 가지 문제를 발견한 것이다. 모니터를 하지 않고 실전에 나섰다면 신용을 잃을 수도 있는 중요한 문제였다.

무료 모니터는 대성공이었다. 영어 홈페이지를 납품한 후 적극적으로 해외 시장을 개척하는 회사도 있고, 영어뿐만 아니라 중국어나 한국어로도 만들고 싶다고 새로 주문하는 회사도 있었다. 또한 간자키의 말대로 무료로는 미안하다면서 제작비를 주겠다는 회사도 두 군데나 나타났다. 결국 무료 모니터 모집을 계기로, 그는 창업한 첫 달부터 생활비를 벌 수 있었다.

'료나 다른 동료들도 거래처를 소개해준다고 했으니, 이런 상태라면 그럭저럭 먹고살 수는 있겠군.'

다쿠의 입가에서는 웃음이 떠나지 않았다.

그런 기분이 깨진 것은 유키코가 책을 한 권 가져왔을 때였다.

"아버님께서 요전에 하고 싶은 말을 다 못 했다고 하시면서 이 책을 주고 가셨어."

"그렇게 심하게 말해놓고 하고 싶은 말을 다 못 했다고? 자식의 가슴에 대못을 박아놓고 이제 와서 무슨 소리야?"

다쿠는 그렇게 화를 내면서 책을 손에 들었다. 오래전에 나온 비즈니스 책이었다. 아버지가 권한 책은 읽고 싶지 않았다. 아버지에게 자신의 정신까지 조종당하고 싶지 않았던 것이다.

그는 대강 차례를 훑어보다가 시간 낭비라고 생각하며 책을 책장에 꽂았다. 책에는 편지 한 통이 들어 있었다. 그러나 아버지의 언어폭력을 더 이상 듣고 싶지 않았던 다쿠는 그 편지를 거들떠보지도 않았다.

순조롭지 않은 출발

무료 모니터가 안정되자 다쿠는 본격적으로 고객을 모집하기로 결심했다. 그래서 3개월 만에 료에게 전화했다. 그는 단도직입적으로 료에게 거래처를 소개해달라고 부탁했다. 그러나 료의 반응은 너무도 뜻밖이었다. 료는 한순간 침묵하고 나서 갑자기 목소리를 낮추었다.

"미안해. 지금은 소개할 수 없게 됐어. 오무라 부장이 자네에게 우리 회사 거래처를 소개해주지 말라고 하더군. 다쿠, 혹시 오무라 부장에게 원한 살 만한 일을 한 적 없어?"

상상도 못 한 이야기를 들은 다쿠는 료가 무슨 말을 하는지 선뜻 이해할 수 없었다.

그는 오무라와의 관계를 하나씩 떠올려보았다.

'이제 와서 생각해보면 정말 이상해. 왜 나만 정리해고를 당한 거지? 하지만 아무리 돌이켜봐도 원한을 살 만한 일은 없었어.'

다쿠는 애써 냉정함을 유지했다.

"성격이 맞지 않은 것은 사실이지만 원한을 살 만한 일은 하지 않았어. 좋은 결과를 내기 위해 이직하자마자 너무 열심히 일한 것이 마음에 들지 않았나?"

"하긴 자네는 능력이 있으니까 우리 회사의 단점이 금방 보였을 거고, 그것을 지적했을 수도 있겠지. 그러면 상사 입장에서는 자신이 비난당한 것 같아서 불쾌하다고 느낄 수도 있지 않을까?"

료의 말처럼 디지윌은 급성장 기업에서 흔히 볼 수 있는 몇 가지 문제점을 안고 있었다. 모든 업무가 조직적으로 돌아가는 대기업과 달리 디지윌의 업무 시스템은 어이없을 정도로 비효율적이었다.

'이런 회사가 용케 상장을 했군.'

다쿠는 속으로 혀를 내둘렀다. 그래서 입사하자마자 몇 가지 보고서를 올렸지만 오무라에게서는 아무런 피드백도 받을 수 없었다.

료는 다쿠를 더 주눅 들게 만드는 정보를 전했다.

"오무라 부장이 자네의 컴퓨터 데이터를 확인했다고 하더라고. 부정이 있었는지 조사했을지도 몰라."

'맙소사! 정리해고 대상자에 올린 것도 모자라서 그런 짓까지 하다니! 나를 그렇게까지 믿을 수 없었단 말인가? 디지윌이라! 그래, '디지털Digital의 의지Will'라더니 그 이름이 딱 맞는군. 거

기는 사람을 0과 1의 기호로밖에 보지 않아!'

다쿠는 일찌감치 그만두기를 잘했다고 생각했다. 그는 평소와 달리 상대방이 전화를 끊기 전에 자신이 먼저 수화기를 내려놓았다. 고객을 소개받을 수 없다면 자력으로 모집하는 수밖에 없었다.

'어차피 언젠가 해야 할 일이 조금 빨라졌을 뿐이야.'

그는 홈페이지를 이용해 본격적으로 고객을 모집하기 시작했다. 일단 예상 고객에게 메일을 보내서 홈페이지 방문자 수를 늘리기로 했다. 그는 '당신의 상품을 외국에서도 팔 수 있다! 성공한 기업에게 듣는 해외 마케팅의 비결!'이라는 제목으로 메일을 발송했다. 사례 중심이라서 그런지 평판이 좋아 한 달 후에는 홈페이지를 방문해 자료를 요청한 회사가 100군데가 넘었다.

다쿠는 그들에게 영어와 중국어, 한국어 홈페이지의 제작을 안내해서 어떻게든 계약으로 연결시키려고 했다. 100군데 중 10퍼센트만 계약해도 사업은 궤도에 오를 것이다. 그는 매출과 이익을 시뮬레이션하면서 자기도 모르게 히죽히죽 웃었다. 이렇게 순조로울 줄 알았다면 좀 더 빨리 독립할 것을 그랬다며 안타까워할 정도였다.

그러나 다쿠의 예상은 보기 좋게 빗나갔다. 자료를 보내고 나서 한 달이 지나도 계약으로 연결된 것은 두 군데밖에 되지 않은 것이다.

이렇다면 사업은 실패할 수밖에 없다. 300만 엔이던 자금은 이미 100만 엔으로 줄어들었다. 이 돈이면 앞으로 생활할 수 있는 것은 겨우 석 달 정도인가? 그는 자료를 요청한 사람에게 모두 전화를 걸어서 확인했다. 그러나 돌아온 것은 '자료를 보지 못했다' '아직은 필요 없다' '관심이 없다' 등등 거절의 말뿐이었다. 지금껏 영업 경험이 없었던 그는 고객을 개척하는 일이 그렇게 어려운 것인 줄 처음 알았다. 열심히 영업을 해도 자금은 줄어들기만 했다.

문제점은 무엇인가? 그는 종이를 꺼내놓고 생각에 잠겼다.

외국어 홈페이지를 만든 대부분의 고객은 한 달도 되기 전에 외국에서 문의가 들어왔다고 한다. 그것을 통해 일본 문화에 관심이 많은 미국과 유럽에서는 홍보만 제대로 하면 일본 상품을 팔 수 있다는 사실을 알게 되었다. 또한 일본 회사가 중국인을 위한 홈페이지를 만들었다는 소문이 퍼졌는지, 중국어권에서도 조회 건수가 늘었다. 그렇게 눈에 보이는 성과로 인해 그는 자신이 제공하는 서비스에 자신감을 가지게 되었다.

그 후 다쿠는 자료의 내용을 이해하기 쉽게 바꾸고, 가격을 낮추거나 견적을 쉽게 의뢰할 수 있게 하는 등 이런저런 방법을 시도했다. 하지만 온갖 방법을 시도해도 계약률은 오르지 않았다.

다시 한 달이 지났다.

통장을 볼 때마다 가슴에 무거운 납덩어리가 매달려 있는 느낌이 들었다. 돈은 하루하루 줄어들고 있었다.

그는 매일 악몽에 시달려야 했다. 검은 옷을 입은 남자에게 쫓기면서 땅에 닿을락 말락 날아다니는 꿈이었다. 그는 땅으로 떨어지지 않기 위해 죽을힘을 다해 버텨야 했다. 하지만 나는 속도는 빨라지지 않고, 추격자를 떼어놓을 수도 없었다. 손발을 마구 버둥거리는 사이에 잠에서 깨어났다. 악몽에서 벗어났다고 생각하니 안도의 한숨이 흘러나왔다. 하지만 그것도 잠시, 현실에서는 더 심각한 불안과 맞닥뜨려야 했다.

그는 아침에 눈을 뜬 다음에도, 밤에 눈을 감은 다음에도 계속 혼자 격투를 벌였다. 요즘은 하루 종일 사무실 방에서 꼼짝도 하지 않았다. 전화도 걸려오지 않고 사람을 만나러 외출도 하지 않았다. 유키코 또한 그런 남편을 보고 일을 한다고 생각하지는 않았으리라.

그는 학창 시절에 본, 스티븐 킹 원작의 영화 〈샤이닝〉을 떠올렸다. 잭 니콜슨 주연의 그 영화는, 서재에 틀어박혀 일하던 남편이 점점 광기에 사로잡혀 가족을 학살한다는 내용이었다.

'어쩌면 나도 이미 미쳤을지 모른다.'

분명히 옆에서 보면 그는 정상이 아니었다. 컴퓨터를 쳐다보고 히죽히죽 웃는가 하면 어떤 때는 침대에 머리를 박고 우울함에 빠지기도 했다.

'이 상태로는 노이로제에 걸릴 것 같아. 내일 아침에 간자키

사장님에게 전화를 걸어보자.'

간자키가 전화를 받자마자 다쿠는 고민을 털어놓았다.

"계약 건수가 거의 없습니다. 고객을 모집하는 방법은 나쁘지 않은 것 같은데요……."

수화기 건너편에서 침착한 소리가 돌아왔다.

"거의라니, 어느 정도지? 제로인가?"

"제로는 아니지만 거의 없다고 할 수 있습니다."

"제로가 아니라면 몇 퍼센트인가?"

"두 군데밖에 계약하지 않았으니까 2퍼센트죠."

"계약이 2퍼센트나 된다고?"

간자키가 자신의 고민을 이해하지 못하는 건가? 다쿠는 자기가 지금 얼마나 괴로운 상황에 빠져 있는지를 설명했다.

"100군데 중 두 군데밖에 계약해주지 않았다고요!"

"자네는 몇 군데가 필요한가?"

"그야 많을수록 좋죠."

"그 말은 현실적이지 않군. 만약 100군데 모두 계약했다면, 그것은 엄청난 문제일세. 예상 고객을 너무 축소했다는 증거니까. 자네는 구체적으로 어느 정도 계약하기를 원하나?"

그 순간, 다쿠는 자신이 사업을 구체적으로 계획하지 않았다는 사실을 깨달았다. 불안이 앞을 가로막는 바람에, 되도록 빨리 편해지고 싶다는 생각밖에 없었던 것이다.

"스무 군데는 필요하지 않을까요?"

"스무 군데가 나타났다고 가정하세. 그곳에서 올릴 수 있는 수익은 어느 정도인가?"

"스무 군데라면…… 200만 엔 정도입니다."

"이번에는 인터넷으로 홍보를 했으니까 거의 비용이 안 들었겠지? 그러면 자네는 비용 0엔으로 이익을 200만 엔 올리고 싶다는 거군. 만약 사업이 그 정도로 순탄하다면 1년 뒤에는 일본에서 가장 땅값이 비싼 니시아자부에 집을 살 수 있을 걸세."

"그렇다면 제 기대치가 너무 높은 것일 뿐, 현재의 상황이 나쁘지 않다는 건가요?"

"그렇게 절망적인 상황은 아니라는 말일세. 2퍼센트나 계약이 성사됐다면, 성공의 싹은 이미 나왔다고 할 수 있지. 용케 버티면서 홈페이지와 자료를 잘 만들었군. 다만 치명적인 결함이 두 가지 있네."

"치명적인 결함이라니요?"

다쿠는 몸을 앞으로 내밀면서 간자키의 다음 말을 기다렸다.

"하나는 리피트Repeat, 또 하나는 스피드Speed일세."

"무슨 뜻이죠?"

"일단은 리피트인데, 자동차 살 때를 생각해보게. 자네는 어떤 식으로 자동차를 사나?"

"잡지를 보고 사고 싶은 차종을 결정한 다음에 팸플릿을 구해서 꼼꼼히 살펴보죠."

"팸플릿을 보고 나서 차를 살 때까지 시간은 얼마나 걸리지?"

"한 달 정도 고민하겠죠."

"그와 마찬가지일세. 상품에 따라서 다르지만 충동구매할 수 없는 가격대의 상품을 살 때는 적어도 4~5일에서 60일은 고민하지. 때로는 그 상품을 살지 말지 6개월이나 계속 고민하는 사람도 있네."

"그렇군요. 자료를 요구하고 나서 구매를 결정할 때까지 오랜 시간이 걸리는데도, 저는 한 달 만에 결과를 알려고 했군요."

"그래. 창업자들은 모두 한 달쯤 되면 조바심을 내면서 공포에 사로잡힌 채 우는소리로 전화를 하지. 아무도 상품을 사주지 않는다고 말이야. 그리고 오늘 자네처럼 그런 반응을 보이네."

다쿠는 자신의 행동뿐만 아니라 마음까지 간파당한 것을 깨닫고 쓸쓸하게 웃었다.

"창업자 대부분은 그 지점에서 포기하지. 현실을 제대로 판단하지 못하는 창업자는 눈을 가리고 달리는 마라톤 선수와 같네. 자기가 맨 앞에서 달리는 것도 모르고, 도저히 승리할 수 없다고 여겨 코스에서 이탈하지."

"그러면 저는 상당히 좋은 상태에 있다고 할 수 있겠군요."

"두고 보면 알겠지. 현재 계약률이 2퍼센트라고? 이것은 얼마든지 10~11퍼센트, 잘하면 15~20퍼센트까지 올릴 수 있네."

매출을 다섯 배에서 열 배로 올릴 수 있다니! 다쿠는 그 말을 믿을 수 없었다.

"어떻게 하면 그렇게까지 올릴 수 있죠?"

"앞으로 45일에서 60일, 가능하면 6개월 동안 자료를 신청한 고객에게 계속해서 성공 사례를 보내게. 그쪽과 똑같은 시기에 자료를 신청해서 외국어 홈페이지를 만든 회사는 벌써 이렇게 성공했다는 식으로 성공 사례를 보내는 거야. 그러면 6개월 뒤에는 계약률이 7~8퍼센트가 될 걸세."

"좋은 방법이군요. 성공 사례는 계속 쌓이고 있으니까, 그 방법은 즉시 실행할 수 있습니다. 그런데 또 한 가지, 스피드는 무엇이죠?"

"인터넷에서는 상대가 견적을 의뢰했을 때, 몇 시간 안에 견적서가 오지 않으면 계약률이 급격히 떨어지는 법이네. 고객은 구체적인 정보를 신속하게 제공받지 못하면 계약하려고 하지 않지. 인터넷 쇼핑을 생각해보게. 주문하기 전에 발송 조건이나 계약서를 읽어보라고 쓰여 있지? 그리고 가격 조건을 비롯해 배송 규정에서 반품 규정까지 전부 확인한 다음에 주문 버튼을 누르지 않나?"

"그렇죠."

"그때 고객이 원하는 정보가 충분하지 않으면 계약률이 떨어지지. 그 이유를 알고 있나?"

"더 좋은 곳, 더 저렴한 곳을 찾아서 다른 쇼핑몰을 돌아다니 겠죠. 요컨대 경쟁 업체로 가는 겁니다."

"바로 그거야. 그런데 원하는 정보를 모두 제공해주면 고객은 다른 회사로 가지 않네. 고객이 가장 원하는 것은 편리성이기 때 문이지."

"그러면 자동 메일을 이용해서 속전속결로 견적서를 보냄과 동시에 대금 지불 방법까지 보내면 되나요?"

"또는 요금 체계나 제작 과정을 이해하기 쉽게 홈페이지에 안 내해놓든가. 그러면 계약이 성사될 가능성이 높아져서, 계약률 은 10~11퍼센트가 되지 않겠는가?"

수화기를 통해 간자키의 자신감이 전달된 것 같았다. 다쿠의 머릿속을 가득 메웠던 짙은 안개는 몇 분 만에 깨끗하게 사라졌 다. 다쿠는 열심히 해보겠다고 힘차게 대답하고 나서 전화를 끊 었다.

경영자를 향한 첫걸음

다쿠는 잠자는 시간을 줄여서, 자료를 요청한 고객에게 신속 하게 대응하는 시스템을 만들었다. 그리고 정기적으로 성공 사례를 보냈더니 견적 의뢰가 두 배로 늘었다. 견적 의뢰에는 늦어도 다음 날까지는 반드시 답장을 보냈다. 그러자 고객의 반응이 좋아지고 계약할 때까지 스피드도 빨라지면서 한 달 만에 계약자 수가 두 배로 늘어났다.

다쿠는 이번 일을 통해서 어떻게 하면 고객이 좋아하는지 확실히 알게 되었다. 그러나 계약이 두 배로 늘었다고 해도 계약 건수는 겨우 네 건에 불과하다. 또한 메일을 보낸 효과가 떨어졌는지 홈페이지를 방문하는 사람도 많이 줄었다. 월말에 경비를 지급했을 때, 통장에 남은 돈은 50만 엔도 안 되었다. 이제 다음 달 생활비를 주고 나면 끝이다.

게다가 계약이 늘어났다고 해도 수입은 직장에 다닐 때와 크게 다르지 않았다. 더구나 독립한 사람과 샐러리맨의 수입이 똑같다고 할 때, 실제의 생활은 샐러리맨이 훨씬 풍요롭고 장래성도 있지 않을까? 그렇게 생각하자 마음 깊은 곳에 있던 실망감이 슬금슬금 기어 나오더니 온몸을 휘감았다. 어떻게든 버텨보려고 했지만 이제 결심을 하지 않으면 안 된다.

그는 자신의 결심을 유키코에게 말했다.

"이런 상황에서는 집세조차 낼 수 없어. 앞으로 한 달을 더 버텨도 결과가 나오지 않으면 다시 취직할게. 요즘은 프로그래머를 파견하는 회사도 있으니까……. 유감스럽지만 집도 옮겨야 할 것 같아. 이 아파트는 월세가 너무 비싸서……."

자신의 목소리가 떨리는 것을 스스로도 느낄 수 있었다.

유키코는 아무 말도 하지 않았다. 지금 남편에게 화를 내면 약해져 있는 그의 마음에 찬물을 끼얹는 것 같았기 때문이었다. 솔직히 말하면 아이가 있는 상태에서 이사하는 것이 좋을 리 없다. 하지만 지금은 어쩔 수 없다.

다쿠는 자신이 해야 할 일을 정리해보았다.

'어쨌든 홈페이지 조회 수를 늘려야겠어. 이제 돈 드는 일은 할 수 없으니까 돈이 들지 않는 방법을 쓸 수밖에 없어.'

고심에 고심을 거듭한 끝에, 그는 매스컴에 접근하기로 했다. 매스컴에서 다루어주면 돈을 쓰지 않아도 소문이 나고 문의가 늘어난다. 다쿠는 기사로 다뤄줄 만한 신문이나 비즈니스 잡지를 선택해서, '홈페이지를 이용해서 외국에 상품을 판매하는 중소기업이 늘어나고 있다'는 콘셉트로 취재하지 않겠느냐고 제안했다. 다행히 한 경제신문에서 취재 의뢰가 왔다.

그는 마지막 기회라고 생각하고 취재 준비에 사흘을 투자했다. 고객의 성공 사례와 함께 프레젠테이션 자료도 준비했다. 취재 당일에는 자신의 사업에 대해서 두 시간이나 설명하고 사진도 몇 장 찍었다. 담당 기자도 마음에 들었는지, 기사에 회사 연락처를 넣어주겠다고 약속했다.

다쿠는 기사가 나오는 날을 애타게 기다렸다. 그리고 아침에 눈을 뜨자마자 우편함으로 신문을 가지러 갔다. 하지만 아무리 신문을 뒤져봐도 자기 회사에 대한 기사는 보이지 않았다.

'이상하네. 틀림없이 오늘 실릴 거라고 했는데.'

다시 눈을 크게 뜨고 한 페이지씩 꼼꼼하게 살펴보다 드디어 기사를 발견했다. 그야말로 콩알만 한 기사였다.

'그렇게 많은 시간을 허비했는데 이게 뭐야?'

그는 무거운 가죽옷을 입은 사람처럼 어깨를 떨구었다.

'이렇게 작은 기사를 누가 보겠어!'

일주일 내내 반응을 기다렸지만 예상한 대로 문의는 고작 세 건이었다. 더구나 그중 두 건은 광고회사에서 광고를 내지 않겠느냐는 제안이었다.

이제 끝장이다!

자신이 가지고 있는 카드는 모두 사용했다.

'자금이 뒷받침되면 계속할 수 있을지도 모르지. 당분간 아르바이트라도 하면서 주말을 이용해서 하는 수밖에 없겠어.'

그렇게 결론을 내리자 오히려 홀가분해졌다.

'나는 단기간에 최선을 다했어. 좋은 경험을 했다고 생각하자.'

창업하고 나서 6개월 동안 하루도 쉬지 않고 달려왔다. 다쿠는 '그래, 잘 버텼어'라고 스스로를 위로하면서 컴퓨터의 전원을 껐다. 그리고 오랜만에 한잔하기 위해 편의점에 맥주를 사러 갔다. 돌이켜보니 샐러리맨 시절에는 매일 술을 마셨지만 독립한 다음에는 술을 마실 여유조차 없었다.

어슬렁어슬렁 걸으면서 하늘을 올려다보니 둥근달이 은은한 빛을 뿌리고 있었다. 보름달이었다. 그는 잠시 걸음을 멈추고는 황홀한 눈길로 달을 올려다보았다. 달의 아름다움에 발길을 멈춘 것은 초등학생 시절 이후에 처음인 것 같았다.

다음 순간, 불현듯 오래전에 책에서 읽었던 말이 떠올랐다.

'지금까지 지켜봐줘서 고마워.'

다쿠는 소리 내어 그 말을 해봤다. 그러자 갑자기 눈물이 흘러내렸다. 왜 눈물이 나는지 자신도 알 수 없었다. 그는 눈물을 닦는 것도 잊어버리고 하염없이 아름다운 달을 올려다보았다.

집으로 돌아온 다쿠는 캔맥주를 한 모금 들이켰다. 문득 시선을 돌리자 자동응답 전화기의 메시지 램프가 깜빡거리고 있었다. 재생 버튼을 누르자 낯선 목소리가 흘러나왔다.

"안녕하십니까? 저는 《주간재팬경제》의 마쓰시타라고 합니다. 며칠 전에 나온 신문기사를 보고 전화했습니다. 사실은 8월 31일자 잡지에, 외국에서 성공한 중소기업에 대한 특집을 계획하고 있습니다. 그 건으로 꼭 귀사를 취재하고 싶으니, 괜찮으시면 연락 부탁드립니다."

와우! 믿을 수 없다. 《주간재팬경제》라면 경제 잡지로는 가장 권위 있는 잡지가 아닌가?

그는 곧바로 수화기를 들었다.

"마스터링크의 아오시마 다쿠라고 합니다. 마쓰시타 씨를 부탁합니다……."

"아아, 마쓰시타입니다. 전화해주셔서 감사합니다. 실은 이번에 중소기업의 해외 진출에 대한 특집 기사를 쓰려고 하는데, 그 건으로 꼭 취재를 부탁드리고 싶습니다만……."

"독자에게 어떤 정보를 제공하고 싶으신가요?"

"국내 불황에 좌절하지 않고, 외국에서 판로를 개척한 중소기업을 취재하고 싶습니다. 특히 해외 시장은 꿈도 꾸지 못했던 회사가 인터넷을 통해서 성과를 올린 사례가 있으면 좋겠는데요."

그것은 다쿠의 회사가 지금 하고 있는 일이 아닌가? 상당히 큰 특집기사인 것 같아서 그는 재빨리 취재를 승낙했다.

다쿠는 기쁨을 주체하지 못하고 녹음된 메시지를 몇 번이나 들었다. 그리고 아내를 불러서 다시 들은 다음, 서로 손을 잡고 빙글빙글 돌기도 하고 만세를 부르기도 했다.

그는 마음속으로 소리쳤다.

'지켜봐줘서 고마워. 지켜봐줘서 고마워!'

그로부터 한 달 후, 은행 잔고는 30만 엔도 남지 않았다. 그러나 바닥을 친 그날을 기점으로, 기사가 나가자마자 은행 잔고는 완전히 반등했다.

《주간재펜경제》에서는 그의 회사에 이례적으로 많은 공간을 할애했다. 그의 고객도 몇 군데 함께 실려서 앞에서 12페이지나 되었다. 광고 효과로 환산하면 족히 2000만 엔은 넘을 것이다.

그때부터 문의가 빗발치듯 쇄도해서 하루에 100건이 넘어갔다. 더구나 간자키의 조언이 효과를 발휘해서, 거의 힘들이지 않고 온라인으로 주문을 받을 수 있게 되었다. 주문이 쇄도하면서 가격은 두 배로 올랐고, 가격을 올려도 주문은 떨어지지 않았다.

화장실에 갈 시간도 없을 만큼 바빠지면서 다쿠의 수면 시간은 세 시간으로 줄었다. 그러나 샐러리맨 시절과 달리 조금도 피곤하지 않았다. 출퇴근 시간이 따로 없기 때문에 매일 가족과 식사를 할 수 있고, 아이를 목욕시킬 마음의 여유도 생겼다. 처음에는 집중해서 일하는 데 아이가 방해가 된다고 여겼지만, 정신적으로 지쳤을 때 아이와 시간을 보내는 것은 무엇보다 좋은 재충전이었다.

매일매일이 월급날 같았다. 샐러리맨 시절 1년 동안 저축해야 겨우 손에 쥘 수 있는 금액이 이제는 매주 통장에 들어왔다. 그는 통장을 정리하러 갈 때마다 감격했다. 통장을 정리할 때 잔액을 인쇄하는 소리가 아름다운 음악처럼 들리기도 했다.

다쿠는 환호했다. 유키코도 환호했다.

그는 자신이 만들어낸 사업이 제대로 돌아가기 시작한 것을 느꼈다. 6개월이 지나자 간자키의 말처럼 기존 방식인 자료 요청으로 이루어진 계약률은 12퍼센트로 안정되고, 매스컴 기사 덕분에 이루어진 계약률은 25퍼센트를 기록했다. 이렇게 숫자가 보이기 시작하자 방정식처럼 안정되고 예측할 수 있는 경영이 가능해졌다. 이제 생활비도, 경비 지급도 걱정할 필요가 없다. 고객들은 감사의 말을 전해왔고, 거래처와는 확고한 신뢰 관계를 구축했다.

그는 정신을 차릴 수 없을 정도로 바빴다. 하지만 예전에 경험하지 못한 충족감을 맛보았다. 태어나서 처음으로, 누구에게도 의지하지 않고 자기 혼자 살아갈 수 있다는 자신감이 생긴 것이다.

'전쟁이 일어나도, 지진이 발생해도, 나는 살아갈 수 있다. 폐허가 된 들판에 서 있어도 며칠 뒤에는 사업을 시작해 가족을 먹여 살릴 수 있다!'

그는 온몸에서 솟구치는 생명력을 느끼며 경영자를 향한 첫걸음을 내디뎠다.

해피엔딩의 건너편

보통의 경영소설이라면 여기에서 해피엔딩! "모든 사람이 축복하는 가운데 다쿠와 유키코는 행복하게 살았습니다"로 막을 내린다.

그러나 유감스럽게도 이 이야기는 해피엔딩으로 끝나지 않는다. 다쿠와 유키코의 작은 성공은 이제부터 펼쳐질 인생 이야기의 서막일 뿐이다.

당신은 해피엔딩의 건너편에 무엇이 있는지 알고 있는가?

당신은 지금부터 한 번도 경험하지 못한 곳에 발을 들여놓게 될 것이다. 어쩌면 지금까지 생각했던 사업에 대한 개념이 뿌리째 뒤흔들릴지도 모른다. 가정과 사업은 밀접한 관계에 있다는 것. 그것도 쉽게 풀 수 없을 정도로 뒤얽혀 있다는 것. 당신은 지금부터 그 생생한 현실을 목격하게 된다.

그래서 이제 무대를 다쿠의 사무실에서 가정으로 옮기려고 한다. 지금부터 상식적으로는 이해할 수 없는 새로운 세계로 들어가보기로 하자.

2장

행복과 불행 사이에서

Between
Happiness and
Unhappiness

* 인생의 우선순위는 무엇인가

"인생은 보통 배반당한 희망과
좌절당한 의도로 이루어진다.
그런 사실을 알았을 땐
이미 실수의 수레바퀴에 타고 있는
자신을 발견하게 된다."

쇼펜하우어

가족에 대한 환상

다쿠가 외출에서 돌아오니 그곳은 도저히 사람이 사는 곳 같지 않았다. 집 안 곳곳에 상자와 서류 더미가 흩어져 있어서, 좀도둑이 들어왔다 나간 것처럼 어수선했다. 그러나 그의 집은 좀도둑이 들어온 게 아니라 정리하지 않아서 엉망진창으로 어지럽혀 있는 것뿐이었다.

처음에는 전화와 컴퓨터 한 대만으로 충분하다고 생각했지만, 일은 그의 예상대로 되지 않았다. 일이 돌아가기 시작하자 고객이 보내준 샘플과 파일, 전표가 쌓여가더니, 결국 서류들이 거실까지 차지해서 발 디딜 자리조차 없었다. 아무리 정리해도 몇 분 뒤에는 곧바로 혼란스러운 전쟁터처럼 변해버리곤 했다.

"여기는 도저히 아이를 키울 수 있는 환경이 아니야!"

유키코는 머리끝까지 화가 난 상태로 소리를 내질렀다.

그녀는 현재 둘째 아이를 임신한 상태였다. 그동안 다쿠의 일을 도와주었지만, 몸이 무거워지자 육아와 일을 병행할 수 없게 되었다.

'이제 집을 떠나서 사무실을 마련해야겠군.'

다쿠는 사무실을 차리기로 결심했다.

처음에는 외견이나 허영에 신경 쓰는 디지월에 대한 반발로, 최대한 간접비용을 줄이는 소박한 회사를 꿈꾸었다. 회사가 궤도에 올랐다고 확신하기 전까지 우선순위는 현금 축적이라고 생각했다. 특히 비용이 많이 드는 사무실은 될 수 있으면 뒤로 미루고 싶었다. 그러나 이제는 그 인내가 한계에 이르렀다. 유키코의 입에서 아이를 키울 수 있는 환경이 아니라는 말이 나온 이상, 이제 집에서 일을 할 수는 없었다. 그러자 머릿속이 복잡해졌다. 화려한 인테리어에 가죽 의자, 아름다운 여비서는 남자의 숨어 있는 욕망이다. 다쿠도 예외가 아니었다.

그는 도심의 사무용 건물에 그리 넓지 않은 사무실을 임대했다. 그리고 사무용품 카탈로그를 보면서, 적당한 가격에 화려하게 보이는 가구를 선택했다. 얼마 전까지만 해도 가구 선택처럼 매출과 상관없는 일에 시간을 쏟는 것은 엄청난 스트레스라고 여겼다. 그러나 일이 궤도에 오르기 시작하자 마음에 여유가 생겼다. 입으로는 귀찮다고 불평을 하면서도 마음속에서는 꿈이 실현되고 있다는 기쁨에 가슴이 두근거렸다.

사무실 이전 안내문을 쓰다가 다쿠는 잠시 망설였다.

'아버지에게 연락해야 할까?'

독립을 할 때 아버지와 다투고 난 이후, 지금까지 한 번도 연락을 하지 않았다. 보통은 아버지와 휴전 상태에 있으면 결국 어머니가 중재해주곤 했다. 하지만 어머니에게 의지하는 것은 언제 터질지 모르는 고름 덩어리에서 눈길을 돌리는 것이나 마찬가지였다.

아버지와 대화해야 한다는 것은 알고 있다. 그러나 대화를 하기 위해서는 여기저기에 숨어 있는 지뢰를 밟지 않도록 신경을 써야 한다. 예전에는 지뢰를 밟지 않고 지나갈 자신이 없었다. 하지만 사업도 잘 풀리고 사무실도 낸 지금은 특별히 야단맞을 이유가 없지 않을까? 이제 그만 전쟁을 끝내고 싶다는 생각이 들었다.

다쿠는 결국 아버지에게 새로운 사무실로 옮기게 되었다고 알려주기로 했다. 아버지가 사무실에 찾아오면 오랜만에 식사라도 같이하는 것이 어떨까?

독립한다고 했을 때, "네가 성공하면 내 손에 장을 지지겠다!"라고 다짜고짜 화를 내며 자신을 무시했던 아버지가 과연 어떤 표정을 지을까? 다쿠는 그 생각을 하니 은근히 즐거웠다.

'아버지도 우리 회사가 매스컴을 탔다는 건 잡지를 보고 알고 있겠지? 나는 결국 아버지의 판단이 틀렸다는 것을 증명했어!'

하지만 그의 예상은 보기 좋게 빗나갔다. 아버지는 건물 로비에 서서 이 건물에 입주한 회사들의 안내판을 보면서 비아냥거렸다.

"생전 처음 들어보는 회사들만 들어와 있군. 이런 코딱지만 한 회사가 몇 년이나 버틸 수 있겠나?"

아버지는 예전부터 작은 회사를 인정하지 않았다. 아버지의 머릿속에서 기업의 순위는 곧 사람의 순위였다. 국립대학은 도쿄대와 교토대밖에 인정하지 않았고, 사립대학은 와세다와 게이오 이외에는 모두 삼류대학으로 취급했다. 기업 중에서는 상장기업을 최고로 치고, 그중에서도 금융기관을 첫손가락에 꼽았다. 그래서인지 다쿠의 집안은 할아버지 때부터 금융기관에 근무했고, 친척들도 대부분 은행에 몸담고 있다.

아버지에게 업무 내용을 설명해도 상황은 바뀌지 않았다.

"기업의 해외 진출을 돕기 위해 외국어 홈페이지를 만들고 있어요."

"왜 그렇게 시답잖은 하청 일을 하는 것이냐? 그런 일은 경쟁업체가 뛰어들면 금방 가격이 떨어지지. 특히 인터넷 분야는 말이야."

성공자의 고백

이 세상에 가족 간의 싸움만큼 잔인한 싸움이 어디 있을까? 일단 싸움이 시작되면 상대방에게 가장 상처가 되는 말만 선택하게 된다.

'휴전은 끝났어.'

인내의 끈이 끊어지고 다쿠의 울분이 폭발했다.

"이제 그만하세요! 아버지는 은행 지점장이라서 그렇게 의기양양하실지 모르지만 은행은 계속 망하고 있잖아요. 지점장으로 정년퇴직을 하면 대체 뭘 하죠? 그다음엔 쓸모없는 사람이 되는 거잖아요! 그보다는 자기 힘으로 돈을 벌 수 있는 사람이 훨씬 낫지 않나요?"

아버지의 얼굴이 갑자기 붉으락푸르락 달아오르고 입술도 기묘하게 일그러졌다.

"너를 위해서 한 말인데 이렇게 화를 내다니! 지금 내 기분이 어떤지 알고 있냐?"

'그걸 어떻게 알겠어요? 알고 싶지도 않아요!'

우리 부자가 사이좋게 지내는 것은 환상일 뿐이다. 센고쿠 시대15세기 중반부터 16세기 후반까지 사회적, 정치적으로 혼란스러웠던 내란의 시기에는 아버지가 아들을 죽이고 아들이 아버지를 죽이는 것이 당연하지 않았는가? 어쩌면 가족에 대해서 환상을 가지고 살아온 것이 잘못일지도 모른다고 다쿠는 생각했다.

지금은 도저히 함께 식사하러 갈 상황이 아니었다.

"바쁘니까 이제 그만 가보세요. 일이 너무 많아서 밤을 새워야 할 지경이에요."

저도 모르는 사이에 입에서 그런 말이 나왔다. 그의 입안은 바싹 말라 있었다.

잠시 침묵이 흐르고 나서, 아버지는 지하철역 쪽으로 발길을 돌렸다. 석양을 받으며 걸어가는 아버지의 등이 유난히 작아 보였다.

첫 번째 직원과의 만남

"이제 휴가를 내서 가족과 느긋하게 보낼 시기네."

다쿠가 최근의 회사 상황에 대해 설명하자 간자키는 그렇게 말했다.

"아니, 지금은 너무 바빠서 도저히 휴가를 낼 수 없습니다. 주문이 워낙 많이 밀려서……."

말은 그렇게 하면서도 다쿠의 얼굴에는 웃음이 가득했다. 그의 생각은 분명했다.

이제 겨우 회사가 궤도에 오르고 있다. 순조롭게 성장하고 있다는 것은 알지만 자금이 쌓이지 않으면 언제 또 괴로운 상황에 빠질지 알 수 없다. 더구나 예전부터 꿈꾸던 넓은 대지에 단독주택을 지을 수 있을 정도로 돈을 벌고 싶다. 가족을 위해서라도 지금은 일에 집중해야 한다. 따라서 휴가는 그의 우선순위 목록에서 마지막 자리에 있었다.

"너무 앞만 보고 달려가는 게 아닌가? 일도 중요하지만 가족과 여행이라도 다녀오게."

명령투로 말하는 간자키의 말에 다쿠는 발끈했다.

"저도 가고 싶지만, 아내도 아이를 가져서 여행을 가자고 하면 오히려 귀찮아할 겁니다."

다쿠는 자신의 목소리가 날카로워진 것을 깨닫고 사죄의 얼굴로 덧붙였다.

"그렇잖아도 직원을 한 명 고용하려고 합니다. 그러면 가족들과 시간을 보낼 수 있을 테니까요."

간자키는 다쿠를 타이르듯이 차분하게 말했다. "일을 위해서 가정이 있는 게 아니라, 가정의 행복을 위해서 일이 있는 거야. 그것을 착각하지 말게."

다쿠는 자신이 착각하고 있다고는 꿈에도 생각하지 않았다.

'내가 열심히 일하는 것은 모두 가족을 위해서야. 언제까지나 좁은 임대아파트에서 아이를 키울 수는 없지 않은가? 아내도 아이가 마음껏 뛰놀 수 있는 넓은 집을 원하고 있어. 그래서 나는 지금 가족을 위해서 희생하고 있는 거야. 넓은 집에서 살 수 있으면, 그리고 돈 걱정 없이 풍요롭게 살 수 있으면 가족은 행복

해질 수 있겠지.'

간자키의 조언에 다쿠는 처음으로 반발심을 느꼈다.

'간자키 사장님의 의견을 100퍼센트 받아들이는 것도 생각해 볼 문제야. 이것은 결국 내 회사니까.'

그때 다쿠의 휴대전화가 울렸다. 고객에게서 온 전화였다.

"죄송하지만 전화가 와서요. 또 연락드리겠습니다."

간자키의 전화를 끊은 뒤, 그는 왠지 큰 실수를 저지른 듯한 느낌이 들었다. 그러나 새로운 고객이 큰 프로젝트를 주문해준 다는 반가운 소식을 접하고 그런 느낌은 순식간에 사라졌다.

다쿠는 사무실을 내자마자 직원을 모집했다. 얼마 전까지는 유키코가 도와주어서 그럭저럭 버틸 수 있었지만, 혼자 일을 시 작하자 일반 업무가 엉망진창이 되어버렸다. 그는 직원이 필요 하다는 사실을 온몸으로 실감했다.

인재파견회사에 영업 업무 경험이 있는 여직원을 의뢰했다. 요즘 같은 불황기에는 직원을 금방 뽑을 수 있으리라 여겼지만 그것은 착각이었다. 그는 결국 전화 받는 일에서부터 영업과 경 리 업무까지 혼자 해내야만 했다. 예전에는 집이 곧 사무실이었 기에 괜찮았지만, 사무실을 낸 후로 집에 가는 시간은 항상 새벽 이었다.

집에 도착하면 아내와 아이는 이미 잠들어 있고, 다음 날 출근

성공자의 고백

하는 것은 아침 6시. 일요일을 제외하면 가족의 얼굴을 볼 수 없었다.

'한시라도 빨리 여직원을 채용해야겠군. 이런 상황에서는 몸이 견디지 못해.'

기다림에 지친 다쿠는 인재파견회사 직원에게, 왜 사람을 소개해주지 않느냐고 불평했다. 그러나 돌아온 말을 듣고 그는 큰 충격을 받았다.

"솔직히 말씀드리면 사장님 회사의 업무 환경이 좋지 않아서 일할 사람을 구할 수 없습니다."

순간 다쿠는 발끈했다.

업무 환경이 좋지 않다니! 힘들게 마련한 사무실을 폄하하는 건 곧 경영자인 자신을 무시하는 게 아닌가!

하지만 곰곰이 생각해보니, 좁은 사무실에서 남성과 일해야 하는 것은 여성에게 상당히 불안한 환경이다. 만일 상사와 부하직원의 관계가 아니라 남자와 여자의 관계가 되어버리면 일에도 영향이 미칠 수밖에 없다. 그제야 그는 기혼자에다 아이가 있는 사람도 환영한다고 덧붙였다. 그 자신도 아이들의 아버지이기에 기혼 여성을 차별하지 않으려고 한 것이다.

그러자 3주가 지나서 겨우 후보자가 나타났다.

문을 열고 인재파견회사 담당자와 같이 들어온 사람은 씩씩하면서도 용모가 아름다운 여성이었다. 여성스러움을 없애려는 듯이 검은 생머리를 하나로 묶은 상태였지만, 그 소박한 인상이 오히려 그녀의 매력을 돋보이게 했다. 의지가 강해 보이는 큰 눈동자에서는 밝은 빛이 뿜어나왔다.

다쿠는 처음 보자마자 그녀가 마음에 들었다. 더구나 사장 혼자밖에 없는 환경에서 일하겠다고 했다면, 그것만으로도 귀중한 인재 아닌가?

이름은 핫토리 사토코, 나이는 스물여섯 살, 그동안 광고회사에서 영업보조로 일하다 지난달에 결혼과 함께 퇴사하고 새로운 일자리를 찾고 있다고 한다.

면접이 끝나자 사토코가 입을 열었다.

"한 가지 여쭤봐도 될까요?"

"뭐든지 물어봐요."

"이 회사의 이념은 뭐죠?"

그 질문에 다쿠는 잠시 생각에 잠겼다. 자기 회사에는 거창하게 이념이랄 것이 없다. 처음에 사업계획서를 쓸 때에도 현실적인 부분만 생각했지, 정신적인 부분은 생각하지 못했다.

"이념은 없지만 회사의 목적은 돈을 버는 것이 아닐까요?"

디지월에서는 회사란 사회에 공헌하는 곳이며, 자기 성장을 위한 배움의 장소라고 거듭 강조했다. 그런 방침에 공감해서 입사했지만 겨우 6개월 만에 정리해고를 당해야 했다. 결국 직원은 톱니바퀴의 한 부분일 뿐이고, 적은 월급으로 혹사당하는 것이 현실이다. 그래서 배움이니 자기 성장이니 하는 그럴듯한 말을 늘어놓는 회사를 볼 때면 그 이면에 숨어 있는 교활함에 소름이 돋았다.

다쿠는 잠시 사토코의 반응을 살피며 말을 이었다. "우리는 개인 회사이기 때문에 이익은 결국 사장에게 돌아가죠. 냉정하게 들릴지도 모르지만 그것이 현실입니다. 물론 정해진 월급은 제대로 지급하고 가능하면 경력에 도움이 되는 일을 하도록 해줄 겁니다. 하지만 우리 회사는 이익을 가장 중요하게 생각하고, 그 외의 목적은 없습니다."

앞으로 함께 일할 사람에게 거짓말할 필요가 뭐 있겠는가? 다쿠는 그렇게 여기고 솔직하게 대답했다.

인재파견회사 담당자는 어이없다는 표정을 짓고, 사토코는 눈을 동그랗게 떴다.

다쿠는 순식간에 그들의 표정이 얼어붙는 것을 보고 마음속으로 후회했다. 만약 자기가 상대방 처지가 되어 이런 말을 들었다면 이런 회사에서는 일하고 싶지 않을 것이다. 스스로 좋은 인재를 잘라버린 셈이었다.

잠시 어색한 침묵이 흘렀고, 세 사람은 모두 누군가가 먼저 입을 열기를 기다렸다.

'인연이 없었던 것이라고 생각하자. 너무 솔직한 것도 생각해 볼 문제군.'

다쿠는 면접을 마무리하듯이 말했다. "특별한 질문이나 알고 싶은 점이 또 있습니까?"

"언제부터 출근하면 되죠?" 사토코가 조심스레 물었다.

'그 말은 곧 우리 회사에서 일하겠다는 뜻인가?'

다쿠는 데이트 신청을 허락받은 고등학생처럼 매우 좋아했다. 그러나 사장의 위엄을 유지하기 위해 기쁨이 얼굴에 드러나지 않도록 노력했다.

첫 번째 직원과 만난 그날은 다쿠의 인생에서 기념할 만한 날이었다. 나중에 알게 되었지만 사토코는 어렸을 때 부모님이 이혼하는 바람에 미용실을 하는 어머니 밑에서 자랐다고 한다. 그래서 자신도 나중에 자립할 수 있도록, 일부러 사업을 처음 시작하는 작은 회사를 찾았다는 것이다.

그녀는 회사를 단순히 시간 때우는 곳이나 생활비 버는 곳으로 여기지 않았다. 광고회사에 다닐 때는 큰 프로젝트에도 참여했지만 일을 해냈다는 성취감은 가질 수 없었다. 그곳에서 그녀는 쓰다 버리는 직원일 뿐이며, 자기가 그만두어도 다른 사람이 그 자리에서 일하게 된다는 사실을 알았다. 아이를 낳고도 일을 하고 싶다면, 자립해서 일할 수 있도록 경험을 쌓아야 한다고 생각한 것이다. 다쿠는 그런 사고방식을 가지고 있는 사토코에게서 자신과 똑같은 영혼을 느꼈다.

사토코는 뛰어난 적응력으로 며칠도 지나지 않아 일에 익숙해졌다. 전화 응대에도 문제가 없고 고객과도 좋은 관계를 만들었다. 그녀가 회사에 들어온 이후 다쿠는 가장 귀찮아하던 청구서 발행과 외상매출금 관리, 파일 제작 같은 업무에서 해방되었고, 일이 있으면 언제든지 외출할 수 있게 되었다. 그것은 혼자 일할 때에는 상상도 할 수 없는 장점이었다.

회사의 복장은 간편한 캐주얼로, 청바지나 티셔츠도 상관없었다. 그는 넥타이를 매지 않음으로써 멋과 자유를 만끽했다.

모든 것을 사장 혼자 결정하는 회사에 회의가 있을 리 만무하다. 지시 사항이 생각나면 눈앞에 있는 직원에게 말하면 된다. 물론 사내 규칙도 없고, 정해진 일만 하면 그다음은 자유다. 그는 이것을 자기 회사의 개성이라고 착각했다. 그것이 초창기 회사의 공통적인 특징이라는 사실을 몰랐던 것이다.

사토코 덕분에 업무가 원활하게 돌아가기 시작할 즈음, 다쿠는 큰 장벽에 직면했다. 현재 매출은 신규 고객한테서만 발생한다. 계속해서 신규 고객을 모으지 않으면 매출이 제로가 되는 것이다. 어느 분야나 도입기에는 고객을 모으는 것이 가장 힘들다. 가만히 있어도 고객이 모이는 대기업에 근무한 다쿠로서는 생전 처음 경험하는 난관이었다.

잡지에 실린 덕분에 지금도 고객은 끊이지 않지만, 이 상태로 계속 간다면 끝이 좁아지는 것은 분명하다. 매달 어떻게 고객을 모을까 생각하니 심장이 오그라드는 것 같았다. 즉, 현시점에서 마스터링크에게 가장 중요한 과제는 수익을 계속 확보할 수 있는 안정적인 시스템을 만드는 것이다.

그는 새로운 아이디어를 생각해냈다. '국제비서 서비스'를 시작하는 것이다. 그것은 말 그대로 중소기업의 해외사업부를 그대로 아웃소싱하는 서비스다. 홈페이지를 통해 외국에서 문의가 들어오면 자동으로 문의에 대한 답장을 보내주고, 일이 구체적으로 진행되면 통역 서비스를 제공한다.

언뜻 보면 복잡하게 보이지만 지금까지 나왔던 기술을 패키지로 만드는 것뿐이다. 많은 인력을 확보한 '비서센터'와 제휴하면 신규 사업 비용도 거의 들지 않는다. 기존 고객들에게 넌지시 말해봤더니 꼭 도입하고 싶다는 의견이 많았다.

문제가 없는 것은 아니었다. 뛰어난 아이디어였지만 사업으로 구체화할 수 있는 시간 여유가 없었다. 회사에는 그날그날 꼭 처리해야만 하는 긴급사태가 발생한다. 그리고 그 긴급사태를 처리하다 보면 미래의 비전을 고민할 시간이 없어진다. 이미 간자키가 지적한 창업자의 함정(성공함에 따라 지나치게 바빠져서 미래의 성장을 저해하는 상황)에 빠져 있는 것이다.

해결책은 알고 있다. 자기 혼자 경영하겠다는 오만함을 버리고 되도록 업무는 아웃소싱을 하는 것이다. 그가 영업 직원을 고용하기로 결정한 것은 그 무렵이었다.

소중한 것을 손에서 놓으면 그보다 더 소중한 선물을 받을 수 있다. 이것이 세상의 법칙이다.

사업이 어느 정도 궤도에 오른 지금, 사업을 시작하기 전과 비교해보면 다쿠의 사고방식은 자신도 모르는 사이에 많이 달라져 있었다. 이미 수익이라는 조건만으로는 마음에 불을 지필 수 없었던 것이다. 그는 사람을 고용할 때 이기주의를 버려야 한다는 것을 느꼈다.

'나는 무엇을 위해서 회사를 차린 것일까?'

그러자 자신의 어린 시절이 주마등처럼 떠올랐다. 첫 기쁨, 아버지와의 첫 갈등, 첫 좌절, 첫 연애, 첫 직장…….

'내가 태어난 의미는 무엇일까? 우주는 아오시마 다쿠라는 사람의 인생을 통해서 무엇을 실현하려고 하는 걸까?'

그는 우주와 자신을 신뢰하면서 해답이 나오기를 기다렸다. 마스터링크의 이념이 태어나는 데는 그렇게 많은 시간이 걸리지 않았다. 말로 정리된 이념은 자신이 태어날 적절한 타이밍을 기다리고 있었을 뿐이다.

마스터링크의 이념은…….

'일본의 기술과 전통, 사상을 고객의 상품을 통해서 외국에 전파함과 동시에, 외국의 뛰어난 기술과 전통, 사상을 일본에 받아들여 전 세계를 연결하는 중심적인 존재가 된다.'

머릿속에 떠오른 생각을 글로 만들었을 때, 뭔가 달라진 느낌이 들었다. 어느 누구도 모르지만 자기는 지금 지구의 중심에 있고, 세상을 움직이는 큰 돌이 천천히 움직인다. 그의 몸과 마음은 그런 기묘한 감각에 휩싸였다.

미래를 향한 새로운 포석

"다쿠, 잘되는 것 같더군.《주간재팬경제》에서 봤어."

지하철 안에서 누군가 그렇게 말하며 다가와서 뒤를 돌아보았더니 양복 차림의 스기사키 료가 서 있었다. 얼굴을 보는 것은 퇴사한 이후 처음이었다. 그들은 반가워하면서 자연스럽게 악수를 나누었다.

"덕분에 순조롭게 나아가고 있어. 디지월은 어때?"

료는 어깨를 한 번 들썩하더니 입을 열었다. "뭐 그저 그래. 경쟁 업체에서 우리와 비슷한 시스템을 저렴한 가격으로 내놓는 바람에 시장점유율이 낮아지고 있어. 그래서 영업은 지옥이지. 회사에서는 신규 사업을 시작해서 매출을 올리려고 하지만 내 생각엔 순탄치 않을 것 같아. 자네는 아주 좋은 시기에 그만둔 거야."

디지월의 기술은 최근까지 시장에서 압도적인 우위를 자랑했다. 회사에 축적되는 정보를 음성과 영상 텍스트로 만들어 조직

전체가 학습하도록 하는 업무 시스템 분야에서는 그야말로 타의 추종을 불허했다. 경쟁력의 원천은 독자적인 파일 관리와 검색 프로그램이다. 우뇌와 좌뇌의 특징을 모방해서 이미지와 논리 중 어느 쪽을 사용해도 자동적으로 사고 계층을 정립해 파일로 만들 수 있는 매우 혁신적인 시스템이었다. 지식 매니지먼트

_{Knowledge Management, 노하우처럼 눈에 보이지 않는 지적 재산을 관리하고 공유하는 경영 기법}

분야에서는 사실상 업계 표준이 되어 있고, 시장도 독과점 상태나 마찬가지였다.

다쿠는 경쟁 업체가 뛰어들었다는 말에 고개를 갸웃거렸다.

"다른 회사에서 그 시스템을 개발하기는 쉽지 않을 텐데."

료는 주위에 들리지 않도록 목소리를 낮추면서 대답했다. "아무래도 기간基幹 시스템의 소스 코드Source Code가 경쟁 업체에 유출되는 바람에 빨리 개발한 것 같아. 그것 때문에 회사가 발칵 뒤집혔어."

다쿠는 자신도 모르게 얼굴을 찡그렸다.

'디지월의 관리가 소홀하다는 것은 삼척동자도 다 아는 이야기 아닌가? 그래서 오무라 부장에게 보고서를 제출했는데, 이제와서 웬 소란인가!'

다쿠는 정리해고 대상자가 되었을 때의 응어리도 풀 겸 료에게 투덜거렸다. "그건 오무라 부장 책임이잖아? 보안은 그 부서 담당이었으니까."

"오무라 부장은 그 시점에서 자기가 할 수 있는 모든 대책을 취했다고 주장하고 있어. 그래서 자기에게는 책임이 없다고 말이야."

'말도 안 돼!'

다쿠는 속으로 혀를 찼다. 재직 당시 허술한 정보 보안 시스템에 대해, 그리고 해커에 의해 데이터가 언제 유출될지 모른다고 몇 번이나 지적하지 않았는가? 실제로 자신이 집에서 해킹해 보았더니 몇 시간도 되지 않아 메인 시스템에 침입할 수 있었다. 그런데 오무라는 그것을 무시한 것이다.

그는 분노를 느끼는 동시에 료에게 들은 말이 떠올랐다.

'다쿠, 혹시 오무라 부장에게 원한 살 만한 일을 한 적 없어?'

그 순간 갑자기 무서운 대답이 떠올랐다.

'원한이 아니야. 자신에게 책임이 돌아올까 두려워서 나를 제거하려고 한 거야. 더럽고 치사한 자식!'

증거는 없었지만 그는 오무라의 의도를 온몸으로 느낄 수 있었다.

'그래서 내 컴퓨터에서 보고서를 찾았던 게 아닐까?'

다쿠는 자신의 추측을 재확인하듯이 료에게 경위를 설명했다. 료는 믿어지지 않는다는 표정으로 다쿠의 이야기를 들었다.

"이제야 오무라 부장이 왜 자네를 싫어했는지 알겠군. 이것은 엄청난 사건이야. 그 보고서를 가지고 있나?"

"그걸 뭐하러 가지고 있겠어? 독립할 때 다 없애버렸어."

다쿠가 퇴사한 지 벌써 1년 반이나 지났다. 그는 특별히 오무라를 비난할 마음은 없었다. 오무라 덕분에 마스터링크가 태어나지 않았는가!

그러나 다쿠는 확신했다. 오무라 같은 디지월의 핵심 멤버가 자리 지키기에만 급급해한다면 디지월은 발전할 수 없을 것이다. 예전에는 료처럼 우수한 영업 직원이 자기 회사로 올 리 없다고 생각해서 말하지 않았지만, 이번 기회에 과감하게 그를 스카우트하기로 결심했다.

"료, 디지월의 현실에 만족해?"

"회사 분위기를 봐선 보너스도 많이 줄어들겠지."

다쿠는 진지한 표정을 지으며 제안했다.

"나와 같이 일하지 않겠어? 지금 영업할 사람을 찾고 있거든. 연봉은 디지월보다 많이 줄게. 그리고 자네가 신규로 거래처를 확보하면 보너스에 반영해주고."

자신이 가장 취약한 대기업을 료가 개척할 수 있지 않을까. 다쿠의 마음속에는 그런 계산이 깔려 있었다. 그렇게 되면 단숨에 회사의 격이 올라가고, 새로운 기업과도 거래할 수 있게 된다. 앞으로 새로운 포석을 깔기 위해서는 경험 있는 영업자가 필요하다.

그로부터 3개월 후, 료는 다쿠의 회사에 들어왔다.

"나 왔어."

다쿠가 집에 들어간 것은 밤 10시.

불이 켜진 것을 보니 오늘은 아내가 아직 잠들지 않았나 보다. 안으로 들어간 다쿠는 싱글벙글 웃으면서 아내에게 말을 걸었다. 아내를 깜짝 놀라게 만들 만한 소식이 있었던 것이다.

"이번에 고단전기의 일을 하게 됐어. 일본에서 다섯 손가락 안에 들어가는 대기업이야! 아직 한 부서에 지나지 않지만, 잘만 하면 적어도 5000만 엔짜리 일이 될 거야!"

자랑하지 않고는 견딜 수 없었기에, 그의 목소리는 낮에 사무실에 있을 때처럼 커졌다. 그는 손뼉을 치며 좋아할 아내의 모습을 기대했다. 하지만 말을 거는 타이밍이 좋지 않았는지 아내는 버럭 화를 내며 날카롭게 소리쳤다.

"밤늦게 들어와서 웬 소란이야? 아이를 겨우 재웠는데 헛수고가 됐잖아! 아이를 재우느라 얼마나 힘들었는지 알아?"

신이치는 오랜만에 아빠의 얼굴을 보자 기분이 좋은지 신이 나서 소리까지 지르며 마구 뛰어다녔다. 이렇게 흥분한 상태에서는 한동안 잠들 것 같지 않았다. 다쿠는 신이치와 놀아주면서 변명하기 시작했다.

"하지만 집에 오는 시간까지 조종할 수는 없다고! 나도 될 수 있으면 빨리 오고 싶어. 그런데 일을 하다 보면 이 시간이 되는 걸 나더러 어떻게 하라는 거야?"

하루 종일 시간에 쫓기면서 일한 다쿠는 집에 들어오면 신문이라도 보면서 느긋하게 있고 싶었다. 더구나 저녁도 먹지 않은 상태라 배에서는 밥을 달라고 아우성이었다.

"이렇게 늦게 오려면 밥은 밖에서 해결하고 와야지! 밤늦게 식사 준비하는 게 얼마나 힘든지 알아?"

"지금 나더러 차라리 집에 들어오지 말라는 거야?"

"솔직히 말해서 지금으로선 그래. 당신이 집에 들어오면 아이가 흥분하는 바람에 모든 게 엉망이 되고 나는 녹초가 된다고!"

이 이상 이야기를 해봤자 결론이 나지 않을 것 같았다. 다쿠는 아내와 입씨름을 그만두고 아이에게 관심을 집중했다. 그것은 아버지와의 말다툼을 회피하는 것과 똑같은 방식이었다. 동굴 안에 들어가 폭풍우가 지나가기를 기다리는, 어린 시절부터 거듭해온 패턴이었다. 그러나 그 방법이야말로 부부 갈등을 극대화시킨다는 것을 그는 아직 깨닫지 못했다.

등을 돌린 다쿠의 모습을 보고 아내도 포기를 선언했다.

"난 너무 힘들어서 지금이라도 쓰러질 것 같아. 먼저 잘게."

유키코는 그렇게 말하고 혼자 잠자리로 들어갔다.

하루 종일 아이와 씨름해야 하는 유키코. 아이가 겨우 잠들려는 순간, 남편이 불쑥 집에 와서 아이를 깨운다. 그녀는 다쿠가 자기 편한 대로 생활하는 것 같아서 머리끝까지 분노가 솟구쳤다.

한편 다쿠는 밖에서 하루 종일 열심히 일하고 집에 들어와서도 아이를 돌봐줄 정도로 헌신하는 남편인 자신한테, 아내가 한마디 위로도 하지 않는 것이 불만이었다.

'내가 나 혼자 잘 먹고 잘살자고 일하는 거야? 가족을 위해서 밤늦게까지 일하고 온 남편한테, 아무리 피곤해도 그렇게 말할 것까진 없잖아! 대체 불만이 뭐야?'

아이와 함께 거실에 남겨진 다쿠는 마음속으로 분노를 삼키는 것이 고작이었다.

요즘 다쿠와 유키코는 항상 엇갈렸다. 회사는 순조롭게 발전하고 있고, 수입도 샐러리맨 시절보다 두 배나 많았다. 회사가 발전하면 아내도 기뻐하는 것이 당연하지 않은가? 다쿠는 자신의 성공을 아내가 함께 기뻐해주기를 원했다.

그런데 실제로는 회사가 성장하고 남편이 바빠지면, 부부가 얼굴을 마주할 시간이 줄어든다. 한쪽이 성공할수록 부부 관계는 점점 더 어색해지는 것이다.

유키코도 머리로는 남편의 성공을 기뻐해야 한다고 생각했지만 감정은 복잡하게 뒤얽혔다. 남편은 사회에서 인정받고 있는데 자기만 집 안에 갇혀 있다는 불안이 가슴을 짓눌렀다. 남편이 승승장구하는 것을 자랑할 때면 그런 불안은 더욱 고개를 내밀었다. 게다가 회사 일이 바빠서 그런지, 아이에 관한 이야기를 해도 다쿠는 건성으로 대답하곤 했다. 그래서 유키코는 스스로의 마음을 위로하기 위해, 남편의 일에는 일부러 관심을 갖지 않았다.

부부 사이에는 어느새 틈이 생기기 시작했다. 다쿠와 유키코는 둘 다 그것을 알아차렸지만 언젠가 저절로 메워지리라고 믿었다. 그러나 예상과 달리 그 틈은 더욱 벌어질 뿐이었다.

다쿠는 집보다 회사가 편했다. 회사에 가면 아무것도 신경 쓸필요가 없었다. 이를 악물고 참아야 하는 상사도 없고, 성격이맞지 않는 동료도 없다. 사장인 자기에게 누가 뭐라고 하겠는가!자신이 신경 써야 할 것은 오직 고객뿐이다.

가족에게는 논리가 통하지 않는다. 논리적이고 이성적으로말하면 아내는 감정적으로 대응한다. 하지만 직원에게는 논리가 통한다. 게다가 논리가 통하지 않을 땐 함께하지 않으면 그만이다.

이렇게 해서 다쿠는 더욱더 일에 몰두하게 되었다.

'내가 열심히 일하는 것은 모두 가족을 위한 것이다. 지금보다돈을 더 많이 벌면 내가 좋은 남편이라는 사실을 증명할 수 있으리라.'

그는 이런 식으로 스스로를 이해시켰지만, 일에 몰두하는 것은 위험한 지뢰밭에 스스로 걸어 들어가는 것이나 마찬가지다.

여러분은 앞으로 일어날 불행한 이야기를, 자신과는 일절 관계가 없다고 믿고 싶을지도 모른다. 아아! 작가인 나도 이렇게 불행한 이야기는 좋아하지 않는다. 솔직히 말하면 이런 이야기는 하고 싶지 않다. 그러나 성공을 향해 의기양양하게 걸어가는 사람이 함정에 빠질 가능성이 있다면 경고해주어야 하지 않는가! 함정이 있다는 것을 알면서도 모르는 척하면서, 잘 다녀오라고 손을 흔들 수는 없지 않은가!

당신이 생각하는 것보다 가정과 사업은 아주 밀접한 관계에 있다. 사업이 성장하면서 나타나는 문제들은 가정에까지 영향을 미친다. 그리고 그것은 당신뿐만 아니라 당신의 가장 소중한 사람, 즉 아내나 자식의 건강까지 위험에 빠뜨릴 가능성도 있다.

아이의 입원과 아내의 고독

경고 신호는 몇 번이나 깜빡거렸다. 그러나 미친 듯이 일에만 몰두하던 다쿠는 전혀 눈치채지 못했다.

유치원에서 소풍을 다녀온 신이치의 발에 보라색 반점이 올라와 있었다. 그것을 맨 처음 발견한 사람은 유키코였다. 그녀는 반점을 발견했을 때, 별로 심각하게 여기지 않았다. 아이가 손발을 다치거나 사내아이의 발에 멍이 드는 건 흔한 일이기 때문이었다.

그러나 자세히 보니 물방울처럼 생긴 반점의 개수가 너무 많았다. 며칠이 지나서 더 놀랐는데, 티셔츠를 들추고 몸을 자세히 살펴보니, 물방울 모양의 작은 반점이 온몸에 퍼져 있었던 것이다.

'이게 어떻게 된 일이지?'

특별히 열도 없고, 아이도 아프지 않다고 해서 다쿠와 유키코는 가까스로 마음을 진정시켰다.

다음 날 아침, 불안이 사라진 것은 아니지만 다쿠는 곧 좋아질 것이라고 스스로를 달래며 회사에 출근했다. 그는 부정적으로 생각하면 그것이 현실로 나타난다고 믿었다. 그래서 어떻게든 나쁜 일, 부정적인 일을 상상하지 않으려고 했다.

유키코는 신이치를 대학병원으로 데리고 갔다. 처음에는 집 근처에 있는 작은 병원에 갔는데 혈액검사를 하더니 큰 병원으로 데려가라고 한 것이다.

유키코는 접수창구에 혈액검사표를 제출한 뒤 대기실에 앉아 기다렸다. 대기실이 매우 혼잡한 것을 보니 적어도 한 시간 이상은 기다려야 할 것 같았다.

그녀는 한 발짝도 움직일 수 없을 정도로 지쳐 있었다. 어른인 자기도 이런데, 어린 신이치가 얼마나 견딜 수 있을까? 하지만 기다린 지 3분도 되지 않아서 간호사가 종종걸음으로 뛰어왔다.

"아이를 데리고 바로 치료실로 들어가시죠."

치료실로 들어가자 담당 의사가 심각한 표정으로 말했다.

"혈소판 수치가 검출할 수 없을 정도로 많이 줄어들었습니다. 감기나 홍역을 앓은 후에 가끔 발생하는데, 정식 병명은 특발성 혈소판감소성자반증이라고 하죠. 서둘러 입원 수속을 밟으셔야 할 것 같습니다."

난생처음 듣는 병명이었다. 유키코는 어떻게 반응해야 좋을지 할 수 없었다.

"그게 무슨 병이죠?"

"혈소판은 혈액을 응고시키는 역할을 하죠. 보통은 1세제곱밀리미터에 20만~40만 개가 있는데, 아드님의 경우에는 검출할 수 없을 정도이니까 아마 1만 개 이하일 겁니다. 그 정도 수치라면 혈관에서 혈액이 자연히 흘러나옵니다. 특히 외부 충격을 받거나 넘어져서 머리를 부딪힐 경우, 뇌 안에 피가 새어나오면 사망할 가능성도 있습니다."

'충격을 받거나 넘어져서 머리를 부딪히면 사망할 가능성도 있다고?'

현실은 모래 위에 지은 모래성 같아서, 당연하다고 믿었던 것이 한순간에 무너질 수도 있다.

유키코는 의사의 말을 이해할 수 없었다. 신이치가 사라진다는 것을…… 태어난 지 3년밖에 되지 않은 신이치가 이 세상을 떠날 가능성이 조금이라도 있다는 것을 현실적으로 받아들일

성공자의 고백

수 없었다.

'신이치가 왜 그런 병에 걸렸지? 내가 뭘 잘못했다는 거야!'

머리로는 아이의 병과 부모의 잘못이 관계가 없다는 것을 알고 있다. 하지만 극한적인 상황에서 미치지 않는 유일한 방법은 눈앞에서 일어난 일을 부정하는 것이다.

'뭔가 잘못됐어. 이건 꿈이야. 아마 잠에서 깨고 나면 신이치는 멀쩡해져 있을 거야.'

아무리 부정해도 신이치의 몸에 퍼져 있는 물방울 모양의 반점은 사라지지 않았다. 신이치의 병이 현실이라는 사실을 깨달은 순간, 유키코의 얼굴에서 핏기가 사라졌다.

"선생님, 신이치는 지난주에 소풍을 다녀왔어요. 그때 친구들과 씨름을 했는데 괜찮을까요?"

"수치가 이렇게 좋지 않은데 아무 일도 없었던 건 행운이었습니다. 어쨌든 안정을 취하며 혈소판의 수치가 올라오는지 지켜보죠. 채혈을 하고 난 후, 입원 수속을 해주십시오."

의사의 무거운 표정을 보고 유키코는 속으로 절규했다.

'이럴 줄 알았으면 남편한테 같이 오자고 할걸……. 아니, 애초에 어떻게 병원에 나와 아이만 보낼 수 있지?'

그 무렵 다쿠는 정신없이 일에 빠져 있었다. 점심 먹을 시간도 없이 정열적으로 일을 처리한 다음, 조금 느긋한 마음으로 고객에게 답 메일을 쓰고 있을 때 사토코가 말을 걸었다.

"사장님, 아침부터 너무 일에만 빠져 계신 거 아니에요? 이제 조금 쉬시는 게 어때요? 커피라도 드릴까요?"

샐러리맨 시절에는 하루에 몇 잔씩 커피를 마시곤 했다. 그러나 독립한 다음에는 커피 마실 생각도 할 수 없을 정도로 일에 쫓겼다. 사토코가 손님용 커피잔을 책상 위에 놓았을 때, 다쿠는 사무실에 두 사람밖에 없다는 사실을 처음 깨달았다. 료는 영업하러 나가서 오늘은 사무실에 들어오지 않는다.

그녀가 커피잔을 내미는 순간, 희미한 향수 냄새가 코끝을 간질였다. 새하얀 블라우스의 위쪽 단추 두 개가 열려 있었다. 다쿠의 시선은 도자기처럼 아름다운 사토코의 가슴에서 멈추었다. 다쿠의 심장이 세차게 방망이질했다. 그러지 않으려고 했지만 사토코의 가슴에서 눈을 뗄 수 없었던 것이다.

"결혼 생활은 어때? 부부 사이는 좋아?"

"물론이에요. 남들이 닭살 돋는다며 질투할 정도예요. 지난 주말에는 둘이 도쿄 디즈니랜드에서 데이트했어요. 손을 꼭 잡고 말이죠."

"아하하하. 그거 부럽군. 데이트라……. 나는 데이트를 언제 해 봤더라? 요즘은 데이트가 뭔지도 잊어버렸어. 아이가 태어나니까 좀처럼 부부만의 시간을 가질 수 없더라고."

"결혼했다고 그러면 안 되죠. 부부도 늘 연애해야 한다고요."

성공자의 고백

사토코는 그렇게 말하면서 상큼한 미소를 지었다. 입술 사이로 새하얀 치아가 눈부시게 빛났다.

다쿠는 사토코 부부가 손을 잡고 데이트하는 광경을 떠올렸다. 그 순간, 자신이 뭔가 소중한 것을 잃어버린 듯한 느낌이 들었다. 그때 그의 생각을 차단하듯이 전화벨이 울렸다.

"사장님, 사모님 전화예요. 공중전화인 것 같아요."

다쿠는 고개를 갸웃거리며 전화를 받았다.

'왜 휴대전화로 안 하고 공중전화로 하는 거지?'

수화기 너머에서는 평소의 유키코답지 않게 다급한 목소리가 들려왔다.

"여보, 지금 일하고 있을 때가 아니야! 신이치가, 신이치가!"

유키코는 다음 말을 잇지 못했다. 심상치 않은 분위기에 다쿠는 온몸이 굳었다.

"왜 그래? 무슨 일이야?"

"지금 병원인데, 당장 입원해야 한대."

"무슨 병이라는데?"

"병명은 정확히 기억나지 않지만 어쨌든 혈소판이 거의 없대. 만약 어디에 부딪히기라도 하면 피가 굳지 않고 온몸에서 새어 나온다면서. 그러니까 만약 뇌에서 출혈이 있으면 식물인간 상태가 된다는 거야."

유키코는 어떻게든 사태의 심각성을 다쿠에게 전하려고 했다.

하지만 병원에서 혼자 아들을 지키고 있는 그녀의 고독이 과연 다쿠에게 제대로 전해졌을까?

"잠시만 기다려! 지금 당장 갈게!"

다쿠는 일을 내팽개치고 곧장 병원으로 달려갔다.

병원에 도착하자 신이치는 이미 병실에 누워 있고, 팔에는 링거 주삿바늘이 꽂혀 있었다. 세 살짜리 아이가 커다란 눈망울을 깜박이며 자기 팔에 꽂혀 있는 낯선 튜브를 바라보았다.

"아빠, 아파. 이거 떼고 싶어."

신이치가 칭얼거리며 링거를 떼어내려고 했다.

"안 돼. 신이치는 지금 아야 하니까 주사 맞고 얼른 나아야지. 조금만 참으렴."

신이치는 자신이 죽을 수도 있다는 사실을 모른다. 죽음이라는 단어가 어떤 뜻인지도 모른다. 죽음의 문턱에 서서, 미니카를 손에 들고 천진난만하게 웃는 아들을 보고 있자니 가슴이 찢어지는 듯했다.

유키코는 신이치가 이상하게 생각하지 않도록 평소와 똑같이 행동하려고 노력했다. 하지만 일상은 이미 뒤틀려 있었다. 이런 상황에서는 어떠한 일상적인 행동도 거짓처럼 보이게 마련이다. 마치 어설픈 인형극에서 서툰 연극을 하는 인형처럼 보일 수밖에 없는 것이다. 연극의 대사와 대사 사이에서 언뜻 보이는 무표정한 유키코의 얼굴이 슬픔의 깊이를 말해주고 있었다.

다쿠는 어두운 표정으로 생각에 잠겼다. 이런 경우에는 어떻게 행동해야 할까? 남편으로서, 아버지로서 어떤 역할을 해야 할까? 역할에 너무 사로잡히면 자연스러운 감정이 얼어붙고, 오히려 부자연스러워진다는 사실을 그는 깨닫지 못했다.

그때 담당 의사가 병실로 들어왔다.

"잠시 드릴 말씀이 있습니다."

병원에서 할 말이 있다고 할 때는 회사에서 할 말이 있다고 할 때보다 열 배나 더 각오를 해야 한다. 부하 직원이 할 말이 있다고 할 때는 어떤 문제인지 직감할 수 있지만, 병원에서는 사형선고를 당하는 게 아닐까 하는 불안에 휩싸이게 된다.

다쿠와 유키코는 똑같은 걱정에 사로잡혔다.

'동네 소아과에서 채혈하고 나서 벌써 닷새나 지났어. 그때보다 좋아졌을까? 아니면 더 나빠졌을까?'

'혹시 뇌 안에 출혈이 생긴 것은 아닐까?'

'이 병은 일시적인 걸까? 평생 따라다니는 걸까?'

'어떻게 하면 이 병을 치료할 수 있을까?'

"MRI로 머리를 촬영했는데, 뇌 안에 출혈은 없는 것 같습니다. 혈소판의 수치도 안심할 수 있는 범위는 아니지만 조금은 좋아졌습니다."

그 말에 긴장의 끈이 끊어진 유키코는 무너지듯이 소파 위로 주저앉았다. 그렇게 심하게 씨름을 했는데, 뇌에 출혈이 없는 것은 기적이었다.

의사는 설명을 계속했다. "이 병은 일종의 면역 이상인데, 왜 자신의 혈소판에 대해 항체를 만드는지는 아직 알려져 있지 않습니다. 만일을 위해 증혈제와 혈액응고제를 투여하고 그와 동시에 매일 혈소판 수치를 측정할 겁니다. 그 상황을 지켜보면서 치료 방침을 결정하려고 합니다."

"설마 평생 계속해야 하나요?"

다쿠는 더 이상 참지 못하고 끼어들었다.

"대부분 3주 정도 치료하며 안정을 취하면 항체를 만드는 작용이 멈추고 혈소판이 증가하죠. 하지만 재발하는 경우도 있고 만성화하는 경우도 있습니다."

의사의 모호한 대답에 다쿠는 조바심이 났다.

"신이치의 경우는 어떤가요?"

"아드님의 경우에는 혈소판이 왕성하게 생성되고 있지만 항체도 왕성하게 생성되어서, 진행 과정을 지켜보지 않고는 아직 뭐라고 대답할 수 없습니다."

다쿠는 의사에게서 '최선을 다할 테니까 걱정하지 마십시오'라든지 '안심하십시오, 아드님을 죽게 만드는 일은 없을 겁니다'라는 말을 기대했다. 물론 의사가 그렇게 무책임한 말을 할 수는 없으리라. 하지만 이성적으로는 그런 사실을 알고 있으면서도, 의사가 신이치의 병을 단순한 증상으로 취급하는 것 같아서 불쾌함을 감출 수 없었다.

입원은 최소한 2주일, 보호자의 간병은 한 명으로 제한하고 있다고 했다. 다쿠는 한 달 후에 끝내야 하는 큰 프로젝트를 안고 있었다. 남자가 일을 하는 것은 당연하다. 다쿠는 그렇게 생각하며 일을 계속하기로 했다. 아버지처럼 되고 싶지 않다고 했으면서 어느새 아버지와 똑같이 행동하고 있다는 사실은 알아차리지 못했다.

병원을 나설 때, 그는 위로하려는 마음으로 아내에게 이렇게 말했다.

"기운을 잃으면 안 돼. 힘을 내!"

유키코는 "……알았어"라고 대답했다. 그러나 그녀의 얼굴에는 아무런 표정이 없었다.

그녀는 죽음의 문턱에 서 있는 아들을 뒤로하고 일하러 가겠다는 남편을 이해할 수 없었다. 더구나 자신은 지금 임신한 몸이 아닌가!

'왜 나 혼자 힘을 내야 하는 거지? 신이치는 당신 아이이기도 하잖아!'

병원의 딱딱한 간이침대에 누워서, 유키코는 또다시 혼자 버려진 듯한 기분에 휩싸였다.

"목소리에 힘이 없군. 무슨 일이 있었나?"

다쿠는 오랜만에 간자키와 술을 마셨다. 간자키는 상대방의 속마음을 꿰뚫어 보는 능력이 있는지, 항상 다쿠의 마음을 정확하게 알아낸다. 그래서 간자키와 이야기할 때 다쿠는 자신의 마음을 감출 필요가 없었다. 만나자마자 다른 사람에게는 말할 수 없는 속마음을 털어놓을 수 있는 것이다.

"일은 그럭저럭 순조롭게 진행되고 있는데, 아들 녀석이 갑자기 입원을 해서요."

다쿠는 신이치의 병에 대해서 설명했다. 이야기를 하는 동안 감정이 격해지면서 그는 하마터면 눈물을 쏟을 뻔했다. 간자키는 그런 다쿠를 진지한 표정으로 물끄러미 바라보았다. 오늘 다쿠가 왜 만나자고 했는지 짐작이 된다는 표정이었다.

"지금 자네한테 무슨 일이 일어나고 있는지 아나?"

"네? 그게 무슨 말씀인가요?"

간자키는 잠시 침묵했다가 조심스럽게 입을 열었다.

"큰 도움이 안 될지도 모르지만 내가 느낀 점을 이야기해도 되겠나?"

"네."

"부부 사이는 원만한가?"

"네. 특별한 문제는 없습니다. 다만 아내가 육아에 지쳐 있어서, 요즘은 거의 대화할 시간이 없습니다."

그렇게 말한 순간, 다쿠는 자신의 말이 거짓임을 깨달았다. 그런 부부를 원만하다고 말하는 사람이 어디 있는가!

"사업과 가정이 어떻게 이어져 있는지 가르쳐주지."

간자키는 평소처럼 볼펜을 꺼내더니 냅킨을 찾았다. 다쿠는 제대로 적기 위해 가방에서 노트를 꺼내 간자키에게 내밀었다.

"자네는 지금 성장곡선의 어디에 있다고 생각하나?"

"회사 입장에서 보면 성장기의 입구에 있다고 생각합니다."

"그래. 이제 사업도 궤도에 오르고, 자네도 자신감이 생겼을 걸세."

"그렇습니다."

"그러면 어떻게 될까? 드라마에선 남편이 성공하면 아내도 기뻐하지. 그리고 큰 집에서 살면서 원하는 물건도 실컷 살 수 있네. 게다가 해외여행도 마음껏 할 수 있어서 가족 모두가 행복해하지. 한마디로 말해 그들은 잘 먹고 잘살았다는 말로 끝나는 걸세."

다쿠는 고개를 끄덕이면서 다음 말에 귀를 기울였다.

"그런데 현실은 그렇지 않네. 자네의 상황이 좋아질수록 집에 있는 부인의 상황은 나빠지지. 자네가 긍정적인 마인드로 힘을 낼수록 부인은 부정적으로 변해서 뒤를 바라보게 되네. 부인은 그렇게 변하는 자신이 싫어서 견딜 수 없을 거야. 하지만 그런

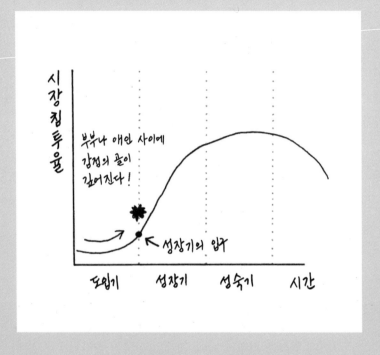

심리 상태는 무의식중에 일어나기에 본인의 의지로는 어떻게 할 수 없네. 긍정적인 사람이 되고 싶지만 시간이 흐르면서 자신도 모르게 부정적인 사람이 되는 거니까."

자신의 집에 도청기라도 달아놓은 것일까? 간자키의 지적은 틀림없이 그 말대로였다.

"그렇습니다. 방금 하신 말씀은 지금 저희 집에서 일어나고 있는 일입니다. 제 일이 잘 풀리지 않아서 힘들어할 때는 아내가 모든 일에 협조를 해주었는데, 요즘은 일에 대해서 이야기해도 시큰둥한 표정으로 제 말을 무시하곤 합니다. 피곤하다는 둥 녹초가 되었다는 둥 하면서 아예 들으려고 하지 않습니다."

"그러면 자네는 어떻게 생각하지?"

"'나는 지금 가족을 먹여 살리기 위해서 열심히 일하고 있는데, 너무하잖아! 남편을 돈 버는 기계로 아는 거야?'라는 생각이 들죠. 제 존재를 인정해주지 않는 것 같아서 섭섭합니다."

간자키에게 가정의 상황을 설명하다 보니 다쿠는 현재 자신의 부부 관계가 원만하기는커녕 위기에 처해 있다는 사실을 깨달았다.

"사람이 모이는 곳에는 어디나 감정의 자리場가 만들어지지. 그것은 가정에서나 직장에서나 똑같네. 그러면 반드시 긍정적인 그룹이 생기고 그와 균형을 맞추듯이 부정적인 그룹도 생기지. 마치 엘리베이터가 올라갈 때, 추가 내려가서 균형을 맞추는 것처럼 말이야. 팔 근육도 마찬가지네. 팔을 구부릴 때 위쪽 근육이 조여지면 아래쪽 근육이 늘어나지 않는가? 그런 식으로 한 사람이 플러스 사고로 나아가면 그것에 브레이크를 걸듯이 마이너스 사고로 나아가는 사람이 나오는 법이지."

다쿠는 갑자기 혼란스러워졌다.

"그렇다면 플러스 사고를 하지 말아야 한다는 뜻인가요?"

"물론 플러스 사고, 긍정적인 사고를 하지 않으면 발전할 수 없지. 좋은 결과를 내기 위해선 반드시 플러스 사고를 해야 하네. 다만 내가 하고 싶은 말은 지나친 플러스 사고는 반드시 그 커뮤니티 안에 마이너스 사고를 만든다는 거야."

"저는 플러스 사고는 항상 옳다고 생각했습니다. 그리고 마이너스 사고를 하는 아내에게 불만이 많았어요. '왜 저렇게 부정적으로 생각하지? 왜 아무런 도움이 되지 않는 생각을 하지?'라고 말이죠."

"그랬겠지. 자네도 부인의 존재를 인정하지 않고, 부인도 돈을 많이 벌수록 자네를 인정하지 않네. 남편이 성공하면 아내는 질투하는 법이지. 이것은 여자가 질투가 많아서가 아니야. 남자도 똑같은 입장에 있으면 아내를 질투하든지 절망하지. 가령 남편이 실직한 상태에서 아내가 성공했다고 하세. 그런 상황에서 남편이 아내의 성공을 무조건 기뻐할 수 있을까? 더구나 남편이 아내의 속옷을 빨고 있다고 상상해보게."

"그런 상황이라면 무의식중에 아내의 속옷을 확인하게 되겠죠. 혹시 바람을 피우지 않나 해서요." 다쿠는 농담하듯이 웃으면서 말했다.

이것을 아직 자신의 문제로 포착하지 못했다는 뜻이다.

간자키는 그에 아랑곳하지 않고 말을 이었다. "그리고 부부 관계가 어긋나게 되면 다음에는 아이 차례가 되네."

"부부 문제에 왜 아이가 등장하는 거죠?"

"아이에게는 가정이 전부라네. 가정이 불편하고 안전한 환경이 아니라면 아이가 자랄 수 없지. 그래서 부부 사이를 중재하려고 하는 거네. 간단하게 말하지. 아이는 원래 착한 아이나 나쁜 아이 중 하나가 되려고 하는 법이야. 아이가 두 명 있다면, 한 아이는 착한 아이가 되고 다른 아이는 나쁜 아이가 되는 경우가 많지 않은가? 착한 아이는 부모의 말을 잘 듣고 우등생이 됨으로써 가정의 영웅이 되네. 그렇게 해서 부부 관계를 회복시키고 가족의 인연을 되찾으려고 하는 거지. 한편 나쁜 아이는 폭력을 휘두르거나 병에 걸리거나 사고를 당하곤 하네. 그러면 부부가 협조해서 문제를 해결하려고 하기 때문이지. 아이는 자기도 모르는 사이에 그런 식으로 부부 관계를 회복시키려고 하는 걸세."

그 말에 다쿠는 흠칫 놀랐다. 그러고 보니 신이치가 병에 걸린 이후, 그때까지 거의 대화가 없던 그와 유키코는 매일 통화했다. 그는 병원에서 혼자 신이치를 돌보고 있는 아내에게 고마운 마음이 가득했다. 하지만 가족을 위해 열심히 일한 자신 때문에 신이치가 병에 걸렸다는 말은 믿을 수 없었다. 아니, 솔직히 말하면 믿고 싶지 않았다.

"그렇다면 신이치는 우리 부부 사이를 회복시켜주기 위해 병에 걸렸다는 말씀인가요?"

"물론 의식적으로 그렇게 한 것은 아니야. 아이는 무의식중에 가족의 자리를 민감하게 알아차리고, 부모에게 최고의 카운슬러 역할을 하지. 착한 아이 중에는 부모를 대신해 동생을 돌봐주는 아이도 있고, 고통에 빠진 가족에게 웃음을 주는 아이도 있네. 주위에서는 착한 아이라고 칭찬하지만 본인에게는 깊은 상처가 있을 걸세. 그리고 나쁜 아이 중에는 자신의 존재감을 지우기 위해 없는 듯이 행동하는 아이도 있고, 마치 가족의 순교자가 되듯이 다치는 아이도 있지.

착한 아이, 나쁜 아이라는 것은 단지 역할에 지나지 않네. 그래서 아이가 두 명 있는 가정에서는 병에 걸린 아이가 낫는 순간, 다른 아이가 병에 걸리는 일이 있지. 즉, 역할을 교대하는 거네. 이것은 심리 카운슬링 세계에서는 널리 알려진 이야기야.

이런 감정의 메커니즘 때문에 성공을 향해 달려가는 경영자나 출세 코스에 있는 대기업 엘리트 직원의 가정에서는 이런 현상을 흔히 볼 수 있지."

"어떻게 하면 그런 일을 피할 수 있죠?"

"그것은 심각한 딜레마네. 처음 회사를 창업했을 때는 모든 정열을 사업에 빼앗기게 되지. 경영자에게 창업기의 회사는 갓난아이나 마찬가지네. 갓난아이를 그냥 내버려둔 채 편안히 돈을 버는 것은 현실적으로 불가능한 일이야. 갓난아이는 한시도 눈을 떼지 않고 돌봐주어야 하니까 말일세. 그런 상황을 아내가 얼마나 이해하고 견뎌주는가, 남편은 아내의 내조에 진심으로 고마워하는가, 가정의 평화와 안정은 오로지 그것에 달려 있네. 그리고 남편은 가능하면 빨리 사업을 궤도에 올려야 하고, 사업이 궤도에 오르고 나면 일중독에 빠지기 전에 가정과 균형을 맞춰야 하지."

다쿠는 몇 달 전에 간자키가 전화로 한 말을 떠올렸다.

"그래서 이제 가족과 휴가를 보낼 시기라고 하셨나요?"

간자키는 자기가 그런 말을 했던가 하는 표정을 지었다.

"너무하신 거 아닌가요? 왜 그때 좀 더 자세히 설명해주지 않으셨어요?"

"자네가 먼저 전화를 끊지 않았나? 조언을 들을 준비가 되어 있지 않은 사람에게는 아무리 말을 해도 소용없지." 보기 드물게 간자키가 자포자기하듯이 말했다.

그래도 다쿠는 간자키를 원망할 수밖에 없었다. 그 때문에 신이치는 언제 죽을지 모르는 상태에 빠지지 않았는가.

"그리고 미리 말해두지만 이제 슬슬 여자를 조심할 때가 되었네."

"무슨 뜻이죠? 또 예언인가요?"

"예언이 아니라 예측이네. 되도록 바람은 피우지 않는 게 좋을 거야."

"바람피울 시간이라도 있으면 좋겠어요. 이렇게 바쁜 상황에서 바람은 무슨 바람이에요? 제 인생에서 외도는 절대로 있을 수 없습니다!" 다쿠는 힘 있는 목소리로 단언했다.

"남녀 관계는 교통사고처럼 갑자기 일어나는 법이지. 그래서 인생이 재미있는 게 아닌가?"

간자키는 잠시 말을 끊고 나서 혼잣말처럼 중얼거렸다.

"세상 사람들은 성욕의 호랑이를 풀어놓고 키우고, 그 등에 올라타서 멸망의 계곡으로 떨어진다……. 모리 오가이1862~1922, 근대 일본 문단의 거장으로 꼽히는 대표 소설가의 말이네. 자네는 괜찮을 거라고 생각하지만 노파심에서 하는 말일세."

'간자키 사장님이 뭐라고 하든 나는 아내를 진심으로 사랑해. 지금 잠시 부부 관계가 어색해졌다고 해도 다른 여자에게 빠질 리 없어.'

다쿠는 사람의 인생을 모두 간파하고 있는 듯한 간자키의 태도에 저도 모르게 짜증이 났다. 술을 마시는 사이에 간자키 얼굴이 아버지 얼굴과 겹쳐 보였다.

다음 날, 다쿠는 신이치의 병실을 찾았다. 신이치의 증상은 많이 호전되어 혈소판 숫자도 늘어나는 등 최악의 시기에서 벗어났다고 했다.

병실로 들어가니 신이치는 침대 위에서 미니카를 가지고 놀고 있었다. 많이 회복되기는 했지만 아직도 링거를 맞고 있었다. 그 링거 튜브가 마치 뛰어다니지 못하도록 목줄을 채운 개처럼 보여서 다쿠는 씁쓸하게 웃었다.

링거에 들어 있는 액체는 물처럼 투명했지만 튜브를 옆으로 기울이면 거무칙칙한 색으로 보였다. 피다. 아무리 순수한 어린 아이의 것이라도 피는 거무칙칙한 법이다.

꼬박 일주일을 병실에서 지내고 있는 유키코는 많이 핼쑥해졌다. 병실에서는 겨우 세수를 할 수 있을 뿐, 샤워는 엄두도 내지 못했다. 그는 아내를 위로하려고 했지만 아내의 굳은 표정은 그의 위로를 거부하는 듯했다.

유키코가 아무리 신이치를 위해서 희생하고 있어도, 다쿠의 머릿속에는 자신은 일에서 더 고생하고 있다는 생각이 자리 잡고 있었다. 그것은 쓸모없는 싸움일지도 모른다. 누가 더 가족을 위해서 희생하느냐는 어리석은 싸움. 어느 한쪽이 이긴다고 해도 싸움이 끝나면 양쪽 모두 만신창이가 되어 있을 것이다. 하지만 한창 싸우고 있을 때는 싸움의 원인도, 승패의 허무함도 보이지 않는 법이다.

신이치의 침대로 눈길을 돌린 순간, 새빨갛게 물든 침대 시트가 눈에 들어왔다.

'큰일 났다! 이게 어떻게 된 거지?'

주삿바늘이 빠져서 피가 시트에 떨어지고, 그것이 맨홀 뚜껑 크기의 커다란 얼룩을 만든 것이다.

이 엄청난 핏자국을 보면 신이치가 공포에 빠지지 않을까? 두려움을 느끼고 신이치를 쳐다보았지만 신이치는 동요하기는커녕 '링거가 빠졌네'라는 표정을 지으며 아무 일도 없었던 듯이 다시 놀기 시작했다. 그리고 유키코도 "튜브가 빠졌네?"라고 말하며 간호사 호출 버튼을 눌렀다.

유키코와 신이치의 너무나 침착한 모습을 보면서 다쿠는 반성할 수밖에 없었다.

'아아! 우리 집에서 가장 도움이 되지 않는 사람은 바로 나군.'

회사를 그만두고 독립한 다음, 반성하는 것은 참으로 오랜만이었다.

그 후, 신이치의 증상은 빠르게 회복되었다. 신神은 가끔 피를 보기 위해서 제물을 요구하나 보다. 어쩌면 신이치의 피를 바친 덕분에 목숨을 빼앗기지 않았는지도 모른다.

그로부터 일주일 후, 예상보다 신이치가 빨리 퇴원하면서 다쿠의 집안은 겨우 일상으로 돌아왔다. 신이치가 병에 걸리지 않았다면 일상의 소중함을 깨닫지 못했을 것이다. 다쿠와 유키코는 마음 깊은 곳에서 안도의 한숨을 내쉬었다. 하지만 그 마음을 상대방에게 전하기에는 둘 다 자존심이 허락하지 않았다.

성공자의 오라

'마스터링크. 텔레시스템 24와 제휴, 해외부문 아웃소싱 사업에 진출!'

이 기사가 〈일본경제신문〉 벤처면에 실린 것은 창업한 지 3년째 접어든 무렵이었다. 텔레시스템 24는 콜센터Call Center, 기업에서 고객들의 질문에 상담해주고 고객들에게 서비스한 후, 이것을 제품 개발이나 서비스 개발에 이용하는 곳 업무를 취급하는 일본 기업 중에서 가장 규모가 큰 회사로, 이번 제휴는 다쿠와 료가 오랜 시간을 들여서 기획한 프로젝트였다.

이번 제휴는 마스터링크가 안정적인 현금 흐름Cash Flow, 기업 활동을 통해 나타나는 현금의 유입과 유출을 확보했다는 것을 의미한다. 외국어 홈페이지 제작만으로는 항상 신규 고객 확보에 매달려야 하니까, 다쿠는 그동안 사업의 안정성이 부족하다는 사실을 통감하고 있었다. 그래서 가능하면 빨리 정기적인 수익이 발생하는 사업 모델을 마련하기 위해 머리를 싸매고 고민에 빠졌다. 고객의 요청이 가장 많았던 것은 외국 업체의 문의에 대응해주는 통역 서비스나 해외에서의 상품 마케팅을 위한 컨설팅 서비스였다. 그

리고 그런 요청에 따라서 해외사업부의 아웃소싱을 가능하게
하는 '해외비서 서비스'를 개발한 것이다.

마스터링크는 이미 인터넷을 이용한 해외판로 구축에 많은
노하우가 축적되어 있었다. 또한 해외 매스컴에 일본 기업을 보
도하게 만드는 PR 전략 실력도 뛰어났다. 다만 외국 업체의 문
의에 대답해주는 콜센터를 직접 운영하려면 만만치 않은 비용
이 들어간다. 그래서 머리를 맞대고 생각해낸 끝에 대형 콜센터
와 제휴하기로 한 것이다.

기사가 신문에 실리고 나서 회사는 비약적으로 발전했다. 업
계 최대 기업과 제휴함으로써 마스터링크의 지명도는 몰라보게
높아졌다. 예전에는 단지 기획, 제작 회사로 알려졌지만 이제는
해외 마케팅에 관한 종합 아웃소싱 회사로 알려지게 된 것이다.

더구나 기존 고객 300군데 중 25퍼센트인 75군데가 '해외비
서 서비스'를 계약하고, 신문 기사가 나가고 한 달이 지난 후에
는 신규 고객 72군데와 계약을 했다. 즉, 신규 상품을 제공하자
마자 매달 147군데로부터 일정한 수입을 얻게 된 것이다. 게다
가 이 서비스는 선불금을 받기 때문에 마스터링크의 자금 사정
은 단숨에 개선되었다.

다쿠는 단기간에 사업 모델을 만들어서 회사를 발전시킨 것
이 너무도 자랑스러웠다. 회사의 경영면에서도 이제 미래가 보
이게 되었다. 지금까지는 365일 일에 빠져 있어야 했지만, 이제

는 료에게 회사를 맡기고 일주일 정도 장기 출장도 갈 수 있게 되었다.

'이제 편안히 일할 수 있게 되었군.'

그때, 료가 놀라운 소식을 가지고 왔다.

"다쿠, 알고 있어? 디지월에서 우리와 똑같은 사업에 진출했다고 하더군. 외국어 홈페이지 제작에서 고객 응대까지, 일관된 서비스를 제공한다는 것 같아. 이건 우리 사업을 표절한 거야!"

"정말이야? 어디서 들었어?"

"디지월에 있는 이시모토라는 녀석 있잖아? 그 녀석한테 들었어. 그런데 사업부장이 누군지 알아?"

"내가 그걸 어떻게 알아? 난 그만둔 지 벌써 3년이나 됐는데."

"오무라 부장이라더군."

그 이름을 듣는 순간, 다쿠는 벌레 씹은 듯한 표정을 지었다.

'또 그 작자야? 그 작자 이름은 두 번 다시는 듣고 싶지 않았는데.'

"최근 디지월의 수익이 악화됐나 봐. 그래서 사내 벤처팀을 가동해서 가능성 있는 곳에 진출하고 있다더군. 이게 오무라 부장이 맡은 사업부의 판촉 자료야."

그 자료를 본 다쿠는 입을 다물지 못했다.

"이건 정말로 완벽히 표절했잖아?"

"그래, 홈페이지도 똑같아. 이거 어떻게 하지? 저작권 침해로 고소할까?"

"변호사에게 저작권 침해로 고소할 수 있는지 확인해볼게."

그때 다쿠의 머릿속에 새로운 생각이 떠올랐다. 다음 순간, 그의 입에서는 기묘한 웃음이 새어나왔다. 그에게선 보기 드문 도발적인 웃음이었다.

"료, 이거 재미있겠는데?"

"지금 상황에서 웃음이 나와? 디지월처럼 자금력이 있는 회사가 덤벼들었잖아!"

"그래서 재미있다는 거야. 지금까지는 달랑 우리 회사 하나가 이 시장을 개척해왔잖아. 그런데 시장 전체로 볼 때, 이 상품은 아직 도입기를 벗어나지 못했어. 그런데 디지월이 뛰어들면, 그것을 계기로 시장이 넓어져서 성장기에 돌입할 가능성이 있지. 그러면 오히려 우리 고객이 늘어날 거야. 드디어 우리도 본격적으로 전투 상태에 돌입하는군!"

"지금 오무라와 싸우겠다는 말이야?"

"그렇게 단순한 차원의 이야기가 아니야. 그런 건 20세기 기업이나 하는 일이고. 우리는 21세기의 빛나는 모범이 되어야 해. 상대방과 싸우지 않고 서로의 장점을 끌어모아서 시장을 키우는 거지."

"어떻게 할 건데?"

"오무라에게 라이벌이 늘어나서 기쁘다, 시장을 키우는 데 서로 협조하자고 메일을 보내겠어."

료가 한숨을 쉬면서 말했다. "맙소사! 자네가 그렇게 변태인 줄 몰랐어. 이거 내가 괴물과 일하는 거 아닌지 모르겠군."

료가 그렇게 말하는 것도 당연하다.

다쿠의 몸에는 성공자의 오라가 배어나오기 시작했다. 어려운 난관을 극복하고 자신의 꿈을 달성한 영웅만이 가질 수 있는 오라. 그것은 주위 사람에게도 대단한 매력으로 작용한다.

그러나 료는 왠지 모를 불안에 휩싸였다. 여태껏 그들은 이인 삼각으로 장애물을 헤쳐나오면서 밀월의 나날을 보냈다. 하지만 모든 것에는 반드시 끝이 있다. 다쿠가 성장함에 따라서 료도 자기 역할을 찾아야 하는 상황에 몰리게 된 것이다.

장난처럼 찾아온 운명

텔레시스템 24와 제휴한 이후, 마스터링크의 성장 속도는 더 빨라지기 시작했다. 예전에는 눈에 불을 켜고 적극적으로 홍보하지 않으면 고객을 잡을 수 없었다. 하지만 지금은 가만히 앉아 있어도 고객의 문의가 빗발쳤다.

다쿠가 대외 홍보 업무에 주력하는 동안, 영업 부문은 료가 떠맡았다. 끊임없이 들어오는 고객을 응대하는 동안, 어느새 영업 직원도 다섯 명으로 늘어났다. 영업 직원을 고용할수록 매출은 계속 성장했다.

다쿠가 샐러리맨 시절에 꿈꾸던 창업자 생활은 어느덧 현실이 되었다. 수입도 몰라보게 좋아지고, 이제 집을 사도 되지 않겠느냐고 간자키가 말할 정도로 자산도 축적되었다.

그러나 그가 꾸었던 꿈 가운데 실현되지 않은 게 한 가지 있었다. 그것은 집 안에서 대화가 거의 없어졌다는 것이다. 아내와는 표면적인 이야기만 할 뿐, 마음은 각각 동떨어져 있다는 느낌이 들었다. 어쩌면 둘째 아이가 태어났기 때문일지도 모른다. 모든 체력과 정신력을 육아에 빼앗긴 유키코는 다쿠의 꿈 이야기를 들어줄 시간도 없고 관심을 가질 수도 없었다.

어느 날, 조금 일찍 집에 들어온 다쿠를 보고 유키코는 이렇게 말했다.

"당신이 집에 오면 아이가 흥분해서 잠을 자지 않아. 그러니까 밤 10시 전에는 집에 들어오지 않았으면 좋겠어."

그 말을 듣는 순간, 다쿠는 망치로 뒤통수를 얻어맞은 듯한 충격에 휩싸였다.

'지금 누구 덕분에 먹고사는데, 이제 나더러 집에도 들어오지 말란 말인가!'

'이름뿐인 부부, 섹스리스 부부'라는 기사를 볼 때마다 불쌍한 사람들이라고 생각했다. 하지만 어느새 자신이 불쌍한 사람이 되고 말았다.

다쿠와 유키코는 서로 상대방에게 아무것도 기대하지 않음으로써 겨우 부부 관계를 유지하는 상황에 이르렀다. 그는 아내에게 특별히 불만이 있는 것은 아니었다. 이제는 분노를 넘어서 포기 단계에 이르렀다. 결혼해서 몇 년이 지나면 모든 부부가 그렇게 되는 것 아닐까? 그는 그렇게 생각하며 스스로를 위로했다.

'이제 연애에서는 졸업하겠어! 내 애인은 일이야!'

다쿠가 그렇게 결심하고 얼마쯤 지났을까? 메일함을 열어보자 낯선 메일이 들어와 있었다.

'쓰키시타 아키코? 그 아키코 말인가!'

그에게는 이미 잊힌 이름이었다.

그날 들어온 메일은 100통이나 되었다. 그러나 다쿠는 아키코가 보낸 메일을 가장 먼저 열어보았다. 원래 운명은 장난을 좋아하는 법이다. 그 메일을 열기 전까지 다쿠는 바람피우지 말라고 충고한 간자키의 예상이 맞으리라는 것을 꿈에도 상상하지 못했다.

'다쿠, 오랜만이야. 요전에 잡지를 보는데, 다쿠의 사진이 실려 있어서 깜짝 놀랐어. 사장님이 되었더라. 축하해. 아키코.'

아키코는 같은 대학에 다니던 친구였다. 대학 오케스트라단에 소속되어 있던 그녀는 프로와 견주어도 손색이 없을 만큼 바이

올린 실력이 뛰어났다. 예술가 성향이 있는 여성에게 약한 다쿠는 아키코에게 한눈에 반했다. 그러나 미인들이 모두 그러하듯이 그녀는 가까이 다가가기 힘든 독특한 분위기를 풍겼다.

졸업을 앞두고 다쿠는 아키코에게 과감하게 데이트 신청을 했다. 그런데 생각지도 못한 일이 벌어졌다. 소극적이긴 하지만 그녀가 데이트 신청에 응하는 것이 아닌가. 첫 번째 데이트가 끝나고 나서 그는 자신이 무슨 말을 했는지도 기억하지 못했다. 다만 아키코의 목소리가 매우 아름다웠다는 것만은 또렷하게 기억났다. 아름다운 목소리는 사람을 사로잡는 법이다. 아마 아키코의 목소리에는 알파파가 많이 포함되어 있는 것이리라. 다쿠는 메일을 읽으면서 아키코의 목소리를 떠올렸다.

세 번째 데이트 이후, 그녀와 연락이 끊겼다. 전화를 걸어도 받지 않았고, 운이 좋게 전화가 연결되어도 귀찮아하는 기색이 역력했다. 자신을 피하는 이유를 알 수 없었던 다쿠는 한동안 심한 정신적 방황에 빠졌다.

석 달 후, 친구를 통해 아키코가 약혼한다는 소식을 들었을 때 다쿠는 하늘이 무너지는 것 같았다. 그 후 다쿠는 오랫동안 마음의 응어리를 껴안고 살아야 했다.

다쿠는 진지하게 답 메일을 쓰기 시작했다.

'15년 만이군. 당신은 나에게 큰 물음표를 남겨주었지. 나는 지금도 당신이 왜 나를 떠났는지 답을 찾지 못했어. 지난 15년 동안, 난 마음에 무거운 돌덩이를 안고 살아야 했지. 어떻게 하면 그 물음표를 풀 수 있을까 하고 말이야. 사람은 죽을 때 주마등처럼 과거를 떠올리고, 거기에서 인생의 모든 답을 얻는다고 하더군. 그래서 나는 죽을 때나 되어야 당신이 남긴 물음표에 대한 답을 알 수 있으리라 생각했어. 하지만 가능하다면 죽기 전에 그 답을 가르쳐주었으면 좋겠어.'

답장이 오기를 기대했던 것은 아니다. 하지만 답을 찾지 못하면 자신의 인생이 정체되어버릴 것 같은 느낌이 있었던 것은 사실이다.

답장이 온 것은 정확히 일주일 뒤였다.

'그동안 답장을 보낼까 말까 많이 망설였어. 왜 당신을 떠났는지는 나도 잘 모르겠어. 지금 생각해보면 모든 것이 너무 순조로웠던 게 두려워서였던 것 같아. 난 엄마와 지나칠 정도로 사이가 좋아서 엄마를 실망시키지 않으려고 노력해왔어. 그리고 엄마가 질투심을 느끼지 않도록 하기 위해서는 엄마보다 행복해지면 안 된다고 생각했지. 그래서 당신을 선택할 수 없었던 거야.'

다쿠는 충동적으로 답장을 썼다.

'한 번 만나고 싶어.'

아키코는 그의 요청을 받아들였다. 그들은 평일 낮에 세 번 만나서 점심 식사를 같이 했다. 학창 시절보다 대화에도 활기가 있었고 분위기도 좋았다. 네 번째에는 호텔에서 식사하고, 그리고 섹스를 했다. 아키코의 몸은 바이올린처럼 아름다운 곡선을 그리고, 목소리는 황홀할 정도로 높게 울려퍼졌다. 젊은 시절처럼 상대로부터 서로 빼앗는 섹스가 아니라 서로 나누어주는 섹스였다. 죽기 전에 딱 한 번만 만나고 끝내려 했지만 그들의 만남은 계속되었다.

다쿠의 마음속에 한 가지 불만이었던 점은 모든 것이 간자키의 예상대로 되는 것이었다.

자신이 여자에게 빠질 것을 간자키가 어떻게 예측할 수 있었는지, 다쿠는 꼭 알고 싶었다. 그것은 자신도 예측하지 못한 일이 아닌가.

분하긴 했지만 패배를 인정하는 수밖에 없었다. 다쿠는 그렇게 생각하고는 간자키의 전화번호를 눌렀다.

"사장님, 졌습니다. 사장님의 말씀대로 되었습니다."

"무슨 뜻인가?"

"여자 문제 말입니다."

수화기를 통해서 간자키의 한숨이 들려왔다.

"이미 그렇게 되었다면 어쩔 수 없지. 그 일이 자네의 인간적인 폭을 넓혀줄 거라고 변명하겠지?"

"너무 그렇게 말씀하지 마십시오. 그런데 제가 여자에게 빠질 걸 어떻게 아셨죠?"

"비즈니스 사이클을 잘 보고 있으면 여자 문제가 언제 일어날지 알 수 있지. 이런 이야기를 낮에 하자니 좀 어색하군. 이따 한잔하겠나?"

사회적 성공과 연애의 에너지

다쿠와 간자키는 일을 서둘러 마무리하고, 날이 저물기 전부터 술을 마시기 시작했다. 다른 사람들이 아직 일할 때 마시는 맥주의 맛이 이렇게 각별할 줄이야! 자신이 특별하다는 기쁨이 맥주 맛에 더해졌다. 더구나 오늘의 주제는 돈벌이가 아니라 여자이기에, 다쿠는 오랜만에 학창 시절로 돌아간 것처럼 가슴이 두근거렸다.

맥주로 목을 축이고 나서 간자키는 강의를 시작했다.

"경영자에게는 바람을 피우는 시기가 있네. 경영자를 수천 명이나 만나다 보면 똑같은 패턴이 보이게 마련이지. 대체로 경영자들이 바람을 피우는 시기는 성장기의 전반이네."

성장기의 전반에 경영자가 바람을 피운다는 이야기는 어느 경제경영서에도 쓰여 있지 않았다. 다쿠는 흥미진진한 얼굴로 다음 이야기를 기다렸다.

"영웅은 색을 좋아한다고 하지 않나? 성장기의 전반에 바람을 피우는 이유는 그것과 같은 이치야. 성적 에너지와 창조적 에너지의 근원은 똑같거든. 생각해보면 사랑을 해야 아이가 태어나는 것이 아닌가? 즉, 창조성을 발휘하면 그와 동시에 성적 에너지도 높아진다는 뜻이네. 자네도 새로운 아이디어를 만들어낼 때는 성욕이 높아지지 않나?"

"맞습니다. 사무실에 틀어박힌 채 시간에 쫓기면서 프레젠테이션 자료나 보고서를 만들 때는 기묘하게 흥분되더군요."

"영웅은 그 두 가지 에너지를 적절하게 사용한다네. 그런데 그 원리가 부부 관계에서는 오히려 갈등의 원인으로 작용하지. 창조성을 발휘할 때, 즉 회사가 성장의 길을 걷고 있을 때는 남편의 성적 에너지가 높아지네. 그런데 그때 아내의 마음은 부정적인 방향을 향하고 있지. 남편의 성공을 질투하든지 패배자가 되었다는 감정이 밖으로 드러나는 거야. 그리고 섹스를 요구했을 때 아내가 몇 번 거절하면, 남편은 성적으로 인정받지 못한다고 실망하게 되네."

"저도 그런 경우가 있었습니다."

"그러면 남편은 일단 화가 나지. 분노에 휩싸이면 성욕이 높아지면서 아내에게 복수하듯이 회사 여직원에게 매력을 느끼게 된다네."

다쿠는 최근 사토코에게 느낀 감정을 들킨 것 같아서 저도 모르게 얼굴을 붉혔다.

간자키는 다시 말을 이었다. "그래서 창업자가 독신일 때는 회사 여직원과 결혼하는 경우가 많지. 그리고 창업자가 유부남일 때는 여직원과 불륜에 빠져서 나중에 그 여직원과 재혼하는 경우도 있네. 어쨌든 결론을 말하자면, 회사가 성장하기 시작하면 여자 문제를 일으키기 쉽고 반대로 회사가 힘들면 가정은 일치 단결하게 된다는 거야."

분명히 주위에 있는 창업자를 보면 여직원과 애인 관계로 발전해서 결혼하는 경우도 있고, 불륜에 빠져서 재혼하는 경우도 있다. 대기업에 근무했을 때, 승진한 중간 관리자가 젊은 여직원과 불륜에 빠지는 경우를 본 적도 있다. 그때는 그 사람이 특히 여자를 좋아한다든지, 성욕이 강한 것이라고 생각했는데, 이렇게까지 뿌리 깊은 이유가 있는 줄은 꿈에도 몰랐다.

다쿠는 아키코와의 갑작스러운 재회를 떠올리면서 질문했다.

"그때 가까운 곳에 여자가 없으면 어떻게 되죠?"

"신기하게도 그때가 되면 여자가 나타난다네. 마음속에 뙤리를 틀고 있는 분노가 똑같은 문제를 껴안고 있는 사람들을 끌어당기지. 보이지 않는 커다란 자석에 이끌리듯이 마음의 문제가 있는 남녀가 만나는 걸세. 그러나 남자는 섹스를 통해서 여자에게 분노나 원한의 에너지를 안겨줄 뿐이고, 여자도 사랑이라고 착각해서 한때는 뜨겁게 불타오르지만 결국 서로를 성숙하게 만드는 사랑은 되지 않으니까 매너리즘에 빠져서 헤어지게 된다네."

다쿠는 간자키의 기계적인 사고방식에 반발을 느꼈다. 어쩌면 아키코와 관계가 계속되기를 바라는 마음 때문일지도 모른다.

'남녀 관계를 그렇게 단순하게 설명할 수 있을까?'

그런 다쿠의 마음을 눈치챘는지, 간자키는 이렇게 덧붙였다.

"물론 모든 불륜이 분노로 시작되는 것은 아니야. 사람이 성공해서 폭이 넓어지면 현재 관계를 맺고 있는 동반자와의 사이에 틈이 생기는 경우가 있네. 그러면 그 틈을 메우기 위해 새로운 매력을 가진 여자가 나타나는 일이 있지. 그 원리를 말하면 인간의 잠재의식 속에는 아니마 Anima, 융의 분석심리학에 나오는 개념, 남성의 여성성와 아니무스 Animus, 여성의 남성성라는 여성성과 남성성이 있고, 그것이 무의식 차원에서 확대되면 의식 차원에서도 조화를 원하기 시작한다는 거네."

"그렇다는 건 부부 사이가 좋아지려면 서로 똑같은 속도로 성장해야 한다는 건가요?"

"그렇다네."

"어떻게 해야 똑같은 속도로 성장할 수 있죠?"

"사업을 함께하고 있는 경우에는 싸우기도 하면서 잘 지내게 되지. 그렇지 않은 경우에는 부부가 똑같은 취미를 갖는다든지, 모임이나 세미나에 같이 참가하는 것도 좋네."

"마쓰시타 고노스케의 책에서 읽은 적이 있습니다. 부부 사이가 좋은 경영자의 회사는 신뢰할 수 있으며 날로 번창하게 된다고요."

"그래. 남편이 분노에 휩싸이면 그것을 아내에게 쏟고, 아내는 그 분노를 자식에게 쏟지. 그러면 그 분노를 받은 자식은 앞에서도 말했듯이 여러 형태의 가면을 쓰고 영웅이 되거나 병에 걸리곤 하네. 또한 여자 문제가 생겼다고 가정해보게. 엉망이 된 부부 관계에 에너지를 빼앗긴 채, 사업을 계속하기 위해서는 자신의 마음에서 가정을 밀어내지 않으면 안 되겠지."

"결국 이혼한다는 말이군요. 전 세계 경영자들의 존경을 한 몸에 받았던 잭 웰치가 은퇴한 이후에 이혼한 것처럼요."

"강력한 카리스마를 가진 경영자의 가정이 무너진 예는 아주 많네. 그런데 매스컴에서는 경영자의 빛나는 부분만 보도하지 않는가? 세상에는 그런 경영자를 동경해서 롤 모델로 삼는 사람이 많은데, 그들과 똑같은 길을 걸어가면 가정은 파탄을 맞게 되네. 강력한 카리스마로 회사를 경영하는 방식이야말로 가정을 무너뜨리는 중요한 원인이기 때문이지."

"이것은 경영자에게만 해당하는 문제가 아니라 대기업에도 해당하지 않나요? 예전에 근무했던 대기업에서도 중간 관리자의 사내 불륜이 많았습니다. 그것도 회사 내부에서 지위가 올라가 부부 사이에 금이 간 결과, 가까운 곳에 있는 여직원에게 접근한 건가요?"

"100퍼센트 모두 불륜이라고 할 수는 없겠지. 다만 이해하기 쉽게 일반화하면, 지위가 올라가서 책임이 무거워지면 정신적으로 힘들어지니까 그런 경우가 나타날 수 있네. 그것뿐이라면 어른들의 문제로 넘길 수 있지만, 실제로는 더 비참한 일이 일어나고 있지. 회사에서 스트레스를 받은 남편은 아내에게 분노를 쏟아내고, 아내는 무의식중에 아동 학대로까지 발전할 수 있네. 자식을 학대하리라고는 상상조차 할 수 없는 지적 수준이 높은 여성들이 저도 모르는 사이에 자식을 학대하는 거지."

"지금 사회적 문제가 되고 있는 학교 폭력 문제도, 어머니에 대한 분노가 학교 안에서 나타나는 것일지도 모르겠군요."

"그렇네. 분노는 전염성이 있거든. 현대는 사회 전체가 분노를 주고받는 것이나 마찬가지일세."

"그 분노의 원점에 경영자가 있는 거군요."

"그렇기 때문에 경영자에겐 확고한 가족관이나 철학이 필요한 거야. 문제는 사회에 대한 자신의 영향력이 얼마나 큰지 알고 있는 경영자가 얼마나 되느냐는 것이지만."

간자키는 멍하니 허공을 쳐다보았다. 현재 일본 경영자의 가치관에 절망하고 있는 듯한 시선이었다.

"사장님의 이야기를 들으니, 모든 책임이 저한테 있는 것 같아서 자기혐오에 빠지게 되네요."

"모든 책임이 본인에게 있는 것은 맞지만 그렇다고 자기혐오에 빠질 필요는 없네. 혐오감과 죄책감은 다음 단계로의 발전을 지연시킬 뿐이니까. 더구나 자네는 마음속의 분노를 아버지에게 물려받았다고 했지? 이건 자네만의 문제가 아니라 고도성장기에 만들어진 일그러진 부분이야. 세상 전체가 앞으로 10~20년에 걸쳐서 도전해야 할 거대한 과제가 지금에 와서 모습을 드러낸 거라네."

"그렇다면 이제 저는 어떻게 하면 되죠? 이미 애인을 만들어 버렸으니…… 이대로 있으면 위험하겠죠?"

"그래서 바람피우지 말라고 미리 언질한 걸세. 비전심리학Psychology of Vision의 창시자 척 스페차노 박사에 따르면, 새로 나타난 여성의 유혹을 거부하면 그 여성에게 원한 것과 똑같은 매력적인 부분이 부부 사이에 나타난다고 하더군. 그것도 2주 안에. 그런데 이 메커니즘을 모르면 쉽사리 새로운 여성에게 빠지게 되네. 그러면 삼각관계에 빠져서 꼼짝도 못하게 되고, 사업도 가정도 흔들리고 말지."

다쿠는 자기 행동을 들킨 것 같아서 다시 흠칫거렸다.

"그런 상황을 피하려면 어떻게 하는 것이 좋을까요?"

"부부가 다시 마주 보고 인연을 강하게 만든 경우에는 새로운 연인과는 헤어지게 되네. 신기하게도 부부가 서로 마주 보자마자 새로 나타난 여성은 자연히 없어지는 경우가 많다고 하더군.

그와 반대로 이혼하고 나서 새로운 여성과 재혼하면 예전의 아내와 걸었던 길을 똑같이 걷게 되지. 이것도 스페차노 박사의 말이지만, 남녀 관계는 처음에 낭만으로 불타오르지만 시간이 지나면 주도권 분쟁으로 발전하고 그 이후 지금 자네가 경험하고 있는 데드존Dead Zone이라는 교착상태에 부딪히지. 이 데드존만 빠져나가면 신뢰할 수 있는 파트너끼리 만드는 새로운 가족이 태어나지만, 그것을 모르니까 대부분의 가정은 혼란에 빠지게 되네. 서로에게 기대하지 않고 포기해야만 비로소 가족의 평화를 얻을 수 있다는 착각에 빠지는 걸세."

사회적 성공과 연애의 에너지가 이렇게까지 밀접하게 연관되어 있다니! 남녀 관계에 대한 지식이 중학생, 고등학생 시절에서 조금도 발전하지 못한 것을 알고, 다쿠는 자신이 얼마나 어리석었는지 깨달았다.

'사업의 천재인 간자키 사장님은 어떻게 남녀 관계에 대해서도 이토록 자세히 아는 걸까?'

다쿠는 자신의 의문을 솔직하게 털어놓았다.

"내가 말하지 않았던가? 난 결혼에 한 번 실패했다네. 예전에 아내가 집을 나갔을 때 이유를 알 수 없어서 혼란에 빠졌지. 그리고 오랫동안 원인을 찾고 연구한 끝에 지금과 같은 패턴이 있다는 걸 알게 됐다네."

간자키는 눈을 내리깔고 혼잣말처럼 중얼거렸다.

"인간은 지식이 없으면 감정의 노예가 되고, 그리고 패턴에 빠지게 되지."

다쿠가 빠진 것은 자식의 병과 가정의 붕괴라는, 패턴이라고 하기에는 너무도 대가가 큰 것이었다.

다음 날은 토요일이었다.

다쿠는 신이치를 데리고 공원에 나왔지만 머릿속에서는 간자키와 나눈 이야기가 계속 꼬리에 꼬리를 물고 맴돌았다. 간자키의 말을 사실이라고 받아들이는 데 반발이 없는 것은 아니었다. 지금 상태에서는 가정이 무너지는 것을 피할 수 없다. 따라서 아키코와 헤어져야 한다는 점은 분명했다. 하지만 지금 가정은 그가 마음 편히 있을 수 있는 곳이 아니었다.

사업에서는 결단력이 뛰어난 다쿠였지만 연애 문제에 이르자 자포자기 상태로 변했다.

'이제 물이 흐르듯 내버려두는 수밖에 없나?'

입에서 한숨이 새어나온 순간, 머릿속에 떠오른 생각 때문에 다쿠는 너무나 놀라 입을 다물지 못했다. 새하얀 종아리에 있는 거무칙칙한 멍 자국, 신이치의 종아리에 얻어맞은 듯한 멍 자국이 있었던 것이다!

그는 순간적으로 간자키의 말을 떠올렸다.

"스트레스를 받은 남편은 아내에게 분노를 쏟아내고, 아내는 무의식중에 아동 학대로까지 발전할 수 있네. 자식을 학대하리라고는 상상조차 할 수 없는 지적 수준이 높은 여성들이 저도 모르는 사이에 자식을 학대하는 거지.”

'설마 유키코가!'

다쿠의 등줄기가 차갑게 얼어붙었다.

3장

다정함의 함정

The Trap
of
Kindness

✳ 어머니의 사랑과 아버지의 의지

"비틀스는 갖고 싶은 만큼 돈을 벌고
원하는 만큼 명성을 얻고 나서야
그것이 아무것도 아니라는 사실을 깨달았다."

존 레논

회사에 대한 경고 신호

"뭐야? 또 병가야?"

다쿠는 화를 낼 수밖에 없었다. 벌써 사흘 연속 병가다.

'하필이면 이렇게 바쁠 때……. 전화는 누가 받지? 전화 받을 사람이 없으면 고객 주문도 처리할 수 없잖아!'

"저와 증상이 똑같은 걸 보면 아무래도 메니에르병 같아요."

6개월 전에 메니에르병에 걸린 사토코는 지금까지 계속 약을 먹다가 최근에 겨우 좋아진 참이었다. 그런데 마치 배턴터치하듯이 이번에는 사토코와 한 팀으로 일하는 레이코가 툭하면 병가를 내는 것이다. 레이코는 컨디션이 좋을 때는 의욕에 가득 찬모습으로 회사에 출근했다. 그러나 이틀 출근하면 다음 사흘은 연속해서 쉬어야 하는 상태였다.

사토코에 따르면 메니에르병은 귀의 삼반규관 주위에 물이 차서 평형감각을 잃어버리는 병이라고 한다. 심한 경우에는 구토와 현기증으로 인해 서 있을 수도 없다는 것이다.

"사토코가 겨우 낫자마자 왜 다른 사람이 병에 걸리는 거지? 그건 전염병이 아니잖아?"

다쿠는 도저히 이해할 수 없어서 고개를 갸웃거렸다.

"스트레스 때문이래요. 전염은 되지 않으니까 걱정하지 마시고요."

"스트레스 때문이라고? 레이코는 9시에 출근해서 5시 정각에 퇴근하잖아? 다른 회사에 비하면 일이 그렇게 많은 것도 아닐 텐데."

생전 처음 듣는 희한한 메니에르병에 사토코와 레이코가 잇따라 걸리다니. 다쿠는 이해가 되지 않았지만 단순한 우연이라고 생각했다. 그러나 얼마 지나기도 전에 레이코의 후임자까지 메니에르병에 걸렸다는 소식을 들었을 때는 당황할 수밖에 없었다. 같은 팀에 있는 세 사람이 연속해서 희귀한 병에 걸리는 것이 우연일 리 없지 않은가!

'지금 우리 회사에 무슨 일이 일어나고 있는 건 아닐까?'

직원들이 잇따라 병에 걸리자 사내에서는 사무실에 악한 영혼이 달라붙은 것 같다면서 액막이라도 해야겠다는 사람까지 있었다.

간자키는 이런 상황을 어떻게 받아들일까? 한참 생각에 잠겨 있던 다쿠의 마음속에서 대답이 떠올랐다.

'우연을 우연으로 보지 말라. 우연의 의미를 깨달아라. 이것은 회사에 대한 경고 신호.'

그 대답이 맞는다는 것은 어느 정도 시간이 지난 뒤에 증명되었다. 문제는 무엇에 대한 경고인지 확인되지 않았다는 것이다. 그로 인해 시간이 갈수록 경고 신호는 점점 크게 울려퍼졌다.

경고 신호가 울리기 6개월 전.

마스터링크는 전년도에 비해 매출이 두 배 증가하는 급성장을 이루었고, 직원 수도 20명이 넘었다. 그동안 시장에는 외국어 홈페이지 제작과 해외영업부 아웃소싱으로 특화한 사업 모델이 없었다. 그런 상황에서 다쿠의 회사는 선두에 서서 시장을 만들었다고 해도 과언이 아니다. 시장에서 주목을 받자 똑같은 사업 모델을 가지고 디지월이 뛰어들었고, 그 후에도 새로운 회사가 일곱 개나 생겼다. 우스운 것은 새로 뛰어든 회사가 한결같이 마스터링크의 사업 모델을 그대로 따라했다는 점이다.

처음에는 경쟁 회사가 늘어나면서 시장을 빼앗길지도 모른다는 우려의 목소리가 높았다. 그러나 그런 단점보다는 다쿠의 예상대로 시장이 확대된다는 이점이 훨씬 컸다. 다른 회사가 뛰어들면서 마스터링크는 업계의 리더로 알려지고, 업계 선두라는 반사이익을 누리게 되었다. 또한 료의 활약으로 대기업 고객 비율이 증가하면서, 우량 고객은 가격이 조금 비싸더라도 마스터링크에 발주했다.

시장 자체가 커지고 있어서 고객은 해마다 급증했다. 그러나 걱정이 없는 것은 아니었다. 단기간에 많은 회사가 시장에 뛰어드는 바람에 가격이 급격히 떨어졌다. 이 상태에서 계속 수익이 떨어지면 몇 년 뒤에는 외국어 홈페이지만 가지고는 이익이 나오지 않을지도 모른다. 그래서 다쿠는 실적이 좋은 지금, 새로운 사업을 만들어야겠다고 결심했다.

그에게는 예전부터 생각하고 있던 한 가지 아이디어가 있었다. 그것은 외국 기업과의 제휴지원 사업이다. 해외사업을 확대할 때, 전략 구축에서부터 최적의 제휴기업 선정, 계약에 이르기까지 종합적으로 지원하는 사업이다. 이 아이디어는 고객들의 불만을 들었을 때 떠올랐다.

"홈페이지를 통해서는 소규모 주문밖에 오지 않아요. 좀 더 큰 기업에서 대량 주문을 받았으면 좋겠는데……."

"거래처 목록과 함께 통역과 번역을 통해 비즈니스를 지원해주는 건 고맙지만, 서비스가 거기에서 끝나면 곤란하지. 도중에 배턴터치를 하면 우리 회사에서 어떻게 대응하겠나?"

이런 식으로 대기업 고객이 늘어날수록 해외 제휴처를 전략

적으로 선별해서 사업 규모를 키우고 싶다는 요구가 높아졌다. 그리고 제휴처의 정보 제공에서 전략 조언, 나아가서는 계약까지 종합적으로 서비스해달라는 요구가 늘어난 것이다.

다쿠는 이 새로운 사업이 특히 중국에서 유망하다고 생각했다. 물론 국가적인 위험도 면에서는 불안한 측면이 없는 것은 아니었다. 장기적으로 볼 때 국가의 분열을 포함한 장애물이 있을지도 모른다. 하지만 위험보다 승산이 더 크다면 한번 시도해볼 가치가 있지 않은가! 실제로 중국을 돌아다녔더니 시장이 성장하고 있는 것이 한눈에 보였다. 중국인에게 지금 가장 원하는 것이 무엇이냐고 물어보자 아파트와 자동차, 해외여행이라는 대답이 돌아왔다. 그것은 일본인이 고도성장기에 원하던 것이 아닌가. 1970년~1980년대 일본인과 마찬가지로 지금 중국인들은 물질이 풍요로워지면 행복도 얻을 수 있다는 환상에 젖어 있다.

그것이 환상이라는 것을 알고 있어도, 인간의 욕구는 한번 자라기 시작하면 성장곡선의 궤적을 그리며 나아간다는 것을 다쿠는 알고 있었다. 물질적인 욕구는 경제성장의 밑거름이 되고, 그 욕구는 한번 시작되면 멈출 수 없다.

공해를 비롯해 여러 가지 부작용이 있는 일본에서조차 경제성장의 속도를 적절하게 조절할 수는 없다. 따라서 중국 및 아시아의 경제성장을 멈추게 하는 것은 불가능하고, 앞으로는 중소기업까지 일본 기업과 제휴하려고 할 것이다.

중국인의 해외여행은 이미 연간 1000만 명을 넘어섰고, 이런 추세라면 2010년에는 5000만 명이 넘을 것이라고 한다. 그러면 중국 여행사와 제휴하고 싶어 하는 일본 여행사가 많지 않을까?

중국에 진출한 일본 기업은 일본어를 할 수 있는 중국인을 채용하고 싶어 한다. 그러면 현지에 있는 외국어학교와 제휴하고 싶어 하는 일본의 인재파견회사도 많을 것이다. 또한 중국의 설계회사와 제휴하여 도면을 싸게 만들고, 소프트웨어 제작회사와 제휴하여 저렴한 프로그램을 개발하고 싶어 하는 일본 회사도 많지 않을까? 이렇게 쌍방 교류를 확대할 수 있으면 제휴 가능성은 얼마든지 있을 수 있다.

다쿠는 해외기업과 제휴지원 서비스를 시작하면서 부동산회사와 똑같은 수익 모델을 생각했다. 부동산 중개 매매처럼 거래가 성립했을 경우, 매출의 3퍼센트를 중개수수료로 받는 것이다. 마스터링크처럼 자본력이 없는 회사가 현지 기업에 직접 투자하는 것은 매우 위험하다. 그렇다면 매출과 자산을 늘림으로써 확실한 현금 흐름을 확보하는 편이 낫지 않을까?

제휴지원 서비스를 실현하기 위해서는 중국 및 다른 아시아 여러 나라의 기업 정보를 가지고 있는 데이터베이스 회사와 제휴를 맺을 필요가 있었다. 처음에는 교섭이 힘들 것이라고 생각했지만 막상 접촉해보니 그렇게 힘들지 않았다. 놀랍게도 이메일만으로 교섭이 이루어진 곳도 적지 않았다. 예전에는 기업 간

제휴라고 하면 몇 번씩 출장을 가고 변호사를 통해서 교섭을 해야만 한다. 하지만 인터넷 환경이 정착되면서 이메일로 서류를 주고받는 시대이다 보니 해외기업과의 거래 속도는 눈에 띄게 빨라졌다.

'무슨 일이든 머릿속으로만 생각하지 말고 직접 부딪혀봐야겠군.'

제휴지원 서비스를 진행하는 동안, 또 한 가지 사업이 떠올랐다. 중국 사업에 성공한 중소기업의 사례나, 일본에서 사업을 하고 싶어 하는 중국과 아시아 여러 나라의 회사를 소개하는 정보 사업이다. 그는 즉시 《아시아 투자·비즈니스 정보원》이라는 잡지를 발행했다. 이 잡지를 발행한 이유는 성공 사례를 제공하면 고객은 본격적으로 중국 기업과 제휴를 검토하게 되고, 그것이 제휴지원 서비스의 계약으로 이어지기 때문이다.

《아시아 투자·비즈니스 정보원》은 기존 고객들이 원했던 정보를 제공했기 때문인지, 발행한 첫 달부터 흑자를 기록했다. 또한 메일을 통해 정보를 보내는 사이에 책으로도 출판하게 되면서 고객 수는 단숨에 급증했다. 그 결과 월 매출이 두 배로 뛰어오르면서 연 매출도 5억 엔에서 10억 엔을 넘으려 하고 있었다.

다쿠가 내놓은 사업은 모두 적중해서, 경쟁 회사들은 마스터링크의 성장을 따라올 수 없었다. 그러자 평소에 자신에게 엄격했던 다쿠조차 들뜨기 시작했다.

그때였다. 경고 신호가 울리기 시작한 것은……. 원인을 알 수 없는 메니에르병으로 직원들이 잇따라 쓰러진 것이다.

신뢰할 수 있는 파트너

회사는 혼란의 소용돌이에 휩싸이고, 아침부터 밤까지 계속 전화가 울려댔다. 병가를 낸 직원들이 많은 탓에 전화는 항상 통화 중이고, 메일 문의는 하루에 100건이 넘었다.

무슨 운명의 장난인지, 바쁘다는 소문이 꼬리에 꼬리를 물고 퍼지면서 고객은 늘어만 갔다. 그러나 무대 뒤에서는 심각한 문제가 산더미처럼 쌓여갔다.

처음에 얻은 사무실이 좁아서 새로운 프로젝트팀은 사무실을 얻어서 나갔다. 그러다 보니 사무실이 여기저기에 흩어지는 결과를 초래했다. 새로운 사무실을 갖게 되었다고 좋아한 것도 한순간, 실제로는 직원들의 커뮤니케이션에 많은 문제가 발생했다. 그동안은 실수가 발생해도 다쿠의 눈길이 닿는 범위라서 그 자리에서 해결책을 지시할 수 있었다. 그러나 지금은 상식적으로 이해할 수 없는 단순한 실수가 너무나 자주 일어났다. 왜 이렇게 기본적인 실수가 발생하는지 다쿠는 이해할 수 없었다.

사람을 고용했다고 해서 문제가 해결되는 것은 아니다. 사람을 고용해도 교육할 시간이 없는 것이다. 그래서인지 직원의 이동이 심해서, 입사한 지 3주 만에 그만두는 직원도 있었다.

사장에 대한 비판도 많아졌다. 직원들 중에는 "사장의 패션 감각이 촌스럽다" "썰렁한 아재 개그가 지겹다"라며 비판하는 사람도 있었다. 다쿠는 업무와 상관없는 사소한 일로 비판당하는 것이 견딜 수 없었다. 때로는 "어이가 없군, 내 덕에 월급받으며 사는 주제에!"라고 말하고 싶을 정도였다.

당장이라도 폭발할 듯한 직원들의 마음을 사토코가 가까스로 붙잡아두었다. 다른 사람보다 책임감이 몇 배나 강한 사토코는 스트레스로 인해 쓰러질 지경인데도 일절 내색하지 않았다. 하지만 선두에 서서 적극적으로 회사를 이끌어갈 정도는 되지 못하고, 어디까지나 다쿠의 손발이 되어 일을 처리하는 정도였다.

다쿠는 진정한 의미에서 신뢰하고 일을 맡길 수 있는 인재가 없다는 사실을 절감했다. 직원들은 모두 피로에 지친 채 모노드라마의 주인공처럼 행동했다. 한 사람 한 사람의 생각과 가치관이 모두 다른 상황, 커뮤니케이션 부족으로 불거지는 여러 가지 문제들. 그는 처음으로 회의의 필요성을 절실하게 느꼈다. 여기에서 문제를 해결하지 않으면 더 이상 미래는 없다.

다쿠는 매일 아침 조례를 하고, 매주 한 번 회의를 열기로 했다. 그런데 첫 번째 회의부터 빠진 사람은 바로 회의를 열겠다고 결정한 본인이었다. 매일 긴급사태가 발생하는 바람에 회의에 참석할 상황이 아니었다. 다쿠와 료가 없으면 아무도 자진해서 회의를 진행하려고 하지 않았다. 그는 결국 자신이 정한 규칙을 자신이 깨뜨리는 어리석음을 저지르게 되었다.

그 혼란을 더욱 부추기듯이 메니에르병이 연이어 발생했다. 직원들의 병가가 잦아지면서 누가 무엇을 관리하고 있는지도 알 수 없었다. 작은 실수가 계속되면서 납기에도 차질이 생겼다. 그 결과, 영업부는 실적을 올리고 싶어도 올릴 수 없는 상황에 직면했다. 료와도 종종 부딪치게 되었다.

"다쿠, 회사가 뒷받침을 해주지 않으면 영업을 하고 싶어도 할 수 없어! 고객에게도 안 좋은 소리를 들을 수밖에 없다고!"

다쿠는 자신의 예측이 빗나간 것을 인정할 수밖에 없었다.

"이렇게까지 직원들의 병이 지속될 줄은 몰랐어. 위기에 대한 대책이 안이했던 것은 내 잘못이야."

"요전에 채용한 아쓰시도 입만 살았지 몸은 움직이지 않아. 능력이 없는 직원을 채용하면 오히려 주변 사람이 더욱 힘들어지지. 자네는 부하 직원에 대해 너무 너그러운 것 아니야? 능력이 없으면 일찌감치 잘라버려야 해!"

부하 직원에 대한 다쿠와 료의 견해는 달랐다. 료가 호랑이 상사라면 다쿠는 부처님 상사다. 료는 능력이 없는 직원은 곧바로 해고해야 한다고 생각했다. 반면에 다쿠는 직원이 능력이 없는 것은 능력을 발휘할 수 없는 환경 때문이라고 생각했다.

성공자의 고백

"자네 마음은 이해해. 하지만 우수한 직원만을 데리고 경영할 수는 없잖아? 그리고 우리 회사 직원은 모두 우수하다고 생각해. 간자키 사장님도 그러더군. 문제 직원을 해고하면 문제가 없던 직원들 중에서 또 문제 직원이 나타난다고. 즉, 문제 직원을 해고한다고 해서 문제가 해결되는 것은 아니라는 뜻이야."

다쿠는 그렇게 말하면서도 자기 말에 자신감을 가질 수 없었다. 그것을 느꼈는지 료가 비아냥거렸다.

"또 간자키 타령인가? 그 사람은 이론뿐이잖아? 이론과 현실이 일치한다면 이 세상에 고생할 경영자가 어디 있겠어? 경영은 지식이 아니라 직감이야. 지식에만 치우치면 결단력이 둔해질 수밖에 없다고! 간자키 사장의 말을 너무 믿어서 그런지, 자네는 직원들에게 지나치게 약해졌어. 그러면 오히려 직원을 망칠 수도 있다는 사실을 명심해. 회사를 경영하려면 직원들에게 좀 더 혹독해야 해. 직원을 제압할 정도의 기백을 가지지 않으면 도리어 얕보이게 된다고! 자네는 컨설턴트와 친구 중에서 누구를 더 믿나?"

다쿠는 그 말에 반론하지 않았다. 아니, 반론할 수 없었을지도 모른다. 영업 책임자로서 료의 존재는 절대적이었다. 영업을 모두 료에게 맡긴 이후, 고객과 이어져 있는 사람은 모두 료의 오른팔이었다. 료와 맞지 않거나 실적을 올리지 못한 직원들 중에는 료를 원망하면서 그만둔 사람도 있다. 하지만 남아 있는 직원들로부터는 타고난 성실함과 따뜻함으로 두터운 신뢰를 얻고 있었다.

"다쿠, 안심해. 당분간 회사에 부담을 주지 않도록 금액이 큰 일만 받아올 테니까. 나에게 영업부 직원을 수시 채용할 수 있는 권한을 주지 않겠나? 언제 또 사람이 쓰러져서 일이 정체될지 모르니까 말이야."

"나야 그렇게 해주면 고맙지."

료와는 이렇게 건설적으로 부딪칠 수 있기 때문에 겨우 회사를 유지할 수 있었다.

'신뢰할 수 있는 파트너가 있어서 다행이야.'

다쿠는 진심으로 그렇게 생각했다.

분노를 폭발시킨 갈등

문제는 다쿠의 가정에서도 발생했다. 가장 신뢰했던 파트너인 아내와는 바야흐로 거의 대화가 없어졌다. 그는 아내와 대화하는 것을 포기했다. 지금 회사 일이 얼마나 힘든지, 아내에게 말해봐야 의미가 없다고 판단한 것이다.

한편 유키코도 남편과의 대화를 포기했다. 육아에 대한 고민을 말하면 남편은 항상 지긋지긋한 표정을 지었다. 그런 일이 몇 번 반복되자 자신이 얼마나 고독한지 남편에게 보여주고 싶지 않았다.

한번 싹트기 시작한 불신은 자신도 모르는 사이에 조금씩 자라게 된다. 너무나 조용해서 아무 일도 일어나지 않는 평온한 때 같지만, 사실 그 조용하고 평온해 보이는 시간은 파괴의 에너지가 폭발할 때만 기다리고 있는 시점이다.

'아아, 오늘 하루도 겨우 살아남았군.'

밤 11시. 다쿠는 집에 들어오자마자 무너지듯이 소파에 주저앉았다. 배도 고팠지만 일단은 맥주부터 마시고 싶었다. 그는 자동판매기에서 산 캔맥주를 컵에 따라 벌컥벌컥 들이켰다. 요즘은 기분 좋아 술을 마시는 것이 아니라 일의 괴로움을 잊기 위해서 술을 마신다.

최근에는 늘 그렇듯이, 식탁 위에는 먹을 게 아무것도 없었다. 오늘 저녁은 편의점에서 사온 도시락으로 해결해야 한다.

그는 석간을 펼쳤다. 그가 하루 중 유일하게 즐길 수 있는 조용한 시간이었다. 그런데 컵에 맥주를 따르다가 손이 미끄러지면서 식탁 위에 맥주를 쏟았다. 그러자 아이를 재우고 주방으로 나온 유키코가 미간에 주름을 잡고 날카롭게 소리를 질렀다. 맥주를 쏟을 때, 유키코가 꿰매고 있던 천을 적신 것 같았다.

"왜 거기다 맥주를 쏟았어? 그건 내일 신이치가 유치원에서 사용해야 한다고! 내가 그걸 만드느라 얼마나 힘들었는지 알아?

이제 못쓰게 됐잖아!"

유키코의 불만은 계속 이어졌다.

"한밤중에 들어왔으면 조용히 잘 것이지 왜 술을 마시는 거야? 그러니까 이렇게 됐잖아!"

그 말에 결국 다쿠는 분노를 폭발시켰다.

"그렇게 중요한 것을 왜 아무렇게나 놔뒀어? 그리고 아이만 중요하고 나는 어떻게 돼도 상관없다는 거야? 밖에서 뼈 빠지게 일하고 집에 들어왔는데, 밥도 해놓지 않다니!"

"누군 하루 종일 집에서 노는 줄 알아? 나도 10킬로그램이 넘는 아이를 업고 집안일을 하느라 몸과 마음이 녹초가 되었다고! 그런데 어떻게 당신까지 신경 쓰라는 거야? 제발 어린애처럼 떼 좀 쓰지 마!"

부부는 한번 어긋나기 시작하면 서로에게 가장 상처 주는 말을 찾아내는 천재로 변한다. 어떻게 상대에게 그런 상처를 줄 수 있을까 생각할 정도로 잔인한 말을 선택하는 것이다. 다쿠도 자신의 감정을 조절하지 못하고, 해서는 안 되는 말을 입에 담고 말았다.

"지금 나더러 떼를 쓴다고 했어? 당신이 누구 덕분에 먹고사는데?"

"어떻게 그런 말을 해? 내가 아이를 돌보니까 당신이 일할 수 있는 거잖아. 내가 당신을 일하게 해주고 있는 거라고!"

'일하게 해주고 있다고? 나에게 어떻게 그런 말을!'

이성을 잃어버린 다쿠는 결국 하지 말아야 할 마지막 말까지 뱉고 말았다.

"당신만 아이를 키우는 줄 알아? 이 세상에 아이를 안 키우는 엄마가 어디 있어? 그런데 당신은 그나마 제대로 하고 있다고 생각해? 요전에 신이치 종아리에서 멍든 자국을 봤어. 그건 뭐지? 혹시 당신이 때린 거 아냐?"

다음 순간, 유키코는 미친 사람처럼 고래고래 소리를 질렀다.

"지금 뭐라고 했어? 내가 아이를 학대한다는 거야? 나를 그렇게까지 못 믿어?"

"그래, 못 믿어. 당신은 단 한 번이라도 내 입장에서 생각해본 적이 있어?"

유키코의 눈에서 굵은 눈물방울이 뚝뚝 흘러내렸다.

다쿠는 아내의 눈물을 무시하고 자기 방으로 들어갔다. 쾅 하는 문소리를 마지막으로 집에는 다시 정적이 찾아왔다. 그 정적은 다쿠가 집에 오기 전과는 전혀 다른 종류의 것이었다.

지금껏 부부 사이에 쌓여 있던 용암이 한순간에 폭발했다. 부부 사이의 부딪침은 문제를 해결하는 데 반드시 필요한 과정이다. 그러나 다쿠는 지금까지 구멍을 틀어막아 용암이 폭발하는 것을 막아왔다. 그것은 분노를 제대로 다스리지 못한, 최악의 조치였다.

돌이켜보면 다쿠는 분노를 어떻게 처리해야 할지 배운 적이 없었다. '분노는 억제해야 한다'는 잘못된 상식만을 믿은 것이다. 그러나 분노를 가슴에 쌓아두면 폭발하는 것은 시간문제다. 크게 싸워서 되돌릴 수 없게 되는 것보다 작은 싸움을 여러 번 하는 편이 좋다. 작은 싸움을 할 때마다 부부의 인연이 강해진 경험을 해본 적이 없었던 것이다.

'애초에 아내는 지금까지 한 번도 먼저 사과한 적이 없어. 이번에야말로 아내가 사과할 때까지 용서하지 않겠어.'

험악한 분위기가 계속되었고, 부부는 한마디도 하지 않았다.

다음 날부터 다쿠는 아내와 얼굴을 마주치고 싶지 않아서 일찌감치 집을 나섰다. 그리고 아내에 대한 분노를 잊기 위해 일에만 몰두했다. 사토코가 그의 행동이 평소와 다른 것을 예민하게 간파해냈다.

"사장님, 표정이 안 좋아 보이는데, 혹시 무슨 고민이라도 있으신가요?"

처음에는 얼버무리려고 했지만 혼자 끙끙 앓고 있기에는 너무나 힘들었다. 솔직히 말하면 다른 여성의 의견도 듣고 싶었다.

"실은 말이지……."

그는 '일하게 해주고 있다'는 아내의 말에 큰 상처를 받았다고 털어놓았다.

성공자의 고백

"아내는 나를 돈 벌어다주는 기계라고 생각하나 봐. 여자들은 결혼하면 대부분 남편을 그렇게 보는 건가?"

사토코는 뭐라고 말해야 좋을지 잠시 망설이더니, 솔직하게 대답했다.

"나는 그렇게 생각하지 않아요. 나는 남편을 하늘이라고 생각하거든요. 아이가 있느냐 없느냐에 따라서 다르겠지만, 나에게도 남편에게도 상대방을 일하게 해주고 있다는 마음은 손톱만큼도 없어요. 서로를 최고의 파트너라고 생각하고 있죠."

그렇게 말하는 사토코의 얼굴에 상큼한 미소가 감돌았다.

이상하다. 사토코의 남편이 벌어오는 수입은 다쿠의 10분의 1 정도에 불과할 것이다. 그럼에도 그들은 서로를 신뢰하면서 진정한 행복을 느끼고 있다. 다쿠의 수입이 지금보다 적었을 무렵엔 자기 부부도 행복했다. 수입은 늘어났는데 왜 행복은 줄어드는 것일까?

사토코가 천진난만한 표정으로 물었다. "사모님은 사장님을 사랑하시나요?"

"사랑이라……." 다쿠는 고개를 갸웃거렸다.

그 질문을 받은 순간, 자신은 사랑받지 못하고 있다는 사실을 깨달았다. 아무리 고민을 해도 결론은 나올 것 같지 않았다. 어쩌면 곧바로 대답할 수 없었던 것, 그것이 정답일지도 모른다.

그날 밤, 퇴근하고 집으로 들어가자 집 안은 온통 어둠에 감싸여 있었다.

'아내가 벌써 잠들었나?'

집 안은 쥐 죽은 듯 고요했고, 거실 분위기도 평소와 조금 다른 것 같았다. 다쿠는 유키코와 아이들이 깨지 않도록 숨을 죽이고 옷을 벗었다.

'오늘도 아내의 얼굴을 볼 수 없군. 벌써 나흘째야. 대체 유키코는 언제까지 고집을 부릴 작정일까?'

그때 식탁 위에 있는 봉투가 눈에 들어왔다. 그는 봉투를 들고 안에 있는 종이를 꺼냈다.

이혼 청구서.

'이럴 수가! 말도 안 돼. 설마, 장난이겠지!'

조용히 침실 문을 연 다쿠는 가족이 깨지 않도록 숨을 죽일 필요가 없다는 사실을 깨달았다. 그곳에는 이미 아내가 없었다. 아이들도 없었다. 불을 환하게 켰는데도 그들의 모습은 찾을 수 없었다. 옷장은 텅 비어 있었다. 텅 빈 것은 옷장만이 아니었다. 그의 마음에도 커다란 구멍이 뚫렸다.

유키코가 집을 나가기 전까지 다쿠는 자신을 괜찮은 남자라고 생각했다. 30대라는 젊은 나이에 넓은 마당이 딸린 단독주택을 구입했으니까. 게다가 집만 있으면 행복은 저절로 따라온다고 믿어 의심치 않았다. 그래서 돈도 함부로 쓰지 않고 죽을힘을 다해 일했다. 그것이 가족을 위하는 일이라고 여겼다. 그런데 큰 집을 사자마자 다쿠는 혼자가 되어버린 것이다.

그동안 죽을힘을 다해서 일을 한 것이 무슨 의미가 있는가? 아내가 집을 나간 이후, 아키코를 만날 때도 아내와 함께했던 추억이 떠올랐다. 아키코에게 뜨겁게 타올랐던 감정도 석 달쯤 지나니까 신기할 정도로 차갑게 식었다. 그러자 아키코와도 서먹해지고, 어느 순간 연락이 끊어졌다.

다쿠의 생활은 예전보다 많이 흐트러졌고, 집에 들어가지 않는 날도 종종 있었다. 하지만 집에 갈 때마다 자동응답 전화기는 반드시 확인했다. 녹음 램프가 깜빡이기라도 하면 아련한 기대감이 부풀어 올랐다. '미안해, 내가 잘못했어'라는 아내의 메시지를 기대한 것이다. 그러나 녹음되어 있는 것은 물건을 팔기 위한 영업사원들의 메시지뿐이었다.

녹음 버튼을 누르는 것이 퇴근 후의 일과가 되었다. 하지만 며칠이 지나도 그가 기대하는 아내의 메시지는 들을 수 없었다. 오직 "다쿠와 유키코의 집입니다. 지금은 외출 중이오니 용건이 있으신 분은 메시지를 남겨주시기 바랍니다"라는 아내의 목소리만 들려올 뿐이었다.

그는 녹음되어 있는 아내의 목소리를 몇 번이고 재생해서 들었다. 그리고 그 음성은 언제까지나 없애고 싶지 않았다.

그러던 어느 날, 한밤중에 전화벨이 울렸다. 이렇게 늦은 시간에 전화가 오는 것은 드문 일이다.

'혹시 아내가 아닐까?'

다쿠는 설레는 마음으로 수화기를 들었다.

"다쿠냐?"

아버지였다. 이런 상황에서 가장 듣고 싶지 않은 목소리였다. 아버지는 다쿠에게 엄격했지만 유키코와 신이치에게는 따뜻한 시아버지이자 할아버지였다.

"새아가한테서 편지가 왔다. 지금 아이들을 데리고 친정에 가 있다면서? 한심한 녀석. 네가 변변치 못하니까 이런 일이 벌어졌잖느냐? 이제 어떻게 할 셈이냐?"

'어떻게 하면 좋으냐고 묻고 싶은 건 오히려 나라고요! 난 이혼할 생각이 조금도 없어요. 사소한 싸움으로 갑자기 집을 나갔는데 나더러 어쩌라는 거예요?'

다쿠는 그렇게 소리 지르고 싶었다. 그러나 아버지에게는 무거운 침묵만 전해질 뿐이었다.

"만일 이혼이라도 해봐라, 친척들에게는 뭐라고 해야 하지?"

그 질문에 대해서도 침묵이 이어졌다.

'난 이혼할 생각이 없다니까요. 하지만 아내가 이혼하고 싶어 하면 어쩔 수 없잖아요?'

"네가 쓸데없이 독립해서 시시한 회사나 하고 있으니까 네 아내도 정나미가 떨어진 게 아니냐? 이건 애들에게도 최악의 상황이야. 그건 알고 있겠지?"

회사에 대한 비난은 얼마든지 감수할 수 있다. 그러나 이야기가 아이들에게 이르자 인내의 끈이 툭 끊어지고 말았다.

"남의 일이라고 잘도 말씀하시네요. 아버지는 지금까지 부모로서 무슨 일을 하셨죠?"

일단 입을 열자 말이 멈춰지지 않았다. 그것은 그때까지 상상도 못 했던 일이었다.

"제가 어렸을 때부터 늘 혼내기만 했잖아요! 제가 어떤 일을 할 때마다 이것도 안 된다, 저것도 안 된다고 무시했고요. 저는 이 나이가 될 때까지 아버지에게 인정받은 적이 한 번도 없어요. 제가 엇나가지 않고 이렇게 사는 게 기적일 정도라고요!"

그렇게 소리치는 사이에 어린 시절의 기억이 되살아났다. 그 기억을 가로막듯이 분노에 찬 아버지의 목소리가 귀로 뛰어들었다.

"이 버르장머리 없는 녀석! 내가 너를 좋은 학교에 보내기 위해, 편하게 살게 해주기 위해 얼마나 고생했는지 알아? 나는 내 인생을 희생하면서까지 너를 위해서 열심히 일했어! 다른 동료들은 모두 정리해고를 당해도 나는 끝까지 살아남았다고!"

"좋은 학교에 가지 않아서 다행이네요. 마음 편하게 산 적은 한 번도 없었고요. 어쨌든 아버지는 늘 집에 없었어요. 아버지가 꼭 필요할 때 아버지는 항상 집에 없었다고요! 집에는 항상 어머니와 어린 저희들만 있었죠. 어머니는 늘 얼굴을 찡그렸고, 나는 언제쯤이면 어머니의 기분이 좋아질지 눈치 봐야만 했어요. 아버지는 그런 것도 몰랐을 거예요. 난 몇 번이나 아버지에게 말씀드렸어요. 하지만 아버지는 내 말에 한 번도 귀를 기울여주지 않았잖아요!"

다쿠의 눈에서 눈물이 흘러내렸다.

'어렸을 때, 난 아버지처럼 살지 않겠다고 결심했어. 그런데 지금 아버지와 똑같이 되지 않았는가? 왜 이렇게 된 걸까?'

전화를 끊은 다음에도 다쿠는 혼란에서 빠져나오지 못했다. 지금까지 자기 인생을 스스로 개척해왔다고 생각했는데, 자신은 큰 탁류에 휩쓸리는 작은 배를 타고 있을 따름이었다.

그것은 자신이 아직 힘이 없기 때문이다. 다쿠는 그렇게 결론을 내렸다. 더 능력 있는 사람이 되지 않으면 안 된다. 더 성공하지 않으면 안 된다. 회사가 성공하면 자신의 인생도 조종할 수 있다. 회사가 성공해서 시간을 자유롭게 쓸 수 있으면 가족과 함께 지낼 수 있다.

그는 지금 미로 속을 헤매고 있다. 멀리 보이는 빛을 향해서 뛰어간다. 그러나 가까이 다가갈수록 빛은 더욱 멀어지기만 한다. 간신히 나갈 수 있다고 생각한 순간, 다시 원점으로 돌아와 있는 자신을 발견한다. 과연 이 미로의 출구는 어디일까? 그는 막막한 기분으로 머리를 감싸 안았다.

서서히 드리우는 어두운 그림자

"뭐야? 거래처에 지급할 돈이 없어? 얼마 전까지 은행 잔고가 1억 엔 넘게 있었잖아?"

경리 담당자가 은행 잔고가 없다고 했을 때, 다쿠는 자신의 귀를 의심했다. 지금까지 마스터링크는 재무 상황이 대단히 양호하고 자금 때문에 곤란한 적은 한 번도 없었다. 그런 회사가 처음으로 거래처에 지급할 돈이 없는 사태에 빠진 것이다.

아내가 집을 나가고 나서부터 다쿠의 운에 서서히 어두운 그림자가 드리우기 시작했다. 그는 처음에 그런 사실을 인정하고 싶지 않았다. 그러나 계속해서 좋지 않은 일이 일어나자 이제는 인정할 수밖에 없었다. 그리고 그 결정적인 사건이 자금 부족 사태였다.

"혹시 착각한 것 아냐?"

다쿠는 소리를 지르려다 재빨리 목소리를 낮추었다. 다른 직원들이 들으면 곤란하기 때문이었다. 경리 담당자는 예금 통장을 보여주면서 이번 달 말에는 2000만 엔이 부족하고, 다음 달 말에는 4500만 엔이 부족하다고 말했다. 다쿠는 더 이상 그 숫자를 부정할 수 없었다.

'왜 잇따라 이런 어려움이 닥치는 거지?'

여러 이유가 있지만 가장 큰 원인은 업무 시스템에 6000만 엔을 투자한 것이었다. 직원들의 병가가 자주 발생하면서, 직원들의 능력에 휘둘리지 않고 업무의 질을 높이기 위해 새로운 업무 시스템에 투자한 것이다.

그는 인터넷을 이용한 마케팅과 고객 데이터베이스, 영업 사무 처리, 납품 관리, 그리고 회계 업무까지 통합한 시스템 개발에 거액을 투자했다. 처음에는 기존의 시스템을 도입해서 마스터링크용으로 전환할 계획으로 예산을 500만 엔 정도 책정했다. 그러나 세밀하게 검토한 결과, 그렇게 하는 것보다 새로 만드는 편이 효과적이라는 결론에 도달했다.

그는 과감하게 예산 1500만 엔을 책정해서 업무 시스템 개발 프로젝트에 착수했다. 그런데 개발 기간이 길어지고 회사의 업무 내용이 바뀌면서 예산이 큰 폭으로 늘어났다. 그러나 그보다 더 큰 문제는 개발한 이후였다. 막상 업무에 적용하자 사용하기 불편한 데다 프로그램에 오류가 있다는 사실을 알게 되었다. 결국 6000만 엔이나 투자했지만 아무도 제대로 사용하지 못했다.

컴퓨터 화면에는 업무 시스템이 있지만 일반 업무는 표계산 소프트웨어를 사용해야 하는 최악의 상황에 이른 것이다.

그는 앞뒤 생각하지 않고 이 프로젝트에 거액을 투자했다. 직원들이 연이어 병에 걸리자 되도록 빨리 시스템을 만들어야 한다는 압박감에 휩싸인 것이다. 또한 경쟁 회사가 뛰어들면서 본업인 외국어 홈페이지 제작 가격이 떨어져서, 매출은 올랐지만 이익은 오르지 않는 현상이 발생했다.

매출 증가에만 정신을 빼앗기는 바람에 운전자금이 늘어난다는 사실을 간과한 것이다. 다쿠의 예측은 보기 좋게 빗나갔다. 간자키라면 이것을 성장 기업의 전형적인 함정이라고 말했으리라. 어쨌든 이달 말에 부족한 2000만 엔은 자신의 사비에서 충당하기로 했다. 주택을 구입하는 바람에 지금 여유 자금은 그것이 전부였다. 다음 달에는 은행에서 4500만 엔을 추가로 대출받지 않으면 안 된다.

4500만 엔 정도라면 은행에서 쉽게 빌릴 수 있을 것이다. 그는 그렇게 생각했지만 원래 나쁜 일은 겹치게 마련이다. 실적이 나빠졌다는 사실을 알게 되자 그전에는 2억 엔을 빌려가라던 은행 담당자가 손바닥 뒤집듯이 말을 바꾸었다. 위쪽에서 지시가 내려와 현재까지 대출한 금액을 감안하면 더 이상 무담보로 빌려줄 수 없다는 것이었다. 무차입경영을 목표로 한 그는 은행과의 관계를 별로 중요하게 여기지 않았는데, 그 대가가 이번에 돌아온 것이다.

　그는 사업계획서와 자금예정표를 다시 작성해서 대출을 의뢰했다. 그리고 "다른 은행에서도 빌려준다고 하더군요"라며 최대한 여유 있는 태도를 보이면서 가까스로 대출을 승인받았다.

　다만 한 가지 조건이 붙었다. 기업 이력이 짧은 관계로 아버지의 보증을 세우라는 것이었다. 그는 아버지에게는 절대로 기대고 싶지 않았다. 달리 방법이 없겠느냐고 묻자 아버지가 안 된다면 제삼자 보증이라도 상관없다고 했다.

　제삼자 보증이란 친척 이외에 친구나 지인이 보증하는 것으로, 은행 입장에서 보면 경영자의 인간적인 관계를 판단할 수 있는 좋은 척도가 된다. 또한 경영자가 돈을 갚지 못할 경우에는 법률적으로 보증인이 모두 갚아야 한다. 연봉을 300만 엔 받는 샐러리맨이라면 보증인이 될 수 있지만, 현실적으로 은행에서 샐러리맨에게 변제를 강요하기는 어렵다. 즉, 제삼자 보증이란 주변 사람들이 경영자를 얼마나 신뢰하고 있는지 확인하기 위한 것이다.

　그의 머릿속에 가장 먼저 떠오른 사람은 간자키였다.

　'간자키 사장님에게 보증을 서달라고 부탁하는 수밖에 없어.'

　그는 몇 번이나 망설이다가 수화기를 들었다.

　"무리한 부탁인 줄은 잘 알지만 이번 한 번만 도와주십시오."

　간자키는 묵묵부답이었다. 잠시 흐르는 침묵이 답답할 정도로 길게 느껴졌다. 다쿠는 침묵을 견디지 못하고 입을 열었다.

"죄송합니다. 지금까지 그렇게 잘해주셨는데……."

간자키는 다쿠의 각오를 확인하기 위해 적절한 질문을 찾고 있는 중이었다. 이윽고 그는 다쿠의 반응을 살피듯이 물었다.

"만약 내가 보증인이 되어주지 않으면 어떻게 하겠나?"

"가지고 있는 모든 명함에 전화를 걸겠습니다."

"그런 다음에는?"

"집을 팔겠습니다."

그 대답을 듣고 간자키는 승낙했다.

"이미 밤 10시가 넘어서, 지금 전화하면 상대방이 귀찮아할 걸세. 그리고 구입한 지 얼마 되지 않은 집을 팔면 부인이 돌아올 곳이 없어지겠지. 한 가지 조건이 있는데, 괜찮겠나?"

간자키가 어떤 조건을 제시해도 다쿠에게는 선택의 여지가 없었다.

"괜찮습니다."

"앞으로 6개월은 내 지시에 따라서 죽을힘을 다해 회사를 재정비해야 하네."

"알겠습니다."

다쿠는 머뭇거리지 않고 곧장 승낙했다. 자금 문제가 해결되었다고 생각하자 온몸에서 힘이 빠져나가는 것 같았다. 자금 문제가 발생하면 경영자는 자금 확보에 모든 시간을 빼앗긴다. 그리고 자금에 휘둘리는 사이에 회사 경영은 손쓸 수 없는 악순환에 빠지게 된다.

그는 또다시 이런 사태가 발생하지 않도록 그동안 무시해왔던 은행 관계를 강화하기로 마음먹었다.

다음 날 다쿠는 대출 서류에 회사 직인을 찍었다. 이것으로 이달 말의 지불은 가까스로 해결할 수 있다. 이번에 대출한 금액은 5000만 엔. 회사 규모로 볼 때 결코 많은 금액은 아니다. 그러나 빚이 있다고 생각하자 어깨에 무거운 돌덩이가 올라가 있는 것 같았다.

간자키는 부모 이상으로 자신을 돌봐주었고 이번에는 대출 보증인까지 되어주었다. 이런 일은 회계사가 할 일이 아니다. 다쿠는 간자키의 따뜻한 배려에 진심으로 고마움을 느꼈다.

'이 은혜를 저버려서는 안 된다. 반드시 6개월 안에 빚을 갚아야 해!'

대출이 끝나고 안도의 한숨을 내쉬었을 때, 은행 지점장이 뜻밖의 말을 꺼냈다.

"아오시마 사장님. 어디까지나 하나의 정보로 들어주셨으면 하는데, 우리 거래처에서 마스터링크를 매수하고 싶다는 의견을 전해왔습니다."

예상치 못했던 이야기에 다쿠는 순간 당황했다.

"어느 회사인가요?"

"경쟁 회사입니다."

"디지월인가요?"

지점장은 고개를 끄덕이지 않았지만 부정하지도 않았다. 한때 실적이 나빠졌다고 소문난 디지월은 본업인 지식 매니지먼트 소프트웨어의 새로운 버전이 호평을 받아서 주가도 회복되었고, 최근에는 몇몇 회사를 매수해서 기업 규모를 확대하는 중이었다. 광고에도 적극적으로 나서서, 잘나가는 스타를 기용해 TV 광고까지 시작했다. 최근 신규 사업에 뛰어든 디지월로서는 마스터링크가 눈엣가시임에 틀림없다. 현재 마스터링크는 업계의 선두주자인 데다가 많은 고객을 확보하고 있기 때문이었다.

오무라에게 회사를 넘긴다는 생각만 해도 다쿠의 속이 뒤집히는 것 같았다.

"농담하지 마십시오. 제가 왜 회사를 팔겠습니까?"

"그렇게 단칼에 잘라버릴 이야기가 아닙니다. 어쨌든 나중에 적자가 나면 헐값에 넘겨야 하니까요. 그럴 바에야 차라리 팔 수 있을 때 제값 받고 파는 편이 좋지 않겠습니까?"

"얼마에 사겠다고 하던가요?"

"아직 구체적인 금액을 제시할 단계가 아니죠. 마스터링크가 어려운 것 같으니까 얘기만 전해달라고 하더군요."

다쿠는 더 이상 참지 못하고 버럭 화를 냈다.

"그만하십시오! 우리 회사는 어렵지 않습니다!"

다쿠는 검은 가방에 서류를 넣고 회사로 돌아갈 채비를 했다.

'우리 회사가 어렵다는 소문이 어디에서 디지월로 흘러 들어갔을까? 이번 대출 이야기도 극히 일부밖에는 모르는데……'

다쿠는 이 이야기를 머릿속에서 지우려고 했다. 그것이 단순한 소문 이상의 사태로 발전하리라고는 상상조차 하지 못했다.

제2의 창업기

간자키가 제시한 조건은 6개월 동안 죽을힘을 다해 회사를 재정비하라는 것이다. 구체적으로 어떻게 해야 좋을지 자문을 구하기 위해, 다쿠는 은행에서 나오자마자 간자키의 사무실로 향했다.

항상 밖에서 만났기 때문에 간자키의 회사에 가는 것은 이번이 처음이었다. 간자키의 회사는 왕궁 수로가 보이는 도심의 건물 안에 있었다. 다쿠는 외국 회사의 중역이 앉는 가죽 의자에 영국식의 우아한 목제 책상을 상상했지만, 사무실은 예상 밖으로 매우 소박했다.

사무실 안으로 발을 들여놓은 순간, 그는 자연을 옮겨다놓은 듯한 분위기에 사로잡혔다. 고개를 갸웃거리며 주위를 둘러보자 사무실 곳곳에 푸릇푸릇한 관엽식물이 놓여 있었다. 단풍나무 책상과 책장, 물이 졸졸 흐르는 장식품. 그곳은 사무실이라기보다 마치 일반 가정의 거실처럼 편안한 분위기였다.

그 편안한 공간에서 다쿠의 몸은 딱딱하게 굳어졌다.

'6개월 안에 5000만 엔을 갚지 않으면 안 된다.'

간자키가 베푼 은혜를 갚으려면 6개월 안에 현금 5000만 엔을 만들어야 한다. 그러기 위해서는 죽을힘을 다해 매출을 올리지 않으면 안 된다.

긴장해서 굳어 있는 다쿠를 보고 간자키는 침착하게 말했다.

"이보게, 긴장을 풀어. 온몸이 그렇게 굳어 있으면 좋은 아이디어가 떠오르지 않아."

전투태세로 앉아 있던 다쿠는 그 말에 맥이 쭉 빠졌다.

"저에게는 6개월밖에 없습니다."

"아무리 기를 써도 6개월이고, 마음을 편하게 먹어도 6개월이네. 자네는 6개월 동안 어떻게 하는 게 좋을 것 같나?"

"우선 매출을 올려야겠죠. 지금 가장 인기가 있는 것은 정보사업이니까 그쪽 영업을 강화하겠습니다."

"매출에만 신경 쓰면 더 힘들어질 걸세."

매출을 올리면 더 힘들어진다? 상식과는 정반대의 말을 듣고 다쿠는 당황했다.

"마스터링크의 매출은 지난해에 비해서 두 배나 늘었지. 그럼에도 현금은 줄어들었네. 이것은 경영에 문제가 있다는 증거지. 구멍이 뚫려 있는 항아리에는 물을 아무리 많이 부어도 물이 고이지 않네."

가장 아픈 곳을 찔린 다쿠는 얼굴을 찡그렸다. 샐러리맨 시절에 정보 시스템부에 근무했던 만큼, 경영 시스템의 중요성은 누구보다 잘 알고 있다고 자부해왔다. 그러나 막상 경영자 입장이 되자 매출 올리는 것에만 급급해서 경영 시스템을 제대로 쳐다보지 못한 것이다.

"해마다 매출이 두 배로 늘어나는 급성장 기업도, 착실하게 성장하는 안정적인 기업도, 창업한 지 4년이 지나면 80퍼센트는 관리 문제에 직면하지. 자네 회사도 지금 이 관리 문제에 빠져 있네. 이 시점에서 가장 중요한 것은 영업 실적을 올리는 게 아니라 제대로 돌아가는 관리팀Management Team을 만드는 걸세."

관리팀이라는 단어가 다쿠의 가슴에 선뜻 와닿지 않았다. 애초에 작은 기업에서 시작한 만큼, 관료적인 조직을 만들 필요는 없다고 생각했다. 우리 회사는 사장과 직원이 직접 이야기할 수 있는 수평 조직이라서 신속하게 결정할 수 있는 장점이 있지 않은가?

다쿠는 의문을 풀기 위해 간자키에게 구체적으로 물었다. "관리 문제라니, 어떤 문제 말씀인가요?"

"관리가 소홀해지면 직원들이 자주 병가를 내고 지각을 밥 먹듯이 하며 이직률이 높아지지. 배송 문제가 생기고 외상매출금은 회수되지 않으며 품질도 저하되고 직원의 도덕성 또한 떨어지네. 또한 직원들이 모이면 사장 험담을 하게 되고, 직원의 모반과 이탈이 생기며……."

지금 마스터링크에서는 이 모든 문제가 마치 종합세트처럼 한꺼번에 발생하고 있다.

"지금 바로 저희 회사에서 일어나고 있는 문제들입니다. 왜 그런 문제들이 생기는 건가요?"

"이 시기는 제2의 창업기라고 할 수 있지. 즉, 회사가 다시 태어나는 시기네."

간자키는 그렇게 말하고 나서 펜을 들고 종이에 성장곡선을 그렸다. 성장곡선을 몇 번이나 그린다는 것은 회사 경영의 가장 중요한 핵심이 그 안에 담겨 있다는 뜻이리라.

"지금 자네 회사에서 일어나고 있는 일은 가업이 기업으로 다시 태어날 때 나타나는 현상이네. 회사 규모가 작을 때는 자기 혼자 경영할 수 있으니까, 부하 직원은 있어도 동료는 없는 상태지. 따라서 1년 내내 자기가 좋아하는 일을 할 수 있고, 사내에서 일어나는 일은 전부 사장 시야를 벗어나지 않네. 문제가 조금 있어도 고객은 자네가 열심히 일하는 것을 알기에 관용을 베풀어주지. 특히 도입기의 고객은 창업자를 키워주려는 마음을 가지고 있어서, 다소 품질이 나쁘거나 가격이 비싸도 계약해주네. 따라서 그때 중요한 것은 자신이 좋아하는 일을 하면서 이익을 올리는 시스템을 만드는 걸세.

그 시스템이 제대로 돌아가면 좋아하는 일을 하면서 돈을 벌 수 있으니까, 하루 스물네 시간 일해도 힘들지 않지. 고객들도 모두 좋아해서, 정신없이 바빠도 하루하루 성취감을 맛볼 수 있네. 사내에는 까다로운 규칙도 없고 회의도 없으며 조직도 거의 없지. 조직이 있다고 해도 사장 밑에 직원들이 늘어서 있는 것뿐이니까 조직이라고 할 수 없네. 그 시기에는 영업만 잘하면 회사는 얼마든지 돌아가지."

지난 3년을 되돌아보니 간자키의 말이 틀린 곳은 한 군데도 없었다.

"그것이 가업의 단계군요."

"그래. 가업이란 가족처럼 운영하는 회사를 말하지. 직원 수도 열 명 안팎으로, 일본의 대부분 회사는 거의 그 정도 규모일세. 그에 비해 기업이란 경영 시스템이 제대로 정비되고, 팀으로 경영을 해나가는 상태를 말하네."

다쿠는 새로운 의문을 느끼고 간자키에게 물었다.

"가업에서 기업으로 바뀔 때, 무엇이 달라지나요?"

"규칙이 완전히 달라지지. 예전에는 자신이 좋아하는 일을 열심히 하면 되었지만 회사 규모가 커지고 직원이 많아지면 그것만으로는 통하지 않네. 가업 단계에서는 경영자의 눈길이 구석구석까지 미쳐서, 문제가 발생해도 경영자가 나서면 모두 해결할 수 있지. 그런데 직원이 많아지면 경영자가 당연하게 여기는 일이 현장까지 침투하지 못해서 엉뚱한 방식으로 이루어지는 경우가 많네."

"저희 회사에도 그런 경우가 있었습니다. 철저하게 지키던 납품 날짜를 갑자기 지키지 못하는 일이 생기거나 물건을 배송할 때 실수를 하거나……. 영업에서도 상대방의 조건을 전부 듣고 나서 견적을 내야 하는데 인기가 있기 때문인지 먼저 견적을 내는 경우도 있더군요. 어떻게 그런 단순한 실수를 저지르는지 화가 날 지경입니다."

"그것이 초기의 경고 신호일세. 그것을 그냥 내버려두면 일상적인 스트레스가 발생하고, 직원이 병에 걸려서 결근하게 되지. 그런데 경영자는 그 경고 신호를 알아차리지 못하고 실적에만 온 신경을 곤두세우지. 결국 계속해서 액셀을 밟아 최악의 상태에 빠지게 된다네. 직원들의 반발과 횡령, 갑작스러운 자금 부족, 경영자의 사고나 질병 등, 이 단계에 이르면 문제를 해결하려고 아무리 노력해도 해결할 수 없는 상황이 되네. 경영자가 속도를 너무 많이 올려서 회사를 조종할 수 없으니까 말일세."

간자키는 잠시 말을 끊고 가볍게 미소를 지었다.

"경영자는 액셀 밟을 때와 브레이크 밟을 때를 잘 구별해야 하지. 과속은 운전에서나 경영에서나 사고를 불러오니까."

간자키는 말을 마치고 가볍게 미소를 지었다. 다쿠는 그것이
자신을 편안하게 해주기 위한 간자키식의 배려라는 것을 깨달
았다.

다쿠는 간자키가 그려놓은 성장곡선을 보면서 순간적으로 깨
달았다.

"마스터링크는 곡선의 전환점에 걸려 있는데, 너무 속도를 내
는 바람에 벽에 부딪힌 거군요."

"그렇다네. 이 성장곡선에서 구부러질 수 있느냐? 그것은 회
사에게 매우 큰 시련일세. 아까 제2의 창업기라고 했는데 회사
에게는 그 정도로 중요한 시기라는 뜻이네. 지금까지는 경영자
혼자 이끌어왔지만 이 시기에 이르면 조직적인 경영으로 체제
를 바꾸어야 하지. 조금 전에 가업에서 기업이 되는 시기라고 했
네만, 그 말은 애벌레에서 나비가 될 때까지의 시기에 비유할 수
있네."

앞으로 나비가 될 수 있다고 생각하니, 다쿠는 눈앞이 환해진
듯한 기분이 들었다.

"그렇다면 제 경영 능력이 형편없었기 때문은 아니군요."

"그래, 자네는 잘하고 있어. 이런 장애에 부딪히지 않고 승승
장구하는 경영자가 더 드물지. 조금 전에도 말한 것처럼 창업자

중 80퍼센트는 똑같은 함정에 빠지네. 누구나 자기한테만 생기는 일이라고 생각하면서 말일세. 일본 기업의 80퍼센트 이상은 연 매출 10억 엔 이하의 소규모 영세업자일세. 그것은 제2의 창업기의 벽이 너무나 두껍기 때문이지. 연 매출 8억 엔 정도의 회사가 이듬해에 10억 엔을 목표로 해서 열심히 달려간 순간, 수많은 문제가 발생해서 매출이 6억 엔으로 떨어지는 경우는 많이 보았을 걸세. 산꼭대기에 올라갔다고 생각한 순간 계곡으로 떨어지는 거지. 대부분의 경영자들은 지쳐서 쓰러질 때까지 이 패턴을 반복한다네."

"그것이 패턴이라는 것을 모르기 때문이겠죠."

"그래. 패턴을 모르면 패턴에서 빠져나올 수 없지. 똑같은 문제가 되풀이되고 있다는 자각조차 없으니까 말일세. 내가 패턴에서 빠져나오는 방법을 가르쳐줄 테니까 자네는 두 번, 세 번 시행착오를 반복할 필요는 없다네. 한 번 맛보았으면 충분해."

다쿠는 간자키라는 지도자를 만난 것이 얼마나 큰 행운인지 새삼스레 깨달았다.

애벌레가 나비가 되기 위한 과정

"아름다운 나비가 되려면 애벌레 시절에 무엇을 해두어야 할까요?"

"경영을 시스템화해야 하네."

다쿠는 그 대답을 듣고 실망할 수밖에 없었다. 경영을 시스템화하는 일은 이미 착수하고 있었기 때문이었다.

"경영을 시스템화하는 것은 이미 6000만 엔이나 들여서 했습니다. 그것 때문에 대출까지 받아서 말이죠. 더구나 그만큼 돈을 들였는데 아직 시스템이 제대로 작동하지 않습니다. 이래서는 돈을 쓰레기통에 버린 것이나 마찬가지가 아닌가요?"

다쿠의 불만스러운 말투에도 간자키는 흔들리지 않았다.

"그게 무엇 때문인지 아나? 이것도 전형적인 패턴이네. 자네는 일을 시스템화하려고 했지. 그런데 원래의 업무 방식이 비합리적이고 비효율적이었다면 어떻게 되겠나? 그러면 결국 바보가 하던 일을 자동화하는 것이니까, 바보가 더욱 속도를 올려서 바보짓을 하게 되지. 한마디로 말해서 최강의 바보를 만들어내는 걸세. 그러면 몇 년 안에 큰 문제가 발생하는 것은 당연한 수순이 아닐까?"

간자키의 날카로운 지적에 다쿠는 쓴웃음을 지을 수밖에 없었다.

"현재 저희 회사가 그 지경에 빠져 있습니다. 시스템 에러로 인해 업무 실수가 많이 발생하고, 그것 때문에 직원들이 스트레스를 받고 병가까지 내게 되었으니까요."

"그래. 얘기를 들어보니 지금 심각하더군. 메니에르병으로 직원이 세 명이나 쓰러졌다면서?"

"그렇습니다."

"직원들이 왜 그렇게까지 스트레스를 받는지 아나?"

다쿠는 고개를 가로저었다. 물론 스트레스는 있었겠지만 직원들은 야근도 하지 않고 오후 5시면 퇴근했다. 병으로 쓰러질 정도로 스트레스가 심하다는 것은 도저히 믿을 수 없는 일이다.

'그렇다면 간자키 사장님은 해답을 알고 있단 말인가?'

다쿠는 간자키의 다음 말을 기다렸다.

"이건 알려져 있지 않았을 뿐이지, 자네 회사에서만 일어나는 일은 아닐세. 많은 회사에서 자주 일어나는 아주 심각한 문제지. 지금부터 하는 말은 경영을 시스템화하는 것과는 관계가 없다고 여길지 모르지만 매우 중요한 문제니까 꼭 귀담아들어주기를 바라네."

"말씀해주십시오. 계속 그것이 마음에 걸렸습니다."

"근본적인 원인은 클레임의 질은 달라졌는데 회사에서는 그것을 따라가지 못했기 때문이네. 메니에르병뿐만 아니라 전화로 고객을 직접 상대하는 부서를 둘러보면 다른 증상에 시달리는 사람도 있을 걸세. 아마 원형탈모증이나 우울증에 시달리는 사람도 있지 않을까? 밖으로 드러나지 않았을 뿐 상당히 많은 사람이 고통스러워하고 있을지도 모르지."

"클레임의 질이 달라졌다니, 그게 무슨 뜻이죠?"

"얼마 전까지 고객의 클레임은 주로 상품에 관한 것이었지. 품질이 나쁘다든지, 사용 방법을 모른다든지……. 그런 종류의 클레임은 반품을 받아주거나 사용 방법을 가르쳐주면 정신적인 상처로 이어지지는 않네. 그런데 요즘에는 상품에 관한 클레임이 아니라 고객을 소중히 대해주지 않았다는 항의가 많아지고 있어.

자신을 소중하게 대해달라는 사람에게 사무적으로 대하면 그 사람은 자신을 함부로 대했다고 생각하며 상처를 입는다네. 그러면 머리끝까지 화를 내며 전화를 받은 여직원에게 심한 말을 쏟아내지. 그때의 목적은 상대방에게 상처를 주는 것이니까 가장 잔인하고 무자비한 말을 선택한다네. 자신의 불쾌한 감정을 쏟아내는 거야.

그 분노는 상품에 대한 분노와 상관없는 경우가 많네. 가령 고객이 중년 남성이라면 자기 딸에 대한 분노일 수도 있고, 또한 여성이라면 남편에 대한 분노일 수도 있지. 물론 당사자는 무의식적으로 하는 것이지만, 담당 여직원은 고객의 부당한 분노를 고스란히 받아야 하네. 분노라는 건 원래 행동하고 터뜨려야만 해소되는 특징이 있어. 그런데 회사 안에 고객은 왕이라는 사고방식이 뿌리 깊게 박혀 있다고 하세. 그러면 분노를 회사에서 해소할 수 없는 직원은 가정으로 가져갈 수밖에 없겠지."

분노의 캐치볼이 회사와 가정에서 이루어지고 있다는 사실을 알고 다쿠는 온몸에 소름이 돋았다. 경영과 가정은 떼려야 뗄 수 없는 관계에 있다는 것이 다시 한번 확인된 셈이다.

"참으로 무서운 일이군요. 그러면 가정으로 가져간 분노는 자기보다 더 약한 자, 즉 자식에게 향하는 건가요?"

"때로는 배우자에게 향하는 경우도 있고, 자신에게 향하는 경우도 있네. 자신에게 향하는 경우는 무의식중에 회사에 가지 않아도 되는 정당한 이유를 만들어내지. 그것이 바로 질병이라네."

다쿠는 망치로 뒤통수를 얻어맞은 듯한 충격에 휩싸였다. 그러나 그게 전부가 아니었다.

"이 병의 특징은 그 병에 걸린 사람이 낫거나 그만두면 또 다른 사람이 걸린다는 것일세. 회사를 그만둘 수 있는 사람은 행복하지만 생활을 위해서 계속 일해야 하는 사람은 불행의 악순환에 빠지지. 임상심리 전문가 중에는 이것을 '자리의 병'이라고 말하는 사람도 있다네."

"자리의 병이요?"

"지난번에 가정을 예로 들어서 설명한 적이 있었지? 부부 사이가 나쁘면 부부 관계를 회복시켜주기 위해서 자식이 병에 걸린다고 말이야. 한 아이가 병에서 나으면 그다음에는 다른 아이가 병에 걸린다고 하지 않았나? 그와 똑같은 일이 회사에서도 일어난다네. 병에 걸린 사람이 나으면 그 역할을 다른 사람이 이

어받아서, 어떻게든 분열하기 시작한 회사를 수습하려고 하는 거지. 커뮤니티를 이루고 있는 구성원들끼리 균형을 취하는 것일세."

도저히 믿을 수 없는 이야기였다. 병에 걸리는 것은 개인 문제라고 생각했는데, 자리 자체가 병을 만들어 구성원이 병에 걸린다는 것이다. 다쿠는 어떻게든 이해하기 위해 자신의 세계로 바꾸어보았다.

"지금까지 개인의 능력이 성장하면 회사도 좋아진다고 믿었습니다. 그것은 컴퓨터의 성능이 좋아지면 회사 일이 잘되는 것이나 마찬가지겠죠. 그런데 사람이 모여서 커뮤니티라는 자리가 만들어지면 각 컴퓨터가 랜LAN 회선에 의해 서로 이어지는 것과 똑같은 것이군요?"

다쿠는 그렇게 말하고 나서 이미지를 노트에 그렸다. 그러자 자신의 뇌와 간자키의 뇌가 서로 이어지는 듯한 기묘한 느낌이 들었다.

"그래, 좋은 비유로군. 가족들의 감정이 서로 이어져 있는 것과 마찬가지로 직원들의 감정도 서로 이어져 있네. 모든 직원은 회사의 목적을 달성하기 위해서 성장곡선 위에 올라가 있는데, 그 성장곡선이 구부러지지 못할 때 여러 가지 경고 신호를 보내는 거지."

다쿠는 지금까지 경영은 기계를 작동하는 것과 똑같다고 여겨왔다. 그런데 간자키의 설명을 듣고 나니 경영은 유기적으로 결합하고 있는 생명체라는 생각이 들었다.

"사장님의 말씀처럼 경영이란 한 사람 한 사람의 합리적인 판단으로 진행되는 것이라기보다, 그곳에 모이는 사람들이 감정의 자리를 만들어서 무의식중에 밀고 나가는 것이라고 해석하면 여러 가지 문제가 풀리는군요. 하지만 지금 하신 말씀은 MBA적인 경영 이론으로는 도저히 설명할 수 없잖습니까? 그렇게 말씀하시면 사람들이 이상하게 바라보지 않나요?"

"물론 좋은 눈으로 보지는 않겠지. 조직에 심리학을 응용하면 그때까지 보이지 않던 것이 확실하게 보이네. 그런데 솔직히 말하면 내가 설명한 인과 관계는 이론적으로 증명할 수 없어. 또 증명되기를 기다린다면 너무 늦어버리지. 지금 이 순간에도 많은 경영자와 회사 직원, 그리고 그 가족들이 고생하고 있으니까 말이야. 그렇다면 증명되기를 기다리지 말고, 많은 사람과 이런 지식을 공유하면서 조금씩 해결해가야 하지 않겠나?"

간자키의 말투에는 뜨거운 열정이 담겨 있었다. 간자키가 이 문제에 관심이 많은 것은 분명했지만, 그는 화제를 다시 다쿠의 회사로 돌렸다.

"회사가 애벌레의 허물을 벗고 나비가 되기 위해 필요한 사항이 바로 이런 것들이네."

"구체적으로는 어떤 것이죠?"

"경영의 소프트 부분을 시스템화하는 것일세. 업무 처리 과정을 시스템화하는 하드 부분과 동시에, 직원과 고객의 감정을 소중히 하는 소프트 부분도 시스템이 필요하지. 예를 들어 클레임에 대응할 때는 어떻게 해야 한다는 것을 시스템으로 만드는 걸세."

지금 당장 클레임에 대한 대응 방법을 바꾸지 않으면 직원들이 또다시 다칠 우려가 있다.

다쿠는 간자키에게 매달리듯이 물었다. "자신을 소중히 대해 달라는 클레임에는 어떻게 대처해야 할까요?"

"그래, 방법을 모르면 대처할 수 없겠지. 우선 고객이 클레임을 제기한다는 것은 그만큼 자네 회사에 대해 관심이 많다는 증거라고 받아들이게. 즉, 고객에게 고개를 숙이며 고마워해야 한단 뜻이지. 자네 회사를 예로 들면 '이렇게 전화까지 해주신 것은 그만큼 해외사업에 매진하고 계신다는 뜻이겠죠, 감사합니다'라고 하는 거네.

그런 다음에는 고객의 분노를 끝까지 들어주게. '정보를 주셔서 감사합니다' 이렇게 말하면서 말이야. 고객이 분노를 터뜨리고 있을 때는 오해하고 있거나 고객에게 잘못이 있다고 해도 일절 끼어들어서는 안 되네. 중간에 끼어들면 고객은 자신을 무시했다고 여기며 불에 기름을 부은 것처럼 펄펄 뛰겠지.

고객이 분노를 모두 분출하고 나면 이렇게 말하는 거네. '그것이 전부인가요? 그것 말고는 또 없으신가요?' 이렇게 해서 분노의 에너지를 모두 소진시키는 거야.

고객은 이미 자기 의견을 들어준 것만으로도 상당히 만족해할 걸세. 그러면 그때 반드시 해야 할 말이 있네. '그럼 어떻게 되었을 때 만족하실까요?'라는 말일세.

일본 회사들은 보통 '어떻게 해드리면 이해하시겠어요?'라고 묻곤 하지. 그런데 이 두 가지 표현에는 큰 차이가 있네. '어떻게 되었을 때 만족하실까요?'라고 물으면 상대방은 만족할 수 있는 상황을 구체적으로 떠올리지. 그에 비해 '어떻게 해드리면 이해하시겠어요?'라는 말은 회사의 잘못을 인정함과 동시에 상대방에게 양보를 끌어내려고 하는 것처럼 들리네. 이렇게 정중하게 대하면 자신을 소중히 대해달라는 클레임은 원만히 처리할 수 있을 걸세."

다쿠는 사토코에게 말해주기 위해서 한 자도 놓치지 않고 메모했다.

"알겠습니다. 이것은 말의 구체적인 표현까지 모두 통일하는 것이 중요하겠군요. 직원들 모두에게 공유하게 해서 당연하게 사용할 수 있도록 만들겠습니다."

간자키는 미소를 지으면서 고개를 끄덕였다.

"그래, 그것이 소프트 부분에서 시스템화하는 것이지."

간자키의 강의는 관리 부문으로 이어졌다.

"관리 부문에서 문제가 발생하면 대부분의 회사는 어떻게 하는지 아나?"

"글쎄요. 만약 관리 문제가 발생하면 사내는 황폐해지겠죠. 경영자가 당연하게 여기는 상식이 직원들에게 통하지 않으니까 경영자는 스트레스 덩어리로 변해 있을 겁니다. 그러면 규칙을 만들지 않을까요? 그리고 규칙을 철저하게 주입시키기 위해 일단 회의를 하겠죠."

"그렇다네. 대부분의 기업은 이 단계에서 '당연론'으로 달려가지. '리더는 이러해야 한다' '앞으로 성장할 인재는 이러해야 한다'라는 식으로 말일세. 그것을 주입시키기 위해 규칙을 만들지만, 그 규칙을 가장 먼저 깨뜨리는 사람이 나오지. 그 사람이 누구인지 아나?"

"회의에 참석하지 않는 사람도 사장, 규칙을 가장 먼저 깨뜨리는 사람도 사장이죠."

"그래, 그래서 규칙은 늘어나지만 아무도 실행하지 않은 채 쓰레기통에 들어가지."

다쿠는 정곡을 찔려서 뜨끔했다. 그래서 화제를 돌리기 위해 다른 질문을 꺼냈다.

"회사를 잘 관리하기 위해서이겠지만 직원들의 의욕을 높이기 위해서 연수 제도를 마련하는 회사도 있지 않습니까? 그런 것은 어떤가요?"

"직원 교육은 매우 중요하지. 다만 그때뿐인 일시적인 연수는 글쎄……. 일시적으로 동기 부여는 될 수 있지만 1~2주가 지나면 다시 원점으로 돌아가고 말지. 그래서 정기적으로 영양제를 투여하지 않으면 안 되네. 일시적인 연수는 일시적으로 컴퓨터 한 대의 능력을 좋게 만드는 땜질 처방이나 마찬가지일세. 그런다고 해서 랜 회선으로 이어진 모든 컴퓨터의 능력을 높일 수는 없겠지."

"회사가 혼란에 빠지면 능력이 없는 직원을 해고하고 우수한 직원을 채용하는 방법도 있지 않을까요?"

다쿠는 우수한 직원을 채용하자는 료의 제안에 대한 간자키의 의견을 듣고 싶었다.

"직원은 사장의 거울이라고 하지 않나? 회사에는 사장의 단점을 드러내기 위해 문제를 일으키는 최적의 멤버가 모여 있네. 따라서 일하는 자리 자체를 좋게 만들어주지 않으면 문제는 계속 반복될 뿐이야. 또한 능력이 없다고 곧바로 해고하는 문화가 뿌리를 내리면, 다음에는 보너스를 많이 주지 않으면 쉽게 그만두는 사람이 나타나겠지. 즉, 회사에서 무언가 빼앗는 문화가 자리 잡게 되네. 물론 방식의 차이라는 반론은 있겠지만, 나는 빼앗는 문화가 정착된 회사가 발전한다고 보지는 않아."

다쿠는 간자키의 경영 방식은 호랑이 스타일이 아니라 부처 스타일이라고 생각했다. 경영 방식에 대해 이런저런 논쟁이 있는데, 어떤 사람은 호랑이 스타일이 좋다고 하고 어떤 사람은 부처 스타일이 좋다고 한다. 어느 쪽이 좋은지 결정하지 못하고 계속 흔들리고 있던 다쿠는 간자키에게 솔직하게 물어보았다.

"경영 방식에 대해서는 호랑이 스타일이 좋으냐 부처 스타일이 좋으냐 말이 많은데, 사장님께서는 부처 스타일을 좋아하시나요?"

"글쎄, 확고한 방식이 없는 것보다는 호랑이 스타일이라도 있는 편이 낫지. 가장 나쁜 것은 호랑이 스타일도 부처 스타일도 아닌 회사일세."

"아아, 바로 저희 회사입니다."

다쿠가 쓴웃음을 짓자 간자키는 이제 알았느냐는 표정을 지었다.

"고도성장기에는 호랑이 스타일이 매우 효과가 있었지. 그때는 물건을 만들기도 전에 이미 고객의 수요가 존재했으니까, 효율적으로 파는 일이 무엇보다 중요했네. 그래서 위에서 시키는 대로 일하고, 매뉴얼대로 재빨리 움직이는 사람이 필요했지.

그런데 최근의 연구 결과를 보면 호랑이 스타일이나 군대식 관리로 상징되는, 항상 긴장과 공포가 지배하는 환경에서는 뇌파가 베타파가 된다고 하더군. 그러면 많은 사람들에게 똑같은 행동을 하게 만드는 데는 효과가 있지만 개개인의 학습 능력은 저하되고 창조성을 발휘할 수 없게 되지. 사람은 안전하고 편안한 환경에서만 뇌파가 알파파가 되는데, 그런 환경이라야 창조력이 늘어나고 학습이 효율적으로 이루어진다네.

지금은 고객의 욕구를 채워주지 않으면 매출이 오르지 않지. 즉, 고객의 욕구를 채워주는 상품을 창조해내는 힘이 필요하네. 그것은 곧 지금은 부처 스타일이 더 맞는다는 뜻이지. 그렇다고 무조건 다정하게 대하면 안 되고, 다정함과 동시에 규율과 엄격함을 갖추어야 하네."

그 말을 듣고 다쿠는 겨우 깨달았다.

'그렇구나! 호랑이 스타일과 부처 스타일 중에서 한 가지만 선택하는 게 아니라 부처 스타일 안에 호랑이 스타일도 있어야 하는구나.'

그동안 갈피를 잡지 못하고 헤매던 다쿠는 눈앞에 무언가 답이 보이는 듯했다.

"저는 지금까지 경영을 하고 있는 줄 알았는데, 이제 보니 아무것도 하지 않았군요. 지금 마스터링크에 필요한 것은 영업력이 아니라 관리 능력인 것 같습니다."

"그래. 관리는 자네 개인이 아니라 팀으로 해야 하네. 지금 자네 회사는 성장기에 있으니까 영업을 하지 않아도 1~2년은 버틸 걸세. 하지만 성숙기에 접어들 때까지 회사가 팀으로 작동하지 않으면 그 이후에는 매출을 올릴 수 없을 거야. 토대가 없는 곳에 성을 지을 수는 없으니까 말일세."

"팀으로 작동하기 위해서는 어디부터 손을 대야 할까요?"

"바로 그것을 가르쳐주고 싶어서 보증인이 될 때 조건을 내세운 걸세."

간자키는 그렇게 말하면서 다시 펜을 들었다. 간자키가 그린 그림은 다음과 같은 피라미드였다.

O

제1단계 → 토대 만들기 1 : 어머니 차례

제2단계 → 토대 만들기 2 : 아버지 차례

제3단계 → 팀 체제 정비

"자네가 해야 할 일은 아주 간단하지. 어려운 방법도 있지만 자네는 최단 기간에 최대의 효과를 올릴 수 있는 최소한의 방법만 배우면 되네. 6개월 안에 효과를 올려야 하니까 말이야. 어쩌면 너무 간단해서 맥이 빠질지도 모르지만 이것은 아주 강력한 방법일세."

"하긴 아무리 좋은 방법이라도 오늘부터 당장 실천할 수 없으면 의미가 없으니까요."

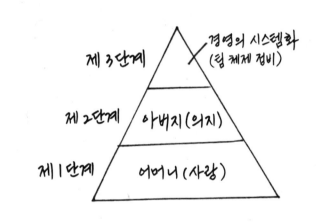

"그러면 잘 듣게. 좋은 팀을 만드는 건 아이를 키우는 것과 똑같네. 기어다니지도 못할 때 걷는 훈련을 시킨다고 해서 아이가 걸을 수는 없겠지. 아이를 키울 때는 무엇을, 어느 순서로 가르칠지 정하는 것이 매우 중요하네. 팀도 마찬가지일세. 순서가 좋지 않으면 아무리 많은 시간을 투자해도 조금도 성장하지 않네."

육아를 모두 아내에게 맡겼던 다쿠는 조직 만들기가 육아와 똑같다는 말을 듣고 한순간 멍한 표정을 지었다.

간자키가 그의 표정을 보면서 말을 이었다. "아이를 키울 때 갑자기 엄하게 대하는 사람이 어디 있겠나? 그런 사람은 아무도 없을 걸세. 우선 대여섯 살까지 어머니는 무조건적인 사랑을 주고, 그 후에 아버지를 통해 사회의 혹독함을 가르쳐주어야 하네. 아이가 어머니에게 많은 사랑을 받으면서 자신은 안전하며 어머니의 신뢰를 받고 있다고 느낄 수 있는 환경을 만들어주지 않으면, 아무리 교육을 엄하게 해도 올바르게 자라지 않네. 즉, 아이에게는 어머니가 애정을 쏟은 다음에 아버지가 교육을 해야 한다는 뜻이지. 이 순서는 극히 보편적인 것으로, 원숭이 사회에서는 당연하게 이루어지고 있네. 그런데 육아 경험이 없는 사람이 사회에서 팀을 만들 때는 그것과 정반대로 하게 되지. 회사가 혼란 상태에 빠지면 일단 규칙과 규율을 만들어서 직원들을 통제하려고 하는 걸세."

"그래서 많은 회사가 군대식으로 관리하는 거군요. 그런데 그것이 제대로 정착되지 않기 때문에 좋은 조직이 만들어지지 않는 거고요."

"토대를 제대로 만들지 못했기 때문이지. 어머니의 사랑이라는 토대 위에 아버지의 규율을 올리지 않으면 제대로 된 팀을 만들 수 없네."

"개념적으로는 알겠습니다. 그런데 구체적으로는 어떻게 해야 할까요?"

간자키는 어린아이처럼 밝은 표정으로 이야기를 계속했다.

"나도 한때 자네처럼 조직 문제에 대해서 고민한 적이 있지. 그때 금방 효과가 있으면서 쉽게 실천할 수 있는 관리법을 눈에 불을 켜고 찾아다녔다네. 그때 찾아낸 방법을 가르쳐주지. 아주 간단한 방법이지만 6개월 뒤에는 회사가 몰라보게 달라진다네.

먼저 공을 이용해서 '굿&뉴 Good&New'라는 간단한 게임을 시작해보게. 이것은 미국의 교육학자 피터 클라인이 개발한 것으로, 단기간에 조직의 멤버를 긍정적으로 바꿀 수 있는 최고의 방법일세. 어쩌면 시작한 지 사흘 만에 달라지는 걸 느낄 수도 있을 걸세. 어떻게 하는가 하면 여기에 있는 쿠시볼 Koosh Ball이라는 공을 사용하는 거네."

간자키는 책상 위에 있는 컬러풀한 고무공을 집어 다쿠에게 던졌다.

"우선 여섯 명 정도로 팀을 만들게. 그런 다음에 이 공을 가진 사람이 스물네 시간 안에 일어난 좋은 일이나 새로운 일을 간단하게 말하는 걸세. 그 사람의 이야기가 끝나면 주위 사람들은 손뼉을 치네. 그러면 다음 사람에게 공을 넘겨주는 거지. 이것을 매일 반복하게. 한 사람이 1~2분 말한다고 하면 여섯 명이면 10분 정도. 이것만 해도 회사는 몰라보게 달라질 걸세."

이 무슨 엉뚱한 소리인가? 조직 만들기나 경영을 시스템화하는 것에 대해 가르쳐주려면 당연히 동기 부여를 높이는 방법이나 업무 목표 설정과 관리법, 연봉 시스템 같은 이야기를 해주어야 하는 것이 아닌가? 그런데 어이없게도 간자키는 장난감 공을 주면서 그것으로 게임을 하라는 것이다.

"잠시만요! 그것뿐인가요?"

"그렇다네."

"목표 관리나 연봉 시스템과 같은 일반적인 관리법은 필요 없나요?"

"물론 나중에는 필요하지. 하지만 그전에 해두어야 할 중요한 것이 많이 있네. 목표 관리나 연봉 시스템 같은 것은 어머니가 해야 할 부분인가, 아버지가 해야 할 부분인가?"

다쿠는 흠칫 놀라며 자신의 잘못을 깨달았다.

"아버지가 해야 할 부분입니다."

"그래. 그러니까 그것은 나중에 할 일일세. 더구나 작은 회사나 사업부 정도라면 구태여 그것을 도입하지 않아도 눈 깜짝할 새에 팀이 저절로 움직이게 되지.”

간자키는 아직 어리둥절한 표정을 짓는 다쿠를 쳐다보면서 말을 이었다.

“자네는 이런 게임으로는 조직이 달라질 리 없다고 의심하고 있지?”

“네, 그렇습니다.”

“이 게임은 간단하게 보이지만 인간의 사고방식을 긍정적으로 바꿀 수 있는 최고의 방법이네. 클라인 선생이 교내 폭력이 자주 일어나는 학교에서 단기간에 안전한 학습 환경을 만들기 위해 개발한 것이지. 미국의 교내 폭력은 일본에 비할 바가 아니라네. 거기에서는 칼이나 총이 어지럽게 날아다니지. 그런 학생들을 단기간에 긍정적으로 바꿀 수 있는 방법이니까 상당히 강력한 방법이 아닐까?”

다쿠는 아직도 어안이 벙벙했다.

“전 여전히 이해가 되지 않습니다. 왜 좋은 일, 새로운 일을 말하면 교내 폭력이 없어질 정도로 조직 전체가 긍정적으로 바뀌는 거죠?”

“좀 더 자세하게 설명해주지. 이것은 심리학에서 말하는 ‘리프레이밍Reframing’이라는 작업을 습관화하는 게임이네. 리프레이밍이란 어떤 사실의 긍정적인 면만을 보도록 시각을 바꾸는 것을 말하지. 사람들 중에는 행복하다고 말하는 사람도 있고 불행하다고 말하는 사람도 있네. 그런데 과연 이 세상에 행복한 사건과 불행한 사건이 따로따로 존재할까? 그렇지 않네. 같은 일을 두고도 행복하다고 해석하는 사람과 불행하다고 해석하는 사람이 있을 뿐이지.

소나기가 내린 다음에 사람들은 어떻게 생각할까? 흙탕으로 변한 길을 보고 '나는 왜 이렇게 불행할까?'라고 여기는 사람도 있고, 하늘의 무지개를 보고 '나는 왜 이렇게 행복할까?'라고 여기는 사람도 있겠지. 똑같은 상황에서 180도 다르게 생각하는 걸세. 이 세상의 모든 사실에는 긍정적인 면과 부정적인 면이 있네. 다만 긍정적으로 해석하느냐, 부정적으로 해석하느냐의 차이일 뿐이지.

회사에서도 긍정적으로 해석하는 습관이 중요하네. 가령 경쟁 업체가 시장에 뛰어들었을 때 부정적인 면으로 해석하면 가격이 떨어진다, 시장 점유율을 빼앗긴다고 받아들일 수도 있겠지. 그런데 긍정적인 면으로 해석하면 경쟁 업체가 광고함으로써 상품의 인지도가 올라가고, 그러면 훨씬 더 팔기 쉬운 환경이 조성되지 않을까? 조직에 부정적으로 받아들이는 사람이 많으면 당연히 새로운 행동을 할 수 없네. 따라서 아무리 좋지 않은 일이라도 긍정적으로 받아들이는 습관을 갖도록 만들고, 그것을 회사의 문화로 정착시켜야 하네."

그동안 매일 스트레스에 짓눌린 탓에 마스터링크 직원들은 부정적 사고로 기울어져 있다. 그것을 바로잡는 데 '굿&뉴'는 더할 수 없이 좋은 방법인 것 같아서, 다쿠는 좀 더 구체적인 방법을 물었다.

"좋은 일, 새로운 일은 어떤 것을 말하나요?"

"어떤 것이라도 좋네. 물론 업무와 관계없는 것이라도 상관없어. 어제 영화를 보고 감동했다, 오늘 출근할 때 지하철에서 앉을 수 있었다, 그동안 골치 아팠던 문제가 해결되었다 등등 좋은 일이나 새로운 일은 정열적으로 말할 수 있고 웃음도 자아낼 수 있지. 그러면 상대방에 관해서도 좀 더 알 수 있는 기회가 되고 어둡게 가라앉았던 분위기도 밝아질 걸세."

쿠시볼과 승인의 원 효과

"그런데 왜 이런 공을 사용하죠?"

"처음에는 나도 이해할 수 없었지. 하지만 그 공을 사용하지 않고 시험해보면 금방 이유를 알 수 있네. 그러면 모두 긴장한 표정으로 두 손을 앞에서 마주 잡고 고개를 숙이지. 즉, 방어 자세를 취하게 되네. 그런 자세로 말하려고 하면 당연히 형식적인 말만 하지 않겠나?

그런데 공을 사용하면 마음이 편안해지고 행동이 자연스러

Koosh Ball
쿠시볼

워진다네. 육체와 감정이 같이 움직인다는 사실은 이미 알고 있지? 가슴을 펴고 위를 쳐다보면서 '최악의 순간이야!'라고 소리쳐보게."

다쿠는 간자키가 시키는 대로 해보았다. 그러나 '최악의 순간'이라는 말이 너무도 경쾌한 목소리로 나오는 것이 아닌가?

"하하하하. 도저히 최악의 순간처럼 느껴지지 않는군요."

"그렇지? 그와 똑같은 일이 이 공을 가졌을 때 발생한다네. 일단 손으로 공을 만지작거리면 육체가 바뀌게 되네. 사람들은 공을 구슬처럼 손 위에서 굴리거나 위를 향해 던지곤 하지. 몸이 자연스러워지기 때문에 감정도 자유로워지면서 정말로 즐거웠던 일을 말할 수 있게 되는 걸세."

육체가 바뀌면 감정도 바뀐다…….

다쿠는 직원의 감정에 초점을 맞춘 관리 방법을 신선하게 받아들였다. 예전에는 규칙이나 힘으로 직원을 관리하는 방법이 합리적이라고 여겼다. 그런데 곰곰이 생각해보니 조직을 만드는 것은 어디까지나 사람이다. 그렇다면 사람의 감정에 초점을 맞추지 않고 조직을 움직이려는 것 자체가 이상한 일이 아닐까.

"더구나 이 공은 컬러풀하지? 색은 우뇌를 자극해서 학습 효율을 높인다네. 즉, 색깔을 이용하면 교육 효과를 높일 수 있지. 이 방법을 직원이 얼마나 빨리 배워서 창조성을 발휘할 수 있느냐에 따라 조직의 효율성이 달라진다네. 그렇다면 빨리 학습할 수 있는 환경을 만들어주는 것보다 더 좋은 일은 없겠지. 바로 이 '굿&뉴'는 그런 학습 환경에 딱 맞는 게임이라네."

처음에 황당한 표정을 지었던 다쿠도 이제 게임에 빠져들기 시작했다.

"그러면 이 단순한 공에 리프레이밍, 즉, 육체와 감정이라는 뇌과학의 지식, 효율적인 학습 환경이 모두 담겨 있다는 뜻인가요?"

간자키는 만족스러운 표정으로 고개를 끄덕였다.

"원래 효과가 있는 것은 매우 단순한 법이지. 아침 조례에서 '○○해야 한다'고 정신론을 말하는 것보다 '굿&뉴'를 10분 하는 것이 훨씬 효과적이네. 처음에는 어색하겠지만 막상 해보면 기분이 좋아질 걸세."

이렇게 간단하다면 나도 할 수 있지 않을까? 다쿠의 마음속에 자신감이 피어올랐다.

"이런 공이 아니라 어린 시절에 가지고 놀던 고무공이라도 상관없네. 자네에게 이 공을 선물하지."

"고맙습니다. 회사로 돌아가는 즉시 한번 해보겠습니다."

간자키는 팀원끼리 신뢰하게 만드는 비장의 방법도 가르쳐주었다.

"어색한 분위기를 부드럽게 만드는 또 한 가지 방법이 있네."

성공자의 고백

"그건 저희 회사에 꼭 필요한 방법입니다!"

"이것도 피터 클라인 선생이 개발한 방법이지. '승인의 원Vali-dation Circle'이라는 게임인데, 이 게임을 하면 팀원 한 사람 한 사람이 모두 소중한 존재라는 것을 느끼게 되네. 직원들이 가장 의욕을 잃어버릴 때가 언제라고 생각하나?"

"사람들한테 인정받지 못할 때가 아닐까요?"

"그렇다네. 회사를 그만두고 싶을 때는 내가 있을 장소가 없다고 느낄 때지. 그래서 직원들끼리 정기적으로 서로의 존재를 인정해줄 필요가 있는 걸세. 예를 들어 어떤 기념일에 서로의 존재를 인정하는 말을 해주는 걸세. '○○ 씨와 함께 일할 수 있어서 정말 다행입니다, 왜냐하면……' 그리고 그다음 문장을 완성시키는 거네. 시범적으로 자네를 대입해 해보겠네."

간자키는 자세를 바로 하더니 다쿠에게 시선을 향했다. 그리고 다쿠의 눈을 똑바로 쳐다보면서 진지하게 입을 열었다.

"나는 자네와 함께 일할 수 있어서 정말 기쁘네. 왜냐하면 자네에게 내 경험을 가르쳐줌으로써 나 또한 성장할 수 있기 때문이지."

간자키는 말을 마치고도 한동안 다쿠의 눈을 바라보았다.

다쿠는 어색하고 쑥스러워서 어찌할 바를 몰랐다. 그러나 그와 동시에 마음 깊은 곳에서 따뜻한 기운이 올라와서 가슴을 벅차게 만들었다. 정신이 들었을 때는 자기도 모르게 간자키에게 고개를 숙였다.

"어떤 느낌이 드나?"

"가슴이 따뜻함으로 가득 차는 것 같습니다. 평소에는 그런 말을 듣지 못했으니까요."

"이것을 생일에 하면 더욱 효과적이지. 그것은 '생일의 원Birthday Circle'이라고 한다네."

"그건 어떻게 하죠?"

"조금 전과 비슷한데, 이렇게 말하는 걸세. '당신이 태어나줘서 정말 기쁩니다. 왜냐하면……' 자, 어떤 느낌이 드나?"

"왠지 부끄러운데요."

"부끄럽기 때문에 효과가 있는 걸세. 부끄러워한다는 건 평소 자신의 존재를 인정받을 수 있는 기회가 없었다는 뜻이니까. 한번 해보겠네."

간자키는 다시 다쿠를 똑바로 쳐다보았다.

"자네가 태어나줘서 정말 기쁘네. 자네가 힘들어하면서도 용기를 내어 사업을 추진한 결과, 여태까지 만날 수 없던 세계의 사람과 이어질 수 있었기 때문이지."

다쿠는 눈시울이 뜨거워지면서 누군가에게 안기는 듯한 편안한 느낌이 들었다. 간자키가 회사에도 어머니의 애정이 필요하다고 한 이유를 이제야 알 것 같았다.

"어떤 느낌인가?"

"제 존재 자체를 인정받은 것 같습니다. 저는 여기 있어도 좋다, 저 자체로 충분하다고 말이죠."

"그래. 그런 느낌을 받았을 때, 직원들은 일에서도 의미를 발견할 수 있지. 일에서 의미를 발견하면 수익을 쫓을 뿐만 아니라 그 이상의 창조성을 발휘할 수 있네."

직원들의 감정에 초점을 맞추어라!

다쿠는 그런 당연한 사실을 이제야 깨달았다. 인원이 적을 때는 직원들의 마음이 저절로 이어진다. 하지만 회사가 성장하고 인원이 많아지면 저도 모르는 사이에 마음의 벽이 쌓이게 마련이다. 이제 그 벽을 허물고 직원들끼리 다시 이어지는 방법이 다쿠의 손에 들어온 것이다.

회사의 법률, 크레도

"제1단계에 대한 설명은 여기까지일세. 팀으로 바꿀 때는 우선 어머니 같은 사랑을 쏟은 다음에 팀원들 사이에 신뢰 관계를 만들어야 하네. 그다음 단계는 기억하고 있나?"

"네. 그다음은 아버지 같은 의지의 힘으로 사회생활을 위한 규칙이나 규율을 엄격하게 만드는 단계죠."

"그 단계에서도 누구나 할 수 있고 돈도 들지 않으며 앞으로 계속할 수 있는 방법이 있네. 그것은 크레도Credo라는 매우 강력한 방법일세. 우리 회사에도 도입했네만, 회사가 크게 바뀐 원인 중 80퍼센트는 크레도를 도입한 덕분이라고 믿고 있네. 한번 해보면 얼마나 효과가 큰지 알 수 있을 걸세."

"크레도요? 그게 무슨 뜻이죠?"

"크레도는 신조信條라는 뜻으로, 회사의 법률 같은 것이지. 회사를 경영하는 데 반드시 지켜야 할 항목을 문장으로 만드는 걸세. 백문이 불여일견이라고, 실제로 보는 것이 더 빠르겠지?"

간자키는 그렇게 말하고 나서 다쿠에게 명함 크기의 카드를 건네주었다. 카드를 펼치자 작은 글자가 빼곡히 쓰여 있었다.

"크레도는 리츠칼튼호텔이 회사의 가치관과 철학을 정리한 것인데, 효과가 워낙 뛰어나서 많은 회사에서 사용하고 있지. 리츠칼튼호텔은 그렇게 크지 않은 부티크 호텔이지만, 훌륭한 서비스를 통해 세계적으로 높은 평가를 받고 있다네.

가령 리츠칼튼호텔에서 길을 물으면 직원은 길을 가르쳐주는 것은 기본이고 그 장소까지 직접 안내해주는 것이 원칙이지. 청소하는 사람부터 사장에 이르기까지 전 세계 직원들이 똑같이 말일세. 또한 전 세계 어디에서나 전화벨이 세 번 울리기 전에 웃는 얼굴로 전화를 받는데, 그렇게 뛰어난 인재를 만드는 비결이 바로 이 크레도라네."

다쿠는 새삼스러운 눈길로 크레도 카드를 뚫어지게 쳐다보았다. 흔히 볼 수 있는 회사의 이념과 달리 자세한 행동 규칙까지 쓰여 있는 것에 놀랄 수밖에 없었다.

"리츠칼튼호텔에서는 라인업Lineup이라는 짧은 회의를 매일 진행하네. 그리고 크레도 카드에 쓰여 있는 기본 수칙인 스무 가지 항목 중 한 가지씩을 매일 서로 이야기하지. 이 스무 가지 항목을 조직 전체가 무의식적으로 행동할 수 있을 때까지 철저하게 교육하는 거네."

"조직 전체가 무의식적으로 행동하면 상사가 똑같은 말을 몇 번씩 하지 않아도 되겠군요. 저희 회사에서는 몇 번씩 주의를 주어도 직원들이 잊어버리곤 해서, 얼마나 화가 나는지 모릅니다."

"상사의 가장 큰 불만은 몇 번씩 말해도 직원들이 기억하지 못하는 거지. 하지만 그것은 당연한 일이네. 도덕이나 가치관처럼 기본적인 행동과 습관을 관장하는 뇌는 대뇌변연계라는 부분인데, 분석 능력을 관장하는 대뇌신피질과 달리 회로를 바꾸는 데 시간이 오래 걸린다고 하더군. 즉, 도덕과 가치관을 가르치기 위해서는 오랜 시간을 들여서 몇 번씩 계속 말해야 한다는 뜻이네."

"적어도 일곱 번을 말해야 직원들이 기억한다고 하더군요."

"그래. 그렇지 않으면 술자리에서 오랜 시간을 들여서 끈질기게 말해야 하지. 그래야만 회사의 가치관에 맞는, 기본적인 능력을 가진 직원으로 성장한다네."

"그렇다면 저도 직원들과 자주 술자리를 갖거나 계속해서 똑

THE RITZ-CARLTON®

리츠칼튼인의 기본 수칙 20
The Ritz-Carlton 20 Basic

1. 신조는 우리 리츠칼튼의 기본적인 신념이다. 모든 직원은 리츠칼튼인의 신조를 숙지하고 자신의 것으로 만들어 행동한다.
2. 우리의 사훈은 "We are Ladies and Gentlemen Serving Ladies and Gentlemen"이다. 서비스 전문인으로서 우리는 우리의 고객과 동료를 존경심과 품위를 가지고 대한다.
3. 서비스의 3단계는 리츠칼튼 서비스의 기본이다. 이 3단계는 고객 만족, 고객 보유, 그리고 고객의 충성도를 확고히 하기 위하여 모든 고객과의 관계 속에서 반드시 적용되어야 한다.
4. 직원에 대한 약속은 우리 리츠칼튼의 근무 분위기를 위한 토대가 된다. 모든 직원은 이 약속을 존중한다.
5. 모든 직원은 자신의 직책에 대한 소정의 교육 과정을 매년 성공적으로 이수해야 한다.
6. 회사의 목표는 모든 직원에게 전달되어야 하며, 그 목표를 달성하도록 노력하는 것은 우리 모두의 책임이다.
7. 모든 직원은 자부심과 즐거움이 있는 직장을 만들기 위해 그들과 관련된 업무의 계획에 참여한다.
8. 모든 직원은 호텔 전반에 관한 문제점(M.R.B.I.V)을 지속적으로 규명하도록 한다.
9. 우리 내외부 고객의 요구에 잘 부응하도록, 팀워크와 리트럴 서비스가 원활하게 이루어지는 근무 환경을 만드는 것은 모든 직원의 책임이다.
10. 모든 직원은 권한을 부여받는다. 예를 들어 고객에게 문제가 있거나, 특별한 일을 요구할 때, 우리는 하던 일을 멈추고 그 문제를 해결해야 한다.
11. 절대 청결은 모든 직원의 책임이다.
12. 고객들에게 최고의 개별 서비스를 제공하기 위해서 모든 직원은 개별적 고객의 기호를 찾아내고 기록할 책임이 있다.
13. 절대 고객을 잃어서는 안 된다. 고객의 불편 사항을 즉각 해결하는 것이 직원의 임무다. 고객의 불편 사항을 접수한 직원이 직접 책임지고 고객이 만족할 때까지 해결한 후 보고한다.
14. 미소를 짓는다. 우리는 지금 무대 위에 있다. 항상 부드러운 눈빛을 유지하고 우리의 내외부 고객들에게 예절 바른 언어를 사용한다. ('Good Morning' 'Certainly' 'I'll be happy to' 'My pleasure'와 같은 언어를 사용한다. 'O.K' 'Hi/Hello' 'Folks' 그리고 'No problem'과 같은 언어를 사용하지 않는다.)
15. 호텔 안밖에서는 리츠칼튼을 대표한다는 생각으로 행동한다. 언제나 긍정적으로 말하며, 어떠한 문제든 적합한 사람을 찾아가 대화한다.
16. 고객이 원하는 곳은 방향만 알려주지 말고 직접 안내한다.
17. 리츠칼튼의 올바른 전화 예절을 갖춘다. 전화는 벨이 세 번 울리기 전에 '미소 띤 음성'으로 받는다. 가능한 한 모든 경우에 고객의 성함을 사용한다. 필

서비스의 3단계

1.
따뜻하고 진실된 마음으로
고객을 맞이하며, 되도록
고객의 성함을 사용한다.

2.
고객이 원하는 바를 미리
예측하고 이에 부응한다.

3.
따뜻한 작별 인사로 고객에게
감사를 드리며, 되도록
고객의 성함을 사용한다.

리츠칼튼
크레도 카드
CREDO CARD

리츠칼튼호텔은 고객의 편안함과
고객에 대한 정성 어린 배려를
위하여 최선을 다하는 것을
가장 중요한 임무로 삼는 곳이다.

우리는 고객이 친절하고 품위 있는
분위기를 느낄 수 있도록
최선의 개별 서비스와 시설을
제공할 것을 다짐한다.

리츠칼튼호텔에서 우리의 고객이
새로운 느낌과 만족감을 경험할
수 있도록 하며, 고객이 표현하지
않은 기대와 요구까지도
충족시켜드린다.

요한 경우, "May I place you on hold?
(잠시 기다려주시겠습니까?)'라고 묻는다.
상대방의 성함을 묻지 않으며, 가능하
면 고객의 전화를 다른 부서로 돌리지
않는다. Voice Mail 규정을 지킨다.

18. 자신의 외모에 관심을 쏟고 자신감을
    갖는다. 모든 직원은 리츠칼튼의 복장
    및 용모 규정을 준수함으로써 전문인다
    운 이미지를 전할 책임이 있다.

19. 먼저 안전을 생각한다. 모든 직원에게
    는 고객과 우리 자신을 위하여 안전하
    고 사고가 없는 직장을 만들 책임이 있
    다. 화재 및 비상시 행동 절차에 대해
    숙지하고 어떤 안전상의 위험도 즉각
    적으로 보고한다.

20. 리츠칼튼호텔의 자산을 보호하는 것은
    모든 직원의 책임이다. 에너지를 절약
    하고 호텔을 적절히 관리, 보수하며 환
    경을 보호한다.

"We Are Ladies and Gentlemen Serving Ladies and Gentlemen"

직원에 대한 약속

리츠칼튼에서는 우리의 신사
숙녀들이 고객에 대한 서비스에
서 가장 중요한 자원이다.

신뢰와 정직, 존중, 성실과 약속을
바탕으로 우리는 개인과 회사의
이익을 위해 그들의 재능을 발전
시키고 최대화할 것이다.

리츠칼튼은 다양함이 존중받고,
삶의 질이 향상되며, 개인의
포부를 만족시키고 리츠칼튼의
신비함이 강화되는
근무 환경을 만들 것이다.

크레도

리츠칼튼호텔은 고객의 편안함과
고객에 대한 정성 어린 배려를
위하여 최선을 다하는 것을
가장 중요한 임무로 삼는 곳이다.

우리는 고객이 친절하고 품위 있는
분위기를 느낄 수 있도록
최선의 개별 서비스와 시설을
제공할 것을 다짐한다.

리츠칼튼호텔에서 우리의 고객이
새로운 느낌과 만족감을 경험할
수 있도록 하며, 고객이 표현하지
않은 기대와 요구까지도
충족시켜드린다.

같은 말을 반복해야 한다는 건가요?"

"그게 아니면 자동적으로 일곱 번 반복하는 시스템을 만들어야겠지."

그 순간, 다쿠의 머릿속에 번뜩 떠오르는 것이 있었다.

"아하! 그 일곱 번 반복하는 시스템이 라인업이군요."

"그렇다네. 스무 가지 정도의 행동 양식이라면, 매일 하나씩 말하면 한 달 안에 모두 말할 수 있지. 그러면 일곱 달 후에는 회사 운영에 필요한 모든 사항이 전 직원의 가치관으로 정착되네. 처음에 운전을 시작할 때는 벌벌 떨지만 한번 익숙해지면 그다음에는 자연스럽게 운전할 수 있는 것처럼, 직원들도 무의식중에 회사의 가치관에 따라 행동할 수 있게 되지. 즉, 일곱 달 이후부터는 대단히 유능한 조직이 만들어지는 걸세."

예전의 일본 회사가 직원들을 교육한 것과 똑같지 않은가. 다쿠는 그렇게 생각하며 간자키에게 말했다.

"많은 회사에서 조례 때마다 사훈을 복창하는 것과 똑같은 방식이군요."

"아니, 비슷한 것 같지만 전혀 다르네. 가장 크게 다른 점은 단지 읽는 것으로 그치는 게 아니라는 것이지. 라인업에서는 그날의 항목에 대해서 자기 의견을 말해야 하네.

구체적인 방법은 라인업의 리더가 일단 그날의 항목을 읽는 거지. 그리고 그것에 관한 자신의 의견과 최근의 경험을 말해서 다른 멤버들과 공유하는 걸세. 그런 다음에는 다른 멤버들도 자기 의견을 말해서 모든 사람과 공유하네. 그러면 단순 복창과는 전혀 다른 결과가 나타나지.

복창의 목적은 직원을 회사의 틀에 맞춰서 스스로 생각하지 않는 사람을 만드는 걸세. 반면에 크레도의 목적은 가치관이나 행동 양식을 실제로 응용함으로써 스스로 생각하는 사람을 만드는 거네."

간자키가 더 많은 정보를 가지고 있을 것 같아서 다쿠는 더욱 깊이 파고들었다.

"다른 멤버들과 의견을 공유하면 왜 그렇게 큰 차이가 나는 걸까요?"

"그것은 뇌에서 피드백 효과를 얻을 수 있기 때문이지. 자기 의견을 소리 내어 말하고, 그것에 대해 다른 멤버들이 고개를 끄덕이는 걸 본다는 건 자기가 내보낸 정보가 다시 자기에게 돌아오는 것을 의미하네. 그러면 혼자 생각했을 때에 비해 자극이 두 배가 되면서 뇌의 신경회로는 두 배의 속도로 굵어지지. 즉, 그만큼 학습 속도가 빨라지는 거네. 흔히 가장 빨리 배우는 방법은 남을 가르치는 것이라고 하잖나? 그것과 메커니즘이 똑같네.

제삼자로부터 오는 피드백이 클수록, 다시 말해 많은 사람이 동의할수록 자기 의견이 옳다는 확신을 가질 수 있지. 처음에는 자신감이 없어도 사람들의 동의를 얻은 순간, 자신의 의견이 옳다는 믿음이 자리 잡게 되네. 그러면 무의식중에 자기 입에서 나온 원칙에 따라서 행동할 수 있게 되는 걸세."

"뇌의 학습 과정을 생각해보면 아주 좋은 방법이군요."

"그렇다네. 뇌의 구조를 전제로 학습 속도를 높이기 때문에, 크레도를 하면 좋은 결과가 나올 수밖에 없지."

다쿠는 크레도를 도입하면 어떻게 될지, 6개월 뒤의 마스터링크를 상상해보았다. 자신이 일일이 지시하지 않아도 직원이 스스로 사고하고 판단한다. 고객들의 불만이 생기지 않도록 대응할 수 있다. 모든 직원이 자신의 의견을 이해하기 쉽게 전달할 수 있다. 사장이 일일이 지시할 필요가 없어지면 자신은 마음 놓고 외출할 수도 있고 장기간 출장 갈 수도 있다. 크레도 카드를 처음 봤을 때는 따라 하기 힘들 것 같았지만, 6개월 뒤의 상황을 상상해보자 꼭 해보고 싶었다.

물론 회사에 따라서 직원을 키우는 방법은 달라야 할 것이다. 그러나 회사가 다르다고 해서 직원들의 뇌 구조까지 다른 것은 아니다. 그렇다면 뇌 구조에 맞게 직원들을 관리하는 크레도야말로 최고의 방법이 아닐까?

시간에 여유가 있으면 독자적인 관리 방법을 만들 수 있겠지만, 다쿠는 6개월 안에 관리팀을 만들지 않으면 안 된다. 하루하루 시간을 까먹고 있는 현실을 감안하면 독자적인 새로운 방법에 적응하면서 시행착오를 겪는 것보다 다른 회사에서 성공한 방법을 따라하는 편이 더 효과적이라는 결론에 도달했다.

"크레도 항목을 어떻게 만들면 좋을지 구체적으로 가르쳐주십시오."

"자네는 부하 직원이 일하는 방식을 보면 화가 날 때가 없나?"

"예전에는 별로 없었지만 지금은 거의 매일 화가 납니다. 왜 그렇게 간단한 일조차 못하는지, 머리를 쥐어짜며 고민하고 있습니다."

"예를 들면 어떤 것에 화가 나나?"

"가장 화가 나는 것은 월요일에 휴가를 내는 것입니다. 일주일 중에 월요일이 가장 바쁘다는 것은 어린애도 아는 사실 아닙니까? 즉, 자신이 월요일에 휴가를 내면 다른 동료들은 두 배로 고생을 해야 하죠. 그럼에도 토요일부터 사흘 연속 쉴 수 있어서 그런지, 월요일에 휴가를 내는 사람이 많습니다. 저로서는 도저히 이해할 수 없는 일입니다.

그리고 어느 회사나 입사하고 6개월 동안은 휴가를 쓰지 않는다는 게 당연하지 않습니까? 그런데 입사한 지 두 달도 안 된 사람이 장기 휴가를 내서 하와이에 놀러 가곤 하는데, 그런 사람들에겐 어이없어서 입을 다물 수 없을 정도입니다. 요즘 젊은 사람 중에는 사회인으로서 상식이 통하지 않는 사람이 많은 것 같습니다."

"하하하, 자네 마음은 이해하네. 하지만 직원들은 자네가 생각하는 상식을 모르지 않을까? 애초에 자네가 말하지도 않았으니까. 더구나 자네가 가장 먼저 규칙을 깨뜨리면서 어떻게 직원들에게 규칙을 지키라고 하겠나?

아마 열심히 일하고 있는 직원들도 지금쯤 자네와 똑같은 고민에 빠져 있을 걸세. 열심히 일한다고 해서 열심히 일하지 않는 직원에게 불평할 수는 없네. 그들은 똑같은 지위, 똑같은 처지에 있으니까 말일세. 그래서 회사는 나쁜 직원 쪽으로 물들어갈 수밖에 없네. 악화가 양화를 구축한다는 말이 있지만, 나쁜 직원이 좋은 직원을 구축하는 것이 현실이지.

자네의 분노가 무엇인지 생각해보면 크레도의 항목이 쉽게 떠오를 걸세. 분노란 곧 자네의 기대나, 자네의 가치관에 맞지 않게 행동하는 것이지. 다시 말해 화가 난 사항에 대해서 다시는 화내지 않도록 'ㅇㅇ해서는 안 된다'는 문장을 만드는 걸세.

'ㅇㅇ해서는 안 된다'는 문장이 완성되면 그것을 긍정문으로 고쳐보게. 'ㅇㅇ하지 말라'는 표현은 매우 억압적으로 들려서 직원들에게 스트레스로 작용할 수 있네. 똑같은 뜻이라도 '△△한다'는 형태로 바꾸는 편이 잠재의식에 쉽게 새겨진다더군. 예를 들어 '월요일에 휴가를 내서는 안 된다'는 표현은 '휴가를 낼 때는 팀원에게 부담을 주지 않는 날로 하자'는 식으로 바꾸는 걸세."

"그걸 스무 가지나 생각해내야 하나요? 너무 힘들 것 같군요."

다쿠는 그것을 생각해낼 만한 시간이 없을 것 같아서 잠시 망설였다.

"모든 회사가 처음부터 스무 가지 항목이 있었던 것은 아니네. 가령 한두 가지라도 없는 것보다는 낫겠지. 또 어떤 일에 화가 나나?"

"자기 머리로 생각하지 않고 지시를 받으려고 하는 거요."

"그것 말고는?"

"입버릇처럼 자기 힘으로는 할 수 없다고 말하는 것, 그리고 납품 일정 관리가 허술한 것, 직원들끼리 서로 협조하지 않는 것, 그리고……."

"벌써 다섯 가지가 나오지 않았나? 그것이면 충분하네. 일단은 시작하는 것이 중요하니까."

"그렇군요. 나머지는 직접 실천하면서 추가하면 되겠군요."

"그래. 이 세상에 처음부터 완벽한 회사가 어디 있겠나?"

시계를 보니 어느덧 회사로 돌아갈 시간이었다. 다쿠는 시간이 압축된 세계에 들어갔다 나온 듯한 착각에 빠졌다. 간자키와 함께 있은 지 몇 시간 되지 않았지만, 그사이에 평생이 걸려도 배울 수 없는 팀 만들기의 근간을 배웠다.

헤어질 때 간자키는 한마디 덧붙였다.

"참, 한 가지 깜빡했군. 이 일을 시작하면 조직에 숨어 있던 고름이 밖으로 나오지. 어쩌면 자네를 공격하는 사람이 나타날지도 모르네. 그것은 하나의 과정이니까 좋은 방향으로 가는 신호라고 생각하게."

간자키는 마치 형사 콜롬보처럼 모든 것을 훤히 꿰뚫어 보듯 말했다.

어머니의 사랑, 아버지의 의지

밤늦게 집으로 돌아온 다쿠의 눈에 유키코가 읽던 육아책이 들어왔다.

"어머니의 사랑, 아버지의 의지라……."

그렇게 중얼거리면서 다쿠는 육아책을 들추어보았다. 그동안 육아책에는 모유를 주는 방법과 기저귀를 갈아주는 방법, 병에 걸렸을 때의 진단 방법 등 아이를 키우는 기본적인 상식이 쓰여 있는 줄로만 알았다. 그런데 페이지를 넘긴 다쿠는 상상도 못 한 다양한 정보를 접하고 깜짝 놀랐다. 육아책에는 어떻게 하면 좋은 아이로 키울 수 있는지에 관해서도 쓰여 있었던 것이다. 그것은 어떻게 하면 좋은 직원으로 키울 수 있을지로 바꾸어도 될 것 같았다. 그는 어쩌면 육아책이 최적의 관리 교과서일지도 모른다는 생각이 들었다.

그동안 유키코는 어떻게 하면 아이를 잘 키울지 고민했다. 그러기 위해 육아책을 보며 혼자 싸워왔음을 다쿠는 처음 깨달았다.

'유키코는 진짜 아이를 키우고, 나는 팀을 키우고 있었군.'

그는 유키코와 생각지도 못한 공통점을 발견하고 기뻐했다.

'유키코가 돌아오면 우리가 똑같은 일을 하고 있었다고 말해 줘야지.'

그는 아내의 웃는 얼굴을 상상하려고 했다. 그러나 그토록 익숙했던 얼굴이 곧바로 떠오르지 않아서 서글펐다.

다음 날, 다쿠는 회사에 가자마자 간자키에게서 받은 쿠시볼을 이용해 '굿&뉴'를 시도했다. 처음에는 직원들 모두 당황한 기색이 역력했지만 3주쯤 지나자 어색한 분위기가 많이 자연스러워지면서 여기저기에 웃음꽃이 피기 시작했다. 서로 협조하려는 마음도 느낄 수 있었다.

직원의 생일에 '생일의 원'을 시도했을 때는 눈물을 흘리는 사람까지 있었다. 처음에는 쑥스러운 표정을 지었지만, 한 사람의 입에서 나온 감사의 말을 계기로 마지막에는 직원 모두 상대방의 존재를 인정하게 되었다. 그것은 딱딱하게 굳어 있던 얼음이 따뜻한 햇살에 녹아내리는 느낌이었다.

이런 단순한 게임을 통해 직원들의 마음이 통하다니! 그것은 새로운 분야에 눈을 뜨는 독특한 경험이었다. 솔직히 말해서 다쿠는 사람을 움직이는 것에 대해서 자신이 없었다. 자기는 카리스마가 있는 강력한 리더와는 거리가 먼 사람이라고 스스로를 평가했다. 그렇기 때문에 적은 인원으로 할 수 있는 사업 모델을 선택한 것이다.

그런데 과학적인 방법을 이용해서 조직을 키우는 것에 자신감을 갖게 되니 팀으로 일하는 것이 너무나 즐거웠다. 직원이 성장하는 과정에 완전히 매료된 것이다.

그렇게 한 달이 지나자 직원들이 몰라보게 달라졌다. 결근이 줄어들면서 산더미처럼 쌓여 있던 업무도 정리되기 시작했다. 이제 '이대로는 조직이 무너질지도 모른다'라는 위기 상황에서 벗어났다는 안도감이 온몸에 스며들었다.

그는 다음 단계로 크레도에 착수했다. 불과 다섯 가지라서 그런지, 많은 직원이 저항감 없이 받아들였다. 하지만 불만스러운 표정을 짓는 사람도 몇몇 있었다. 그들은 크레도의 도입에 대해서 불쾌하게 생각하며 자기 차례가 되면 부정적인 말만 골라서 했다.

더구나 다른 직원들에게도 "대체 이게 뭐하는 짓인지 모르겠어, 정말 한심한 노릇이야" 하고 말하는 것 같았다. 자신에게 직접 말하지 않고 뒤에서 험담을 하기 때문에 다쿠는 대처할 방법이 없었다. 다만 전체에 영향을 미치지 않을 정도의 사소한 것이라서 그도 이러쿵저러쿵 말할 마음은 없었다. 새로운 일을 시작하면 반드시 불안을 느끼는 사람이 나타나게 마련이다. 그는 언젠가는 불씨가 사그라지리라고 생각하고 못 본 척하기로 했다.

간자키도 고름이 나올 것이라고 하지 않았던가. 그래서 순탄하지 않으리라는 것은 이미 각오하고 있었다. 그러나 다쿠는 결국 당황할 수밖에 없었다. 가장 노골적으로 창끝을 세운 사람은 다쿠가 상상도 하지 못한 사람이었던 것이다.

4장

성공의 끝에서

At the
End of
Success

*회사와 가정의 균형

"슬픔과 괴로움, 기쁨을 서로 이해하면
큰 힘이 생기고 그 힘은 세계를
더 좋은 방향으로 이끌어가는 초석이 된다."

고토 미도리(바이올리니스트)

생각지도 못한 사태

사건은 한 통의 메일에서 시작되었다.

당시 다쿠는 일주일 일정으로 지방에 출장을 간 상태였다. 다쿠는 출장 때문에 이번 주 회의를 진행해달라고 료에게 메일로 부탁했다. 그것에 대한 료의 답장 메일을 보고 다쿠는 실망을 금할 수 없었다.

'미안하지만 난 고객과 중요한 상담이 있어서 사내 회의에는 참석할 수 없어.'

다쿠는 출장 오기 전에 료에게 몇 번이나 부탁했다. 지금 중요한 것은 매출을 올리는 게 아니라 조직을 제대로 만드는 것이니까 반드시 회의에 참석해달라, 이제 겨우 회의가 정착되고 있는 마당에 간부 직원이 그 규칙을 깨면 모처럼 잘 진행되던 팀 운영에 찬물을 끼얹었을 수도 있다고 하면서…….

다쿠는 일의 우선순위를 모르는 료에게 화가 치밀어 곧바로 전화를 걸어서 회의를 진행하라고 지시했다. 하지만 료의 대답은 그들 사이에 있는 골이 얼마나 깊은지 확인시켜줄 뿐이었다.

"말대꾸를 하는 것 같지만 이번 약속은 계약을 따낼 수 있는 중요한 상담이야. 우리가 먼저 약속을 깨면 계약을 놓칠지도 모른다고!"

"약속을 미루어도 계약은 도망치지 않아. 어쨌든 이것은 직원들을 하나로 뭉치게 만드는 중요한 회의야. 자네가 참석하지 않으면 안 돼!"

"다쿠, 지금 뭔가 착각하는 거 아냐? 영업을 너무 만만하게 생각하는 거 아니냐고! 회사의 이익이 어디서 나오는지 알고 있어? 이익이 나오는 곳은 고객이야. 회사 내부에서 아무리 회의를 많이 해봤자 한 푼도 생기지 않는다고!"

그 말에 다쿠는 머리끝까지 화가 치밀었다. 사장의 지시를 따르지 않는 것에 대한 분노도 더해졌다.

"뭘 모르는 사람은 자네야. 지금 마스터링크에 필요한 것은 경영 시스템이라고! 아무리 영업을 잘해도 경영 시스템의 토대가 안정되지 않으면 이익은 남지 않아. 우리 회사는 지금 고객이 알아서 전화를 할 정도이니까 신입 직원이라도 영업을 할 수 있어!"

다쿠는 그렇게 말한 다음, 료의 반박을 기다렸다. 생각하기 전에 말을 내뱉는 료의 성격으로 보아 곧바로 답이 돌아올 것이다. 하지만 다쿠의 예상은 빗나갔다. 수화기에서는 침묵만이 흘렀고, 그 침묵 속에서 료의 분노가 전해졌다.

다쿠는 더 이상 침묵을 견딜 수 없었다.

"어쨌든 고객과는 다시 약속을 잡아. 그 회사 사장이라면 나도 알고 있으니까 전화해두지."

"알겠습니다."

전화가 끊어졌다. 갑자기 정중하게 변한 료의 말투가 다쿠의 귓가에서 계속 맴돌았다.

이 사건이 일어난 것은 팀 만들기에 착수한 지 3개월쯤 된 시점으로, 직원들이 안정을 되찾은 무렵이었다. 그동안 다쿠는 맨앞에서 진두지휘하면서 혼란을 수습했다. 전화가 울리면 가장 먼저 수화기를 들었고, 회의에도 솔선해서 참석했다. 또한 자신이 직접 문서를 작성해서 사내 업무를 매뉴얼화했다.

그는 지금까지 직원들을 가르친 적이 별로 없었다. 직원들에게 일을 시키는 것보다 자신이 처리하는 편이 더 빨랐기 때문이었다. 그런데 몇 번 시범을 보였더니 직원들은 그에게 의지하지 않고 일하기 시작했다. 그동안 직원들이 제대로 일하지 못한 것은 입으로 시키기만 하고 시범을 보이지 않은 탓이었다.

그때까지 회사는 매일 긴급사태의 연속이었다. 그렇게 3개월 동안 노력한 끝에 겨우 업무를 예측할 수 있는 단계에 이르렀다. 그런 와중에 료와 충돌이 생긴 것이다. 이것은 흔히 있는 일상의 작은 알력처럼 보였다. 하지만 그것은 앞으로 시작될 큰 사건의 예고편에 지나지 않았다.

사건이 일어난 다음 날, 다쿠는 출장 간 지방의 호텔에서 아침을 먹고 있었다. 휴대전화가 울려서 받으려고 보니 액정 화면에 사토코의 이름이 나타났다.

"여보세요. 사장님, 제가 메일 하나 보냈는데 확인해보셨어요?"

"아직 안 봤어. 무슨 내용이지?"

"일단 빨리 읽어보세요. 전화상으로는 말씀드릴 수 없어요."

사토코의 목소리에는 긴장감이 잔뜩 묻어 있었다.

"알았어. 지금 바로 볼게."

그는 밥을 먹는 둥 마는 둥 하고는 황급히 방으로 돌아가 노트북 컴퓨터를 켰다.

사토코가 보낸 메일에는 '긴급'이라는 표시가 찍혀 있었다. 제목은 쓰여 있지 않았다. 메일을 보낸 시간은 어젯밤 11시 23분. 그녀는 지하철이 끊기기 직전까지 일하고 있었던 것이다.

다쿠는 메일을 열었고 내용을 읽어나가면서 얼굴에서 핏기가 사라지기 시작했다.

'지금까지 말씀드려야 할지 말지 고민이 되어서 망설였지만 이제는 한계 상황이라서 어쩔 수 없습니다. 지금 회사에서는 사장님께서 모르시는 일이 벌어지고 있습니다. 사장님께서 외출하거나 출장을 가면 료 부장은 일절 일을 하지 않습니다. 낮잠을 잘 때도 있고, 점심을 먹으러 나갔다가 3시가 넘어서 들어올 때도 있습니다. 술을 마시고 불콰해진 얼굴로 돌아온 적이 한두 번이 아닙니다.

사장님께서 가장 신뢰하는 사람은 료 부장이라고 생각해서 지금까지 가만히 있었지만, 최근 그의 행동은 더 이상 봐줄 수 없을 정도입니다. 이번에 사장님께서 출장 가신 동안은 회사에 제대로 나오지도 않고, 나온다고 해도 회의가 필요 없다는 둥 그런 쓸데없는 일을 해서 뭐하냐는 둥 직원들의 사기를 떨어뜨릴 뿐입니다.

문제는 이것만이 아닙니다. 예전에 파견 직원으로 근무했던 다나카 씨를 기억하시죠? 그녀가 그만둔 이유는 료 부장의 성추행 때문입니다. 료 부장이 노골적으로 손을 만지거나 허리를 껴안는 것이 싫어서 그만둔 것이죠. 여직원들은 겉으로는 아무 일도 없었던 것처럼 행동하지만 사장님께 상당한 불만을 가지고 있습니다. 사내에 성추행이 일어났음에도 사장님께서 아무 대처도 하지 않으니까요.

최근 들어 료 부장의 표적은 제가 되었습니다. 처음에는 상대하지 않으면 포기할 거라고 생각했는데, 지난주부터 더 노골적으로 추근대서 더는 견딜 수 없는 지경에 이르렀습니다.

지금이라면 아직 늦지 않았으니까 신속히 처리해주시기 바랍니다.'

메일을 읽어 내려가는 동안 료에 관한 여러 가지 소문이 머릿속에 떠올랐다. 예전에 경리부에서는 료의 접대비가 너무 많다고 지적한 적이 있었다. 하룻밤에 30만 엔이나 쓰는 경우가 비일비재한데, 어디에 썼는지 알 수 없다는 것이었다. 또 거래처 한 군데를 방문하는 데 2박 3일이나 출장을 가는 것도 이상하다고 했다. 그러나 다쿠는 료를 신뢰했고, 부정이 있다고 해도 실적을 올리기 위해서는 어쩔 수 없는 일이라고 너그럽게 넘어갔다.

료에 관한 소문은 거래처에서도 들려왔다. 료가 디지월의 오무라 같은 사람과 술 마시는 것을 보았다는 것이다. 디지월에서 외국어 홈페이지 제작 시장에 빨리 뛰어들 수 있었던 이유는 료와 오무라가 뒤에서 손을 잡았기 때문이라고 억측하는 사람도 있었다. 디지월의 홈페이지 제작이나 마케팅 방법 등도 마스터링크와 똑같았다. 그뿐만 아니라 사내에서도 몇 사람밖에 모르는, 마스터링크가 확보하고 있는 번역가 그룹도 디지월의 연락을 받았다고 한다.

그런 소문들은 어디까지나 추측에 불과하고, 의심하기 시작하면 끝이 없으니까 다쿠는 못 들은 척해왔던 것이다. 그러나 사토코의 메일을 받고 나니 더 이상 현실을 묵과할 수 없다는 생각이 들었다.

자신이 모르는 곳에서 성추행까지 일어나고 있었다니! 성추행은 회사의 존속을 좌우하는 중대한 사건으로, 료와 충돌하는 것을 더는 피할 수 없었다. 그렇게 결론을 내리자 지난번 자금 부족 사태가 어떻게 오무라 쪽에 흘러 들어갔는지에 대해서도 이해가 되었다.

지금 출장이 문제가 아니었다. 다쿠는 황급히 출장 일정을 취소하고 짐을 꾸렸다. 그리고 료에게 오늘 오후 5시부터 둘이서 회의를 하자고 연락했다.

곪아 있던 고름의 정체

회의를 시작하자마자 다쿠는 사실 관계를 캐물었다.

"료, 내가 회사에 나오지 않을 때는 지각도 자주 하고 점심시간에도 늦게 들어온다는 말이 있던데."

"누가 그런 거짓말을 해? 난 그런 적 없어."

료는 다쿠의 눈길을 피하면서 히죽히죽 웃었다. 그토록 보기 좋던 넉넉한 웃음이 사람을 비하하는 듯한 표정으로 바뀐 것을 보고 다쿠는 온몸에 소름이 돋았다.

"료, 이건 아주 중요한 이야기야."

료는 심각한 분위기를 느꼈지만 별일이 아니라는 듯이 행동했다.

"내 생각에는 이렇게 쓸데없는 이야기를 할 시간이 있다면 차라리 고객을 만나는 편이 훨씬 나을 것 같은데?"

진지하지 않은 료의 태도를 보고 다쿠는 접근 방법을 바꾸기로 했다.

"지난번에 다나카 씨가 그만둔 일 있지? 그것에 대해서 할 말이 없나?"

"할 말이라니, 그게 무슨 뜻이지?"

료는 눈을 크게 뜨며 되물었다. 알면서 모르는 척한다면 대단한 연기력이다.

"자네 성추행 때문에 그만두었다고 하던데."

"그 여자가 그래?"

"그래. 그만둔 다음에도 다른 여직원과 연락하고 있더군. 자네가 손을 만지거나 허리를 껴안아서 그만두었다고 하던데, 사실인가?"

다쿠는 료가 미안하다고 사과하기를 기대했다. 그런데 료는 다쿠의 기대를 철저하게 무너뜨렸다.

"멍청한 여자 같으니! 그건 친하다는 표시야. 싫으면 싫다고 말하면 되잖아! 그렇게 말하지 않으면 좋다고 받아들이는 게 당연하지 않나?"

그 대답을 들은 순간, 다쿠는 사장으로서 결단을 내려야만 한다는 사실을 깨달았다. 료로 인해 여러 사람이 상처를 입고 있다. 그럼에도 당사자인 그는 다른 사람의 고통에 대해 손톱만큼도 신경 쓰지 않고 있었다.

료가 입사한 이후, 영업은 모두 그에게 맡겼다. 료와 고객의 인간관계는 대단히 끈끈해서, 그가 그만두면 고객도 떠날 가능성이 높다. 영업부도 완전히 장악하고 있기 때문에, 료를 따라서 그만둘지도 모른다. 그러면 직원들은 불안해하고 매출은 바닥을 칠 것이다. 하지만 매출이 밑바닥까지 떨어진다고 해도, 회사의 도덕성과 바꿀 수는 없다.

다쿠는 자신이 이런 말을 해야 할 상황에 놓여 있다는 것을 믿을 수 없었다. 하지만 더 이상 뒤로 물러설 수는 없었다.

"료, 하기 어려운 말을 해야겠어. 나는 지금껏 자네와 일하면서 참으로 행복했어. 또 자네가 없었으면 마스터링크가 이렇게까지 성장할 수 없었을 거야. 그것은 아주 고마워하고 있어. 하지만 앞으로는 개인의 영업력이 아니라 팀으로 운영하는 시스템을 만들지 않으면 안 돼. 유감스럽게도 자네는 그런 시스템에 맞지 않아. 더 이상 이 회사에 있는 것은 자네에게도 행복한 일이 아닌 것 같은데, 자네 의견은 어떤가?"

료는 자신의 귀를 의심했다.

"다쿠, 지금 나에게 회사를 그만두라는 말인가?"

다쿠는 잠시도 망설이지 않고 고개를 끄덕였다. 료는 이런 이
야기가 나오리라고는 상상도 하지 못했다. 뛰어난 영업 실적을
올리고 있는 자신을 어떻게 해고한단 말인가!

"이유가 뭔가?"

"성추행이야."

다쿠는 근태 불량과 경비의 과다 청구, 사내 기밀 누설 의혹
등 여러 가지 이유를 떠올렸다. 그러나 모두 확실한 증거가 있는
것은 아니라서, 그 이야기를 꺼내면 법적 싸움으로 이어질 수밖
에 없다. 그래서 성추행을 전면에 내세우기로 한 것이다.

"그런 말도 안 되는 이유로 해고하다니, 난 도저히 받아들일
수 없어! 내가 영업 실적을 올리기 위해 얼마나 죽을힘을 다해
서 일했는지 알아? 뭐가 성추행이라는 거야? 난 그저 회사 분위
기를 띄우기 위해 장난을 쳤을 뿐이야. 동료의 끈끈한 정이라고
생각했을 뿐이라고!"

"료, 상대방은 정으로 받아들이기는커녕 회사를 그만둘 정도
로 큰 상처를 입었어. 그건 회사의 도덕성에 치명타가 될 수밖에
없겠지. 성추행에서 직원을 지키지 못하는 회사가 살아남을 수
있겠어?"

료는 한층 거칠어진 호흡으로 되받아치며 말했다. "어쨌든 이

렇게 일방적인 이야기는 받아들일 수 없어. 난 이제껏 자네를 위해서 최선을 다했어. 그런데 이렇게 뒤통수를 칠 건가?"

다쿠는 료가 어른으로, 그리고 사회인으로 행동해주기를 기대했다. 그러나 그 작은 기대는 빗나가고 말았다. 료가 흥분하면 흥분할수록 다쿠는 더욱더 냉정해졌다.

"이제는 사토코에게도 추근거린다고 하더군."

그것 말고도 다쿠는 하고 싶은 이야기가 많았다. 하지만 료의 치부를 더 크게 드러내봤자 아무 의미가 없으리라.

"난 스스로 그만둘 생각은 없어. 그러면 해고하는 수밖에 없겠지. 하지만 그게 가능할까? 이 회사의 매출을 누가 올린 줄 알아? 전부 나 혼자 올렸어! 내 인맥을 통해서 매출을 올린 거야! 거래처에서는 나를 믿었기 때문에 어떤 상품이라도 계약해주는 거라고!"

다쿠는 료를 자극하지 않도록 그의 의견을 부정하지 않는 말을 신중하게 선택했다.

"솔직히 말해서 마스터링크는 창업한 이래 최대 위기에 직면하겠지. 아마 상당히 힘들어질 거야. 그건 나도 유감스럽게 생각해. 하지만 마스터링크는 달라지지 않으면 안 돼. 자네의 뛰어난 영업력은 나도 인정해. 그러나 자네의 실력을 마스터링크보다 더 높이 평가해주는 회사가 있을 거야."

"애당초 마스터링크는 내 영업력으로 성장한 회사야. 월급을

천정부지로 올려주겠다고 할 때는 언제고, 이제 와서 회사를 그만두라고? 시스템이 달라지니까 그만두라는 이야기는 도저히 받아들일 수 없어."

자신의 잘못을 인정하지 않는 료의 태도를 보고 다쿠의 결심은 더욱 굳어졌다.

"다시 한번 말씀드리겠습니다. 그동안의 실적을 부정하는 것은 아닙니다. 문제는 직원들에게 한 행동이 제 가치 기준과 맞지 않는다는 겁니다. 지금까지 당신이 한 행동에 대해서 단호한 조치를 취하지 않으면 회사 대표로서 제 입장이 난처해집니다. 어떻게 하시겠습니까?"

다쿠는 필요 이상으로 정중하게 말했다. 료에게 사무적인 말투를 쓴 것은 처음이었다.

얼마나 침묵이 흘렀을까? 다쿠의 의사가 확고하다는 사실을 료도 깨달은 듯했다.

"퇴직금 외에 1년치 연봉을 더 줘."

료가 조건을 제시하는 것을 보고 다쿠는 속으로 안도의 한숨을 내쉬었다. 그만두기로 마음을 바꾼 것이다. 다쿠는 퇴직금 외에 1년치 연봉을 더 주어도 회사의 혼란을 방치하는 것보다는 훨씬 낫다고 생각했다. 하지만 다쿠는 그런 자신의 속내를 내비치지 않았다.

"료, 아직 착각하고 있는 것 같은데 자네가 저지른 짓은 범죄야. 그런 경우에는 퇴직금을 한 푼도 줄 수 없을 뿐만 아니라 곧바로 해고의 대상이 되지. 퇴직에 따른 자세한 조건은 경리부에서 얘기해줄 거야."

료는 입술을 굳게 다문 채 한마디도 하지 않았다. 다쿠는 료가 먼저 말을 꺼내길 끈기 있게 기다렸다.

이윽고 료가 무서운 표정으로 매섭게 말했다. "그래? 자네는 그렇게 피도 눈물도 없는 녀석이었어? 이따위 회사는 내가 먼저 그만두겠어. 내가 그만두면 어떻게 될까? 나 한 사람 그만두는 것으로는 끝나지 않을걸! 나를 따라 몇 명이 그만둘지 어디 구경해보시지!"

료는 벌떡 일어나더니 창문이 흔들릴 만큼 거칠게 문을 닫고 회의실에서 나갔다. 사무실 한가운데에서 건물이 떠나갈 듯이 분노의 목소리가 울려퍼졌다.

"사장이 나더러 그만두라는군! 지금 회사의 자금 사정이 얼마나 심각한지 알아? 다음에는 누구 차례일까? 그만두려면 지금 당장 그만두라고! 안 그러면 퇴직금도 못 받을 테니까!"

시간은 이미 오후 6시가 지나서 직원들이 별로 없었던 것이 다행이었다. 미친 듯이 날뛰는 료를 보면서 다쿠의 마음은 오히려 차분히 가라앉았다.

'이것이 간자키 사장님이 말한 고름이었나?'

고름이 나오는 것은 변화의 과정이라던 간자키의 말을 떠올리자 왠지 마음이 편해졌다. 다쿠는 감정에 휩쓸리지 않는 자신이 스스로도 대견했다.

마음속 응어리의 해소

다음 날. 다쿠는 어제 사건을 끝으로 모든 고름이 다 나왔다고 생각했다. 그러나 사태는 그렇게 단순하지 않았다.

다쿠의 책상에 영업부 직원의 사표 다섯 장이 놓여 있었다. 몇 명이 그만둘지도 모른다고 각오는 했지만 영업부 여섯 명 중 다섯 명이 그만두는 것은 예상 밖의 일이었다. 예전에 어느 경영자한테서 회사에 출근했더니 직원이 한 명도 없었다는 이야기를 들은 적이 있었지만 그런 일이 자신에게 일어나리라고는 꿈에도 생각하지 못했다. 더구나 나쁜 일은 나쁜 일을 부르는 법이다. 달랑 한 명 남은 영업부 직원은 회사에 가장 불만이 많았던 무라카미 아쓰시였다.

'가장 그만두어야 할 녀석만 남았군.'

아쓰시는 영업부의 문제아로, 료가 가장 골치 아파하던 사람이었다. 이런 상태라면 영업은 자기 혼자 해야 할지도 모른다. 겉으로 드러내지는 않았지만 다쿠의 마음은 상당히 무거웠다.

직원들이 모두 출근하자마자 다쿠는 회의를 열어서 사건의 경위를 발표했다. 무슨 일이 일어났는지 이미 알고 있는 사람도 많아서, 직원들의 얼굴에서는 웃음기를 찾아볼 수 없었다.

"좋지 않은 소식이 있습니다. 지금까지 영업을 전담해준 스기사키 료 영업부장이 어제 회사를 그만두었습니다. 또한 무라카미 아쓰시 씨를 제외한 영업부 직원 다섯 명도 오늘 아침에 사표를 제출했습니다."

다쿠는 주위의 공기가 순식간에 차갑게 얼어붙는 걸 느꼈다.

"왜 이렇게 되었는지 솔직히 말씀드리겠습니다. 여러분에게는 하나도 숨기고 싶지 않습니다. 하지만 이것은 개인의 프라이버시에 관한 문제이니까, 다른 곳에서는 절대로 말씀하지 마시길 바랍니다.

영업부장을 해고한 이유는 일부 직원이 싫다는 의사를 분명히 밝혔음에도 신체에 손을 댔기 때문입니다. 이것은 상사라는 권한을 이용해서 부하 직원에게 폭력을 저지르는 것으로, 저는 그것을 성추행에 해당한다고 판단했습니다. 물론 영업부장도 할 말은 있겠죠. 하지만 저는 성추행과 같은 도덕적 문제를 일으켰을 때, 예외를 인정하고 싶지 않습니다.

여러분도 많이 놀라셨으리라 생각합니다. 저도 책임자로서 충분히 감독하지 못한 것에 대해 깊이 반성하고 있습니다. 제가 이 시간에 전 직원을 모아놓고 이런 말을 하는 이유는 여러분의 솔직한 의견을 수렴하여, 앞으로 회사 경영에 반영하기 위해서입니다. 따라서 우리 회사에 대해서, 또는 저 개인에 대해서 불만이 있으면 하나도 빠짐없이 말씀해주십시오. 이 회의가 끝나기 전까지 모든 불만을 꺼내서 테이블 위에 올려놓고, 후련한 기분으로 일하러 가시기를 바랍니다."

무거운 분위기에서 서로 눈치만 볼 뿐, 먼저 이야기를 꺼내려는 사람은 없었다.

다쿠가 이번 기회에 직원들의 불만을 묻는 데는 이유가 있었다. 회사의 문화는 직원을 채용할 때와 해고할 때 만들어진다는 이야기를 언젠가 간자키에게 들은 적이 있다. 직원들의 채용과 해고는 사람들의 입방아에 오르내리는 좋은 이야깃거리가 된다. 그런 소문을 통해서 회사의 가치가 정해지고 회사에 대한 이미지가 정착되는 것이다.

때문에 직원을 해고한 뒤에 가장 중요한 것은 사내 커뮤니케이션이다. 회사의 중요 직원들로부터 회사의 처사가 정당했다는 평가를 들어야 한다.

한동안 침묵이 흘렀다. 침묵을 깬 것은 뜻밖의 인물이었다. 별로 말이 없고 항상 소극적으로 행동하던 경리 여직원이 입을 연 것이다.

"솔직히 말해서 전 너무 늦었다고 생각해요. 아마 여기에 있는 직원들은 모두 저와 똑같은 심정일 거예요. 사장님께서는 언제부터 알고 계셨나요?"

다쿠는 사토코의 메일을 통해서 처음 알았다고 대답했다.

"그러면 사장님께서는 전혀 몰랐다는 건가요? 전 사장님께서 보고도 못 본 척하시는 줄 알았어요.

예전에 대기업에 근무했을 때도, 이번 일과 똑같은 성추행 사건이 있었죠. 그 사람은 사장 후보로, 일은 잘했지만 술버릇이 좋지 않았어요. 술만 들어가면 직원의 옷을 벗기려 드는 악질적인 짓까지 했으니까 료 부장에 비할 바가 아니었죠. 그런데 윗사람의 눈 밖에 나기 싫은지 남자 직원들은 말리기는커녕 오히려 쉬쉬해주는 분위기였어요. 한마디로 말해서 집단 성추행 상태라고나 할까요? 주간지에 실린 적까지 있는데도 회사에서 문책을 당한 사람은 한 명도 없더라고요. 사장 후보에서는 밀려나긴 했지만 아직도 임원으로 일하고 있어요.

저는 그런 분위기가 싫어서 그 회사를 그만뒀어요. 그런데 이 회사에서도 똑같은 일이 벌어져서 회사 생활에 환멸을 느끼던 참이었어요."

그녀의 말에 다른 직원들도 일제히 고개를 끄덕였다. 다쿠는 옷매무새를 가다듬고 정중하게 고개를 숙여서 사과했다.

"회사 안에서 벌어진 일은 제가 몰랐다고 하더라도 모두 제 책임입니다. 그동안 고충을 겪게 해서 정말 죄송합니다."

그것을 계기로 여기저기에서 한마디씩 보태더니, 어느새 전 직원이 앞다투어 말하기 시작했다. 직원들의 불평불만은 반나절

이 지나도 끝나지 않았다. 그러나 속 이야기를 다 털어놓았을 때는 분위기가 완전히 달라져 있었다. 마음속 응어리가 풀리면서 직원 모두에게 예전에는 볼 수 없었던 일체감이 생겨난 것이다.

질문은 점점 긍정적인 내용으로 바뀌어서, 제작부 직원이 회사의 비전을 물었다.

"그럼 이 회사의 미래에 대해서 말씀해주시겠어요? 이제 영업은 어떻게 하죠? 인격에 문제는 있었지만 료 부장의 영업력은 인정할 수밖에 없었으니까요. 대기업 일은 혼자 받아온 것이나 마찬가지잖습니까?"

그것은 다쿠도 느끼고 있는 불안이었다.

"영업은 아쓰시 씨와 같이 제가 직접 하겠습니다. 물론 한꺼번에 다섯 명이나 그만두었으니까 당분간은 힘들겠지만……."

다쿠를 구원하듯이 옆에서 아쓰시가 끼어들었다.

"사장님, 영업은 걱정하실 필요 없습니다. 료 부장은 일을 잘하는 것처럼 보였지만 실제로는 별로 한 일이 없었습니다. 최근 석 달 동안은 영업을 일절 하지 않고 전화만 받았을 뿐인데도 매출이 올랐을 정도니까요. 료 부장은 자신이 가진 것보다 포장을 잘했을 뿐입니다. 그렇기 때문에 영업 직원이 줄어들어도 매출은 떨어지지 않을 겁니다."

료에 대한 불만을 공공연하게 말할 수 있게 되어서인지, 아쓰시는 그동안 억눌려 있던 감정을 한꺼번에 터뜨렸다.

"저는 직접 방문하지 말고 인터넷을 효율적으로 사용하는 편이 좋다고 제안했는데, 료 부장이 거절했습니다. 밤을 꼬박 새워 많은 자료와 제안서도 만들었지만, 그런 것은 아무 소용이 없다고 해서 고객에게 주지도 못했어요. 영업은 저 말고 한 사람만 더 있으면 당분간은 괜찮을 겁니다."

다쿠는 아쓰시가 이렇게 논리적으로 말하는 사람이었다는 사실에 놀라움을 감출 수 없었다. 어쩌면 료의 그늘에 가려 우수한 직원이 능력을 발휘할 수 없었던 것뿐일지도 모른다.

그러자 조금 전에 발언한 제작부 직원이 입을 열었다.

"그러면 저를 영업부에 보내주시겠습니까? 솔직히 말하면 예전부터 영업을 해보고 싶었습니다."

다쿠는 그의 제안을 두 손 들고 환영했다. 이렇게 고름을 모두 짜내고 보니, 필요 없는 사람을 모두 데려가준 료에게 고맙다고 말하고 싶을 정도였다. 그러자 갑자기 온몸에 힘이 솟구쳤다.

"아쓰시, 고마워. 이 회의가 끝나면 곧바로 작전 회의를 시작하지. 내가 영업에 신경 쓰면 사내 관리가 소홀해지는 게 문제이긴 하지만……."

그 순간, 불꽃이 튀듯이 다쿠와 사토코의 눈길이 마주쳤다.

"사토코 씨가 해주겠어?"

그녀는 잠시도 주저하지 않고 고개를 끄덕였다. 주위 사람들도 모두 사토코를 따뜻한 눈길로 바라보았다.

직원들 사이에서는 회의를 시작할 때와 180도 다른 적극적인 에너지가 넘치기 시작했다. 다쿠는 회의를 마무리하기로 하면서 솔직한 심정을 털어놓았다.

"마지막으로 강조해두고 싶은 말이 있습니다. 회사가 새로운 단계로 나아갈 때는 불안한 것이 당연하겠죠. 다음에는 누가 해고될지 의혹에 가득 찬 눈길로 보는 사람도 있을 겁니다. 하지만 여러분께 이렇게 솔직하게 말하는 데는 이유가 있습니다. 더 이상은 한 사람도 잃고 싶지 않기 때문입니다."

말을 마친 순간, 직원들은 다쿠를 바라보며 뜨거운 박수갈채를 보냈다.

새로운 장애물의 등장

"료 부장이 여기에서 그만둔 영업부 직원들과 같이 회사를 차린다고 합니다."

료를 해고한 지 3주가 지났을 무렵, 아쓰시가 거래처에 도는 소문을 전했다.

"디지월로 돌아가려고 했지만 오무라 씨가 거절했다고 하더라고요. 하긴 다섯 명이나 되는 직원들과 함께 받아주기는 힘들었겠죠. 디지월에도 영업부 직원이 많으니까요. 료 부장은 다섯 명을 책임져야 하니까 회사를 차릴 수밖에 없었을 겁니다."

다쿠는 료의 해고 사유를 성추행이 아니라 자진 퇴사로 처리했다. 료의 커리어를 위한 배려였다. 그런데 료는 계속해서 다쿠를 괴롭히는 메일을 보내고 있다. 자신과 같이 그만둔 영업부 직원의 퇴직금을 두 배로 지급하지 않으면 정신적인 피해를 이유로 고소하겠다는 것이다.

그쪽에서 멋대로 그만둔 것이니까 당연히 그렇게 해줄 필요는 없다. 그들은 단지 회사를 차리기 위한 자본금이 필요했던 것이다. 고소를 한다고 해도 별문제 없다. 다쿠는 료의 메일에 반응하지 않기로 마음먹었다.

"어떤 사업을 한다는데?"

"우리와 똑같은 사업입니다. 지금 우리 고객들한테 똑같은 상품을 싸게 제공해줄 테니까 거래처를 바꾸라고 전화 공세를 펴는 모양입니다."

다쿠는 아쓰시에게 의견을 구했다.

"참모, 자네 의견은 어떤가?"

참모라는 말에 기분이 좋았는지, 아쓰시는 갑자기 말이 많아졌다.

"참으로 어리석은 짓이죠. 싸게 해준다고 해서 거래처를 바꿀 리 있겠습니까? 마스터링크는 모든 상품을 연계해서 고수익 사업 모델을 만들었습니다. 각각의 사업이 따로따로 움직이는 게 아니라 외국어 홈페이지 제작과 해외 비즈니스 정보를 통한 고객 확보, 통번역 서비스, 해외사업부의 콜센터, 제휴 컨설팅 업무, 중소기업 해외사업부의 아웃소싱까지 총체적으로 관리해주고 있죠. 더구나 각각의 사업을 성장곡선에 적용시켜서, 어느 시점에서 최고점에 도달할 것인지까지 전부 제공해주고 있습니다. 그런 종합적인 힘이 마스터링크의 최대 강점입니다. 그렇기 때문에 마스터링크의 표면만을 보고 저가 공세를 취한 기업은 대부분 시장에서 도태되지 않았습니까?"

다쿠는 이번 사건을 통해서 많은 것을 배웠다. 료를 포기하지 않았다면 이렇게 우수한 직원을 알아볼 수 없었으리라. 즉, 집착을 버리면 그 이상의 것이 나타나게 마련이다.

아쓰시의 업무 능력은 입이 다물어지지 않을 정도였다. 아마 지금까지는 료가 앞을 가로막고 있어서 실력을 발휘할 수 없었던 것이리라. 다쿠는 아쓰시에게 기대 이상의 일을 맡겨보기로 했다.

"더 이상 은행에서 대출을 받지 않으려면 앞으로 3개월의 매출이 관건이야. 솔직히 말하면 영업부 여섯 명이 자진해서 그만두는 바람에 경비가 줄어서 고마울 지경이지만, 그렇다고 매출이 줄어드는 걸 지켜볼 수만은 없어. 어때, 매출 유지가 가능할 것 같나?"

아쓰시는 진지함을 유지하면서 대답했다. "소규모 의뢰는 그렇게 줄어들지 않을 겁니다. 영업지원부 직원들도 힘을 보태줄 테니까요. 그렇다면 관건은 대기업 수주를 얼마나 받느냐 하는 겁니다."

다쿠는 영업을 전혀 모르는 상태에서 몸으로 부딪히던 창업 당시를 떠올렸다.

'그때는 마스터링크라는 이름을 아는 사람도 없었어. 그때에 비하면 지금 상황이 그렇게 힘들다고 볼 수는 없지. 제2의 창업 이라고 생각하고 최선을 다해 도전하는 거야!'

"아쓰시, 하루에 전화를 150통씩 걸어보지. 영업부 직원 둘이 서 하면 하루에 300통이야. 오후에는 그중에서 약속한 곳만 돌 아다니게. 만남이 꺼려지거나 귀찮게 하는 고객은 만나지 않아 도 좋아. 계약 확률이 높은 곳만 돌아다니는 거야."

아쓰시가 빙긋이 미소를 지으며 말했다. "고개를 숙이는 신하 영업이 아니라 거만한 임금님 영업을 하라는 말씀이군요."

'이 녀석, 제법 눈치가 빠른데.'

다쿠는 입가에 미소를 지으며 아쓰시의 어깨를 가볍게 두드 렸다.

"그래, 힘들수록 힘든 모습을 보이면 안 돼. 이를 악물고 버티 는 거야. 기대하지."

말은 그렇게 했지만 다쿠는 내심 불안했다.

과연 회사가 지금의 문제를 해결하고 안정된 상태로 돌아갈 수 있을까? 아무래도 이것으로 문제가 끝날 것 같지 않았다. 한 번 있는 일은 두 번 있고, 두 번 있는 일은 세 번 있게 마련이다. 경험을 몇 번 하다 보니 그동안 있었던 두 번의 장애물은 경고 신호에 불과할지도 모른다는 생각이 들었다.

'만일을 위해서 마음의 준비를 해두어야겠지.'

새로운 장애물은 바로 그날 밤에 나타났다.

집에 들어갔더니 우편함에 아내가 보내온 편지가 들어 있었다. 다쿠는 그녀가 고집을 꺾고 화해를 청했다고 생각하며 봉투를 열었다. 그러나 그의 예상과 달리 안에 들어 있는 것은 빨리 이혼해달라는 편지였다.

'돈은 아무래도 상관없어. 아이에게는 계속 아버지가 없는 상황이야. 그렇다면 아이에게도 확실하게 말하고 싶어. 난 이제 한계 상황에 이르렀어. 아이를 제대로 키우기 위해서라도 가능하면 빨리 이혼하고 싶어.'

다쿠는 이렇게 될 줄 예상했으면서도 계속 대화를 미뤄왔다. 부부간의 엇갈린 감정은 시간이 회복시켜줄 것이라고 믿으며 현실에서 도망친 것이다.

다쿠는 결단을 내릴 수 없었다. 아직 아내에 대한 분노는 가라앉지 않았다. 차라리 이혼하는 편이 낫다는 생각도 들었다. 그러나 아이들까지 잃을지도 모른다는 생각에 쉽게 결심이 서지 않왔다. 일과 가정은 밀접하게 연결되어 있으니까 균형을 취해야 한다는 사실은 이제 충분히 알고 있다. 예전의 자신과는 분명히 달라졌다. 하지만 고생하는 직원들을 버리고 가정을 선택할 수는 없지 않은가?

다쿠는 유키코에게 어떻게 설명해야 좋을지 고민했다. 조금만 더 기다려달라고 하기 위해 몇 번이나 펜을 들었다. 그러나 하고 싶은 말을 글로 표현할 수 없어서, 편지는 구겨진 채 휴지통으로 들어가곤 했다.

일에 문제가 있는 경우에는 가정이 화목하고, 가정에 문제가 있는 경우에는 일이 순조롭다고 간자키는 말했다. 하지만 간자키의 예상도 빗나가는 경우가 있다. 가정이 최악의 상태에 빠졌으니까 일은 순조롭게 진행될지도 모른다고 생각한 찰나, 일에서도 최악의 사태가 발생했다. 막다른 골목에 봉착했다는 말은 그런 상태를 가리키는 것이리라.

월요일 아침에 출근하니 사토코가 새하얗게 질린 얼굴로 뛰어왔다.

"사장님, 큰일 났어요! 메인 컴퓨터에서 데이터가 모두 사라졌어요!"

드디어 올 것이 왔는가?

다쿠의 얼굴은 백지장처럼 창백해졌다.

"데이터라니, 고객 데이터 말이야?"

"그것만이 아니에요. 고객 데이터와 통번역자 리스트, 중국 기업 리스트, 거래처 자료, 지금까지 제작했던 홈페이지 데이터까지 모두 사라졌어요!"

다쿠는 아연실색했다. 문제가 조금 있을지도 모른다고 예상했지만 이렇게 어마어마한 사태가 발생하리라곤 상상도 하지 못했다. 사토코의 말이 사실이라면 사업을 계속하는 것 자체가 불가능하다. 돈으로 따지면 손실은 수십억 엔에 이르지 않을까!

그는 이것이 꿈이기를 바랐다.

"백업은 되어 있겠지?"

"백업 데이터도 도난당했어요. 어제 관리부 직원이 회사에 출근했더니 료 부장과 함께 그만둔 영업부 직원이 회사에 있었대요. 짐을 가지러 왔다고 하면서……."

이것은 명백한 범죄다.

"이렇게 비열하게 나올 줄은 몰랐는데……."

"죄송해요. 안 그래도 자물쇠를 바꾸려고 했는데……."

예전의 다쿠였다면, 어떻게 하면 이 상황에서 빠져나갈 수 있을지 머리를 감싸고 혼자 고민했을 것이다. 자기 혼자 결정하고 자기 혼자 액셀을 밟고, 자기 혼자 결과를 받아들였다. 그러나 그는 이제 혼자가 아니라는 사실을 깨달았다.

머릿속에 '부도'란 두 글자가 떠올랐다. 그러나 다쿠는 큰 문제에 직면할수록 숨을 가다듬고 자신을 돌아보았다. 아무리 끔찍한 상황이 발생하더라도 그것은 최선의 길을 향해서 갈 때 필연적으로 일어나는 일이라고 마음먹었다.

반면에 사토코는 정신적인 공황 상태에 빠졌다. 책임감이 강한 그녀는 어떻게든 해결의 실마리를 찾으려고 발버둥 쳤지만, 앞을 가로막은 높은 벽으로 인해 꼼짝도 못하고 있었다.

그녀는 당장이라도 끊어질 듯한 목소리로 말했다. "도망칠 수 있다면 도망치고 싶어요."

솔직히 말해서 다쿠도 도망치고 싶었다. 이런 상황에 몰리면서까지 사업을 계속해야 할 필요가 있을까?

처음에는 좋은 집을 지어서 가족들과 행복하게 살고 싶다는 꿈을 꾸었다. 오직 그것 하나만을 바라고 독립이라는 계단을 올라갔다. 그리고 계단의 끝에 올라서서 꿈을 향해 손을 내밀었다. 그런데 그 꿈을 거머쥔 순간, 자신이 원한 것은 그것이 아니라는 사실을 깨달았다. 죽을힘을 다해 계단에 올라서자마자 자신이 올라가야 할 계단이 아니라는 사실을 깨달은 것이다.

집을 팔면 빚은 갚을 수 있다. 최악의 경우, 제로부터 다시 시작하면 된다. 그는 열심히 달려온 지난 5년을 되돌아보았다. 회사는 무엇일까? 사업은 무엇일까? 그동안 즐거웠던 일도 있었고 괴로웠던 일도 있었다. 구태여 따지자면 괴로웠던 일이 더 많았다. 하지만 즐거웠던 일은 다른 데서는 겪을 수 없는 강렬한 경험이었다.

첫 고객으로부터 주문을 받은 날, 처음 잡지에 실린 날…….
기쁨을 주체하지 못해 아내와 함께 춤을 춘 적도 있었다. 그리고
사토코와의 만남, 아내와의 갈등…….

그동안 많은 만남이 있었고 많은 이별이 있었다. 회사가 없어
져도 사라지지 않는 것도 있다. 그것은 멋진 동료들과의 만남이
며 그들과 함께 보낸 시간이다.

돈은 모두 사라질지도 모른다. 하지만 그는 사업을 통해서 돈
보다 소중한 것을 얻었다. 더구나 모든 것을 잃는다고 해도 '나'
라는 재산이 남고, 어떤 상황에서도 살아갈 수 있는 힘이 남지
않는가! 그 힘은 어떤 장애물도 극복할 수 있는 지혜와 용기이
며, 자신의 임무는 그 지혜와 용기를 필요로 하는 사람들에게 나
누어주는 것이다.

복구 프로젝트의 시작

지금의 상황에서 자신의 역할은 무엇일까? 그렇게 스스로에
게 물어보자 다쿠는 자기보다 더 도움을 필요로 하는 사람이 있
다는 사실을 깨달았다. 자기에게는 사토코를 이끌어주어야 할
역할이 있다. 지금은 사토코를 도와주지 않으면 안 된다.

'인간에게 해결할 수 없는 문제는 주어지지 않는다. 어딘가에 반드시 돌파구가 있을 것이다!'

다쿠는 그렇게 스스로를 위로하며 사토코에게 물었다.

"사토코, 도망치기 전에 나와 같이 생각할 게 있어."

사토코는 피곤에 지친 얼굴로 다쿠를 쳐다보았다.

"우리에게 가장 밑바닥이라고 할 수 있는 최악의 상황은 무엇이지?"

다쿠는 마음이 우울할 때는 오히려 마음속에 있는 부정적인 감정을 모두 꺼내보는 편이 좋다는 사실을 떠올렸다. 모든 상황을 객관적으로 판단할 수 있도록 최악의 밑바닥까지 떨어지는 것이다. 그동안 수많은 장애에 부딪히면서 저도 모르는 사이에 장애를 극복하는 방법을 터득한 것이다.

"가장 최악의 상황은 다음 달의 《아시아 투자·비즈니스 정보원》을 고객들에게 발송할 수 없는 거예요. 그러면 정기 구독자들의 항의가 빗발치고, 회사의 신용은 땅에 떨어지겠죠. 최근에 주문을 받은 홈페이지는 모두 외주를 내보냈으니까 그건 큰 영향을 받지 않을 거예요. 제휴 지원 사업은 고객에게 고개를 숙이고 지금까지의 정보를 돌려받는 수밖에 없겠죠."

"좋아. 그러면 내일 아침에 눈을 뜨니 기적이 일어나서 최고의 상황이 되어 있다고 상상해봐. 그것은 어떤 상황이지?"

사토코의 표정에서 비관적인 느낌이 상당히 희미해졌다.

"흠, 글쎄요. 새로운 시스템이 들어오고, 그 안에 데이터가 복구되어 있는 거겠죠. 그러면 업무를 효율적으로 처리할 수 있을 거예요."

다쿠는 다음 문제로 넘어갔다.

"최고의 상황이 10점 만점에 10점이라고 하면 현재 상황은 몇 점 정도일까?"

"3점 정도가 아닐까요?"

사토코는 상당히 낮은 숫자를 말했지만 다쿠는 뜻밖의 반응을 보였다.

"그러면 0점은 아니로군. 다행이야, 아직 3점이나 남아 있으니까. 그러면 3점을 5점으로 만들기 위해서는 어떻게 하는 게 좋을까?"

"우선 데이터를 복구해야겠죠. 다행히 엑셀에 자료가 조금 남아 있어요. 작업이 방대하긴 하지만 전혀 불가능한 건 아니에요."

"그러면 어떻게 되지?"

"최악의 상황이지만 영업을 계속할 수는 있겠죠."

다쿠는 질문을 계속했다.

"5점을 7점으로 만들기 위해서는 어떻게 해야 할까?"

"모든 자료를 새로운 시스템으로 옮겨야겠죠. 예전부터 그러고 싶었지만 매일 일을 하면서 옮기기는 쉽지 않았어요. 그래서 차라리 아무것도 없는 편이 낫겠다고 생각하던 참이었죠. 그런

성공자의 고백

데 지금은 업무가 거의 중지된 상태니까 새로운 시스템으로 옮기기에는 최고의 기회예요."

사토코의 목소리에 기운이 돌아왔다.

"그러면 7점을 10점으로 만들기 위해서는 어떻게 해야 할까?"

"고객 데이터를 최소한 한 달 안에 복구해야겠죠. 그러면 《아시아 투자·비즈니스 정보원》까지 발행할 수 있어요."

다쿠는 마지막 질문을 했다.

"그러기 위해서 지금 맨 먼저 해야 할 일은 무엇이지?"

사토코는 벌떡 일어나면서 대답했다. "직원들 컴퓨터에 데이터가 얼마나 남아 있는지 체크해볼게요!"

사토코가 프로젝트 계획을 발표하자, 적극적으로 협조하겠다는 직원이 여기저기서 나타났다. 새로운 시스템으로 이행하는 것과 데이터 복구 작업을 동시에 추진하는 프로젝트다. 기존 시스템에 에러가 너무나 많았기에, 새로운 시스템은 업자를 다시 선정해서 근본적으로 다시 시작해야 한다. 그동안 몇 번이나 시도해보려고 했지만 시작할 계기를 찾지 못했던 프로젝트였다.

시스템 복구 프로젝트팀의 열의는 대단히 높았다. 다쿠가 너무 무리하지 말라고 위로하면 "지금 이 나이에 무리하지 않으면 언제 하겠어요?"라고 대답해서 그를 머쓱하게 만들 정도였다. 그들은 불평하거나 고민할 시간조차 없이, 스스로 자신의 역할을 찾아내고 그 작업에 몰두했다. 심각한 문제가 발생했지만 직원들의 의욕은 오히려 높아졌다.

메인 컴퓨터의 데이터는 모두 사라졌지만 입력 작업을 하던 종이 데이터는 전부 찾아냈다. 수치스러운 일이지만 마스터링크의 정보를 거래처에서 받아오는 일이 계속되었다. 이런 작업을 언제까지 계속할 수 있을까? 직원들의 마음속 한편에서는 여전히 희미한 불안이 사라지지 않은 채 남아 있었다.

월급이 목적이었다면 차라리 도망치는 편이 훨씬 편했으리라. 그러나 직원들은 모두 일에 매달렸다. 시스템 회사의 영업부 직원과 프로그래머까지, 인건비로 환산하면 시스템 개발비의 몇 배를 주어야 할 정도로 매일 사무실에 와서 복구 작업을 함께했다. 사토코를 비롯해 모든 사람이 자신의 과거를 이기려고 하는 것 같았다.

그로부터 한 달 후.

매일 한밤중까지 작업이 계속되자 체력은 한계 상황에 이르렀다. 새로운 시스템을 도입하기에 앞서서 입력 데이터는 거의 준비되었다. 데이터의 세심한 확인이 남아 있지만 일일이 수작업으로 하기에는 시간이 없다. 그래서 그것은 시스템을 이행한 뒤, 새로운 데이터 중복 확인 프로그램을 만들어서 대처하기로 했다. 이제 남은 것은 과연 컴퓨터에서 제대로 작동하느냐 하는 작동 시험뿐이다.

온몸이 굳어지는 긴장의 순간이다. 지금껏 이 순간을 위해서 젖 먹던 힘까지 짜내 일했다.

사토코가 화면을 뚫어져라 쳐다보았다. 화면이 정상으로 움직이는 것을 보고 그녀는 한숨을 내쉬면서 중얼거렸다.

"시스템이 부활했어요."

그 작업을 함께 보고 있던 한 직원이 "연결됐어!"라고 탄성을 지르자, 그 소리를 듣고 옆 사람이 "정말이야? 연결됐어?"라고 물었다. 그 소리가 계속해서 확대되고, 직원들의 목소리는 뜨거운 열기와 함께 점점 커졌다.

다쿠가 그 소리를 들었을 때는 모든 직원이 사토코 주위에 모여들어 컴퓨터 화면을 들여다보고 있었다. 사람들 입가에 함박웃음이 퍼졌다.

연결됐다! 연결됐다! 연결됐다! 연결됐다! 연결됐다! 연결됐다! 연결됐다!

여기저기에서 직원들의 목소리가 울려퍼졌다. 그 소리는 다쿠의 귀에도 메아리치고, 사토코의 귀에도 메아리쳤다. 나중에는 컴퓨터가 연결된 것인지, 사람과 사람이 연결된 것인지 알 수 없을 정도였다. 직원들은 모두 사토코에게 찬사를 보내고, 다쿠는 마음속으로 환호성을 질렀다.

'잘했어! 정말 잘했어!'

그는 승리의 기쁨을 온몸으로 느꼈다. 그것은 자신이 성공했을 때보다 훨씬 더 큰 기쁨이었다.

회사와 가정의 균형

이제 와서 생각하면 데이터 도난 사건은 마스터링크 제2의 창업기를 맞이하기 위한 시금석이었을지도 모른다. 그 이후, 마스터링크는 눈부시게 발전했다.

다른 곳으로 갔던 고객이 계속해서 돌아왔다. 아쓰시의 마케팅 방식이 성공하면서 그때까지 인간관계로 했던 영업은 거의 영업지원 부서에서 대응할 수 있게 되었다. 이제 다쿠와 아쓰시는 대기업 프레젠테이션에 전념할 수 있었다. 대기업에서 계속 문의가 들어오고, 텔레시스템 24에 이어서 인재 정보 관련 회사인 '스태프루트'와도 제휴할 수 있었다.

그 결과 대출금과 똑같은 5000만 엔짜리 수주를 몇몇 대기업에서 받아내면서 6개월 뒤에 갚기로 한 빚을 모두 해결할 수 있게 되었다. 빚이 5000만 엔 있었기 때문에 6개월이라는 단기간에 모든 시스템을 정비할 수 있었던 것이다. 이 믿어지지 않는 회사의 변신에 누구나 지어낸 이야기 아니냐며 감탄사를 연발했을 정도다.

사토코는 주위 사람들이 감탄할 정도로 몰라보게 성장했다. 그녀를 정점으로 한 업무팀이 영업 및 지원 업무를 모두 처리할 수 있게 되면서, 다쿠는 대기업과의 거래와 재무, 인사, 영업의 전략 입안 등 회사의 장기적 방향을 결정하는 일에 전념할 수 있었다. 아무 조직도 없는 게릴라 회사였던 마스터링크는 바야흐로 유력 경제지가 선정한 '21세기 유망기업'의 상위에 오르게 되었다. 드디어 경영 시스템을 높이 평가받는 기업으로 변신한 것이다!

오늘은 사토코가 부사장으로 취임하는 날이다.

핫토리 사토코. 스물여섯 살에 입사한 그녀는 어느새 서른한 살이 되었다. 연 매출 10억 엔을 돌파한 벤처 기업에서 여자가 부사장인 경우는 그렇게 많지 않다.

새하얀 투피스와 도자기처럼 맑은 피부가, 등을 덮은 긴 생머리와 잘 어울렸다. 어린애처럼 천진난만한 눈빛에 어느새 성숙한 어른의 눈빛이 더해졌다. 자신감과 따뜻함으로 가득 찬 그녀의 모습을 직원들은 동경의 눈길로 바라보았다.

사토코는 맑은 목소리로 취임 인사를 시작했다.

"여러분, 고맙습니다. 저희 어머니는 제가 다섯 살 때 아버지와 이혼하고 미용실을 차렸습니다. 그리고 여자 혼자의 힘으로 저를 키우셨습니다. 오늘은 그런 어머니께 진심으로 감사하다는 말씀을 드리고 싶습니다.

그런 어머니를 보고 자랐기 때문인지, 저는 어린 시절부터 사회에서 독립해서 살 수 있는 능력을 갖고 싶었습니다. 대기업에 입사했을 때, 정말로 최선을 다해 열심히 일했습니다. 남자들에게 지지 않으려고 이를 악물고 버티면서, 밤늦게까지 야근하는 것도 마다하지 않았죠.

하지만 불안은 사라지지 않았습니다. 어차피 톱니바퀴의 한 부분에 지나지 않는다는 불안이었죠. 아무리 열심히 일해도 몇 년 뒤에는 새로 들어온 여직원이 저와 똑같은 일을 하게 되었습니다. 그러자 제가 그곳에 있다는 존재감조차 사라지지 않을까 하는 불안이 엄습했습니다.

제가 사회생활을 하는 목적은 다른 사람으로 대체될 수 있는 톱니바퀴가 되는 게 아니었습니다. 결혼을 한 후에도, 아이를 낳은 후에도 독립적으로 살아가는 힘을 갖는 것이었습니다.

마스터링크에 입사했을 때, 이 회사에는 사장님 한 분밖에 없었습니다. 저는 이 회사에서 창업에 대해 공부하고 싶다는 나름대로의 목적을 가지고 일하기 시작했습니다. 입사한 후 얼마 지나지 않아서 사장님은 이렇게 말씀하셨습니다.

'앞으로 회사 옆에 육아 시설을 만들고 싶어, 점심시간에 아이와 함께 보낼 수 있으면 아주 창의적인 사람이 될 수 있지 않을까? 긍지를 가지고 일하는 어머니와 아버지의 모습을 본다면 아이는 풍요로운 사람으로 자랄 수 있지 않을까?'라고요."

"내가 그런 말을 했던가? 난 기억이 안 나는데."

다쿠는 자신이 그런 말을 한 것조차 잊어버리고 있었다. 직원들 사이에서 웃음이 터졌다. 숨기고 싶었던 옛날 사진을 본 것처럼 다쿠의 얼굴이 붉게 달아올랐다.

'나는 왜 그렇게 좋은 면을 잊어버리고 있었을까?'

사토코는 그런 다쿠에게 미소를 지으면서 말을 이었다.

"우리는 최근 몇 달 동안 중요한 것을 배웠습니다. 회사를 성장시키기 위해서는 사람에 대한 이해가 가장 중요하다는 것입니다. 우리는 어머니의 사랑과 아버지의 의지가 얼마나 중요한지 배웠습니다. 그 양쪽이 모두 있어야만 비로소 창조성이 태어나고, 그것을 실행할 힘을 얻을 수 있다는 사실도 배웠습니다."

사토코는 31세의 여성이라고 생각할 수 없을 만큼 자신감에 가득 차 있었다. 그리고 그곳에 있는 모든 사람에게 그녀의 정열이 전염되는 것 같았다.

"그 결과 우리는 팀워크를 얻었고, 똑같은 뜻을 가지고 똑같은 방향을 바라보고 있는 동료들을 얻었습니다. 우리 회사는 아직 규모가 작습니다. 자금력으로는 디지월과 비교가 되지 않을 정도죠. 그러나 최근 6개월 동안의 결과를 보십시오. 디지월로 갔던 고객들이 계속해서 우리 회사로 돌아오고 있지 않습니까?"

사토코는 직원들에게 지난 6개월 동안 받은 수주 그래프를 보여주었다. 새로운 시스템 도입을 계기로 실적은 가파르게 상승했다. 사람들의 입에서 탄성이 터져나왔다.

"디지월은 우수한 인재와 자금력을 가지고 있습니다. 하지만 우리에게는 그들에게 뒤지지 않는 것이 있습니다. 그것은 지혜와 용기, 그리고 팀워크이고, 여성과 남성의 감정을 기본으로 한 관리 시스템입니다.

이것은 지금까지 사장님께서 최선을 다해 실천해온 것들입니다. 저는 창업 당시부터 사장님과 함께 일해왔습니다. 여러분도 아시다시피 그동안 우리에게는 참으로 많은 어려움이 있었습니다. 하지만 생각해보십시오. 우리는 불과 5년 만에 새로운 업계를 만들어냈습니다. 수많은 경쟁 업체가 뛰어들어도 결코 흔들리지 않았습니다.

저는 장차 이 회사는 어떻게 될까 하는 불안으로 가득 차 있던 일개 직원이었습니다. 저는…… 어머니, 그리고 사장님이 계시지 않았다면…… 여기까지 올 수 없었을 것입니다."

다쿠는 뒤를 돌아볼 틈도 없이 계속 앞으로 달려왔을 뿐이다. 그러나 사토코의 말을 듣다 보니 새삼스레 열심히 달려온 보람을 느꼈다. 그는 자신이 마치 사토코의 아버지라도 된 듯한 착각에 빠졌다.

"저는 마스터링크에서 많은 것을 배웠습니다. 회사와 가정은 양립할 수 없는 존재가 아닙니다. 회사가 성장하는 시스템과 가정이 성장하는 시스템은 똑같습니다. 하지만 우리는 그동안 그런 사실을 까맣게 잊고 있었습니다.

회사와 가정의 균형은 매우 중요합니다. 아마 여성분들은 이미 온몸으로 느꼈을 것입니다. 우리는 경영과 가정의 균형을 중시하는 미래지향적인 기업 모델이 되고 싶습니다.

이것이 이상론이라는 것은 잘 알고 있습니다. 하지만 아인슈타인도 '현실은 모두 상상 속에 있었다'라고 했습니다. 우리에게는 그 상상력이 있습니다. 그리고 한 사람 한 사람이 그것을 실현할 수 있는 힘을 갖고 있으면, 상상은 현실이 될 수 있습니다.

여러분, 자신의 힘을 믿고 앞으로 전진합시다!"

말이 끝나기가 무섭게 주위가 떠나가라 박수갈채가 터졌다.

사토코가 앞에 섰다고 해서 분위기가 이렇게 달라지다니! 다쿠는 감탄할 수밖에 없었다. 그녀에게 이렇게 강력한 카리스마가 있었던가? 그녀가 이렇게 능력 있는 여성이었던가!

다쿠는 마음속으로 중얼거렸다.

'내가 잠자는 사자를 깨운 건지도 모르겠군. 멍하니 있다가는 조만간 추월당하겠어.'

그는 자신에게 사람을 키우는 능력이 있다는 사실을 아직 깨닫지 못하고 있었다.

"직원들 일부가 왜 반기를 들고 일어났느냐 하면, 그것은 분노를 해방하지 못했기 때문이야."

간자키가 블러디 메리보드카에 토마토 주스를 넣은 붉은빛 칵테일를 한 모금 마시고 나서 입을 열었다. 다쿠와 간자키는 오랜만에 시내에 있는 호텔의 바에서 함께 술을 마시고 있었다.

"분노를 해방하지 못했다고요?"

"요전에 그렸던 피라미드 그림 기억나나? 거기에 제1단계에서 제3단계까지 있었지? 하지만 사실은 거기에 제0단계라는 것이 있다네."

간자키는 그렇게 말하더니 지난번에 그린 피라미드 아래에 큰 밑받침을 만들었다. 그리고 제0단계 부분에 '분노의 해방'이라고 써넣었다.

"팀을 만들기 시작했을 때 '굿&뉴' 방법으로 어떤 사건이라도 긍정적으로 해석하는 습관을 익혔겠지? 보통은 그렇게 하면 대부분의 문제를 해결할 수 있지. 하지만 그 팀 안에 분노가 있으면 문제를 해결할 수 없네. 결국 거기에 있는 고름을 제거하지 못한 채 뚜껑을 덮은 것이나 마찬가지니까 언젠가 폭발하는 거지.

따라서 회사에서 새로운 시도를 실행할 때 반발이 일어나면 일대일로 대화하면서 상대방이 분노하는 이유에 대해 철저하게

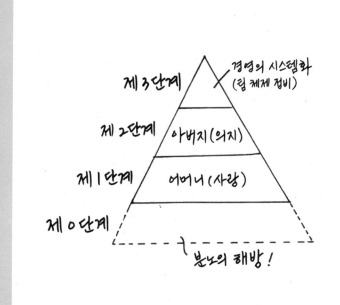

귀를 기울여야 하네. 그렇게 해서 가슴속에 쌓여 있는 응어리를 풀어주어야 하는 걸세."

다쿠는 발끈하여 간자키를 원망하는 눈빛으로 쳐다보았다.

"그럼 왜 일찍 말씀해주지 않으셨어요? 정말 너무하신 거 아닙니까?"

미리 알았다면 료와 충돌하지 않을 수도 있었다고 생각하니 솟구치는 화를 억누를 수 없었다.

"하하하, 미안하네. 하지만 일찌감치 고름이 터져야 오히려 빨리 회복하리라고 생각했네. 더구나 료와 충돌하는 것은 시간문제였고……."

'시간문제?'

그 말이 마음에 걸려서 다쿠는 다시 질문했다.

"혹시 료가 문제를 일으키리라는 걸 알고 계셨나요?"

"알고 있었다기보다 예상했지."

다쿠는 그 사실에 충격을 받았다. 자기도 예상하지 못했던 일을 어떻게 사무실을 몇 번 오지도 않은 간자키가 예상할 수 있었단 말인가?

"료가 문제를 일으키리라는 것은 언제부터 알고 계셨어요?"

"솔직히 말하면 료가 문제를 일으키리라고 예상한 건 아니야. 다만 올해는 자네 회사에서 많은 문제가 일어나리라고 예상했고, 그것이 어디에서 터질지 지켜보고 있었네."

　　　　　　　　　　　　　　성공자의 고백

다쿠의 눈에는 보이지 않는 것이 간자키의 눈에는 보이는 모양이었다.

"왜 그런 문제들이 생기는 건가요?"

"이번에 발생한 반기의 원인은 조직의 성장 드라마 속에서 연기하는 배우끼리의 갈등이지. 그것만 알고 있으면 조직의 움직임은 손바닥을 들여다보듯 알 수 있고, 팀 만들기의 천재가 될 수도 있네."

팀 만들기의 천재가 될 수도 있다고? 오늘은 어떻게 해서라도 모든 걸 알고 있는 간자키의 비밀을 알아내고야 말겠다. 다쿠는 그렇게 결심하고 조심스럽게 질문했다.

"조직의 성장 드라마 속에서 연기하는 배우라니, 그건 무슨 뜻인가요?"

"자네와 료 사이에 있었던 충돌도 전형적인 패턴이지."

전형적이라는 말을 듣고 다쿠는 불만스러운 표정을 지었다. 간자키가 자신을 패턴화한 시나리오에 맞춰서 연기하는 인형처럼 취급하는 것 같았기 때문이었다. 그런 다쿠의 표정을 보고 간자키는 이렇게 덧붙였다.

"지금부터 내가 하는 얘기를 들으면 기분이 나쁠지도 모르겠네. 사람은 누구나 자기 의지에 따라서 스스로 판단하고 있다고 믿고 싶어 하니까. 그런데 많은 회사를 지켜보면 성장과 쇠퇴의 패턴이 무서울 정도로 똑같다는 사실을 알 수 있지."

"왜 그런 패턴이 만들어지는 거죠?"

"그걸 알기 위해서는 일단 기업 드라마에서 연기하는 배우들에 관해서 알아야 하네. 이 이야기는 인간이 만든 조직이 성장할 때는 모두 해당되는데, 지금은 회사를 예로 들어서 설명하겠네."

간자키의 강의가 본격적으로 시작되는 기색을 느끼고 다쿠는 노트와 펜을 준비했다.

"회사가 성장하려면 배우가 네 명 필요하지. 창업자, 실무자, 관리자, 정리자. 이 배우들 중에 누가 가장 훌륭하게 활약하는지는 그 회사의 라이프 사이클에 따라 다르네."

그렇게 말하면서 간자키는 네 명의 배우를 그림으로 그렸다.

"창업할 때는 창업자의 강력한 에너지가 필요하네. 창업자는 장기적 시점에 서 있고, 끊임없이 아이디어가 솟구치는 사람이지. 그는 창조력이 있고, 창조적인 아이디어를 실현하기 위해 열심히 행동하네. 뒤를 돌아보지 않고 앞으로만 돌진하는 군인 같은 사람이라고 할 수 있지.

그런데 회사는 아이디어만으로 시작할 수 없지 않은가? 아이디어를 구체적으로 만드는 사람이 반드시 필요한데, 그 사람이 곧 실무자일세. 실무자는 상품 구입처를 정하고 배송 시스템과 함께 고객의 문의를 처리하는 체제를 만들지. 단기적 시점에 서서 일상 업무를 효과적으로 돌아가게 만드는 사람이네.

창업자가 군인이라면 실무자는 마법사인 셈이지. 군인이 '전차가 필요하다'는 꿈을 말하면 마법사는 '네, 알겠습니다'라고 램프를 문질러서 그 꿈을 현실로 만드니까. 이렇게 해서 창업자의 에너지와 실무자의 에너지가 만나면 회사는 성장기를 향해서 이륙하게 된다네."

다쿠는 선뜻 이해되지 않아서 자기 회사로 바꾸어 생각해보기로 했다.

"잠깐만요. 말씀대로라면 저희 회사로 적용해보았을 때 제가 창업자이고, 료는 실무자라 할 수 있겠군요."

"그래. 자네는 아이디어를 내서 홈페이지를 통해 예상 고객을 모으는 시스템을 구축했네. 그리고 료는 자네가 만든 시스템을 발판으로 예상 고객을 쫓아다녔지. 물론 대기업을 고객으로 만들 때는 료도 창업자 역할을 했지만, 아쓰시의 말에 따르면 실제로는 문의를 한 고객에게 영업했을 뿐이니까 실무자의 역할이 더 컸다고 생각하네."

"창업자와 실무자의 에너지가 만나면 회사는 성장기로 나아간다고 하셨는데, 마스터링크가 순조롭게 성장하기 시작한 것도 분명히 료를 만난 이후였습니다."

"그것은 매우 중요한 점이네. 사업은 아이디어나 시스템이 좋으면 성공한다고 많은 사람들이 착각하고 있지. 하지만 그와 더불어 필요한 인재가 모이지 않으면 이륙할 수 없네.

신규 사업이나 창업자들이 많이 실패하는 이유는 창업자와 실무자가 가지고 있는 에너지의 균형이 이루어지지 않기 때문이지. 일단 아이디어가 있고, 그것을 구체적인 형태로 만드는 힘이 있어야만 비로소 열매를 맺는 법이네. 아무리 멋진 아이디어가 있어도 그것을 시스템으로 만들지 않으면 사업이 되지 않으니까 말일세.

소니의 이부카 마사루와 모리타 아키오, 혼다의 혼다 소이치로와 후지사와 다케오, 이들은 창업자와 실무자의 명콤비라고 할 수 있지. 원래 강력한 카리스마가 있는 사장 뒤에는 대부분 유능한 실무자가 있네.”

의식하지는 못했지만 마스터링크도 다쿠와 료가 적절하게 역할을 분담하고 있었다. 그 결과, 몇 년간은 회사가 원활하게 돌아갔다. 그런데 왜 그 관계에 균열이 생긴 것일까? 다쿠는 그것이 세 번째 역할 때문이라는 생각이 들었다.

“세 번째 관리자는 어떤 역할을 하죠?”

“창업자와 실무자가 만나면 성장기에 들어간다고 했지? 성장기에는 가만히 있어도 고객이 알아서 찾아오지. 그 시기에는 누가 밑에서 밀어주는 것처럼 자신의 실력 이상으로 매출이 올라간다네. 회사의 관리 능력을 뛰어넘어 매출이 올라가면 예전에 말했듯이 품질 저하와 함께 배송 문제, 외상 매출금의 회수 불능 등 여러 가지 문제가 발생하지.

이 단계에서 회사가 더 성장하기 위해서는 실무자가 관리자와 손잡고 일상 업무를 시스템화해야 하네. 관리자란 일반적으로 경리 부문을 말하는데, 그곳에서는 규칙을 정하거나 일상 업무를 루틴으로 만드는 등 단기적인 효율을 중시하지."

회사의 성장 과정에서 단계별로 다른 과제가 있다는 것은 다쿠도 느끼고 있었다. 하지만 그 과제를 추진하는 데 다른 사람의 에너지를 활용한다는 발상은 지금까지 없었다.

창업자는 도입기에 가장 크게 활약한다. 하지만 성장기 이후에도 그 방식으로 회사를 운영하면 구성원들의 충돌은 피할 수 없다. 그것은 충돌이라기보다 회사를 다음 단계로 나아가게 만드는 신호가 아닐까? 다쿠는 성장 과정에서 해야 할 역할을 다시 확인하고 싶었다. 그래서 이번에는 성장곡선을 자신이 직접 그리면서 질문했다.

"다시 한번 확인하면 창업자가 도입기에 아이디어를 내고, 그 창업자와 실무자가 만나서 성장기 전반을 만듭니다. 그리고 성장기 후반에 접어들면 실무자와 관리자가 만나서 시스템을 만들어가게 되나요?"

"그렇다네. 회사의 성장 단계에 따라서 활약하는 배우가 다른 거지. 쉽게 설명하면 회사를 만드는 드라마는 실은 모모타로와 똑같네."

"네? 옛날이야기에 나오는 모모타로 할머니가 강에서 떠내려오는 복숭아를 건

저서 가른 후 안에서 나온 아이에게 '모모타로'라는 이름을 붙이고 길렀는데, 이후 성장한 모모타로는 세

상을 어지럽히는 오니를 퇴치하고자 길을 떠나고, 여행 도중에 만난 개, 원숭이, 꿩을 동료로 삼아 오니를

무찌르고, 보물을 갖고 돌아와 행복하게 산다 말씀인가요?"

"그래. 모모타로는 오니 섬으로 오니를 물리치러 가겠다는 아이디어를 생각해내지. 아이디어를 생각해낸 모모타로는 창업자인 셈이네. 그런데 가는 도중에 개를 동료로 맞이하지. 개는 주인에게 충성을 다하니까 실무자라고 할 수 있네. 다음에는 원숭이를 만나는데, 원숭이는 지혜의 상징이니까 회사를 시스템화하는 관리자로 바꿀 수 있겠지. 마지막에 만난 꿩은 사랑과 용기의 상징이니까 그룹 전체를 통합하는 정리자라고 할 수 있네.

이렇게 모모타로 이야기를 회사 경영에 비유하면 창업자 모모타로가 오니를 물리치겠다는 사명감을 가지고 실무자, 관리자, 정리자를 만나서 최종적으로 보물을 차지하는 거네. 회사 경영에서도 이와 비슷한 순서로 필요한 역할을 등용해서 사업을 성장시키는 거지."

다쿠는 이야기가 현실이 되었는지, 현실이 이야기가 되었는지 혼란스러웠다. 다만 옛날부터 전해 내려오는 이야기에는 현대인이 생각지도 못한 진실이 숨어 있다는 생각이 들었다.

"마지막으로, 정리자의 역할이 무엇인지 잘 모르겠는데요."

"정리자의 에너지가 적으면 직원들은 금세 뿔뿔이 흩어지지. 정리자는 회사의 어머니 같은 존재로, 그 사람이 있으면 안심할

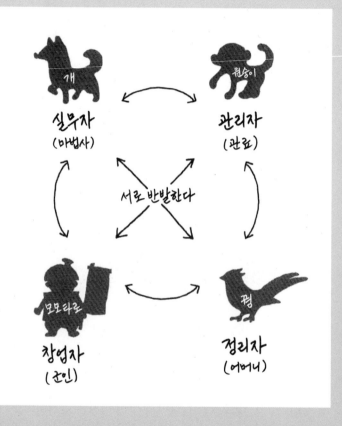

수 있네. 회사가 작은 경우에는 사장의 아내나 마음씨 착한 관리부 직원이 그 역할을 하는 경우가 많은데, 마스터링크에서는 사토코가 그 역할을 하는 것 같더군. 그녀가 있어서 회사를 통합할 수 있지 않았나?

회사가 크거나 회사의 분열이 심각한 경우에는 그 사람 말고 정리자가 또 있지. 바로 문제 직원이네. 문제 직원이 병에 걸리면 그 사람을 돌보기 위해서 회사가 통합되거나 문제 직원을 험담함으로써 다른 직원들이 단합하지. 한마디로 말해서 회사를 위해 희생하는 희생양이라고 할 수 있다네.

그런 사람 중에는 회사의 부정적인 에너지에 휩쓸리기 쉬운, 감수성이 뛰어난 사람이 많지. 문제 직원이 나타나는 배경을 알고 있으면 그런 직원을 문제아로 취급하지 않고, 오히려 그 사람의 뛰어난 감수성을 살릴 수 있지 않을까?"

"대부분의 회사에서는 문제 직원을 귀찮은 존재로 처리하고 있는데, 실은 그들의 역할이 아주 중요하군요."

"그래. 문제 직원은 안테나인 셈이어서, 회사의 문제를 가장 빠르고 정확하게 끌어내주지."

다쿠는 강조하기 위해 안테나란 단어에 동그라미를 했다. 그 단어에 관리에 대한 간자키의 사고방식이 나타나 있어서였다. 그는 지금까지 문제가 발생했을 때, 어떻게 하면 그것을 적절하게 해결하느냐가 경영이라고 여겨왔다. 그런데 간자키는 문제를 미리 예측하고 사전에 손을 쓰고 있었다. 그것은 자신에게 가장 부족한 경영 마인드가 아닌가?

비극의 시나리오에 빠지지 않는 열쇠

"이런 관계를 알면 왜 조직이 무너지는지 쉽게 이해할 수 있다네."

그때 웨이터가 추가 주문을 받으러 왔다. 간자키는 다시 블러디 메리를 주문했다. 한시라도 빨리 간자키의 다음 이야기를 듣고 싶은 다쿠는 주문한 칵테일이 나올 때까지 기다리는 2~3분이 너무나도 길게 느껴졌다.

이윽고 칵테일이 나왔고, 간자키는 잔을 들고 다시 이야기를 시작했다.

"성장기에 들어갈 무렵, 창업자인 사장은 실무자를 고용하지. 처음에는 서로 사이가 좋고, 양쪽 모두 매출이 올라가는 것이 즐거워서 견딜 수 없네. 그래서 하루 스물네 시간, 1년 365일 내내 일에 빠지고, 그 결과 회사는 계속 성장하지. 그러면 아무래도 세심한 부분이 소홀해질 수밖에 없네. 예전에는 이름을 보면 즉시 얼굴을 떠올릴 수 있었지만, 점차 고객의 이름과 얼굴을 기억하지 못하는 경우가 자주 발생하지. 업무에서도 실수가 늘어나고, 서비스 수준도 떨어지고……. 그럼에도 성장기에 있기 때문에 일은 점점 바빠진다네.

그때 일상 업무를 처리하는 사람이 바로 실무자지. 그는 밤 10시, 11시까지 회사에 남아서 일을 하네. 실무자도 인간인 이상 체력에 한계가 있어. 그래서 창업자에게 이렇게 부탁하지. '이제 한계입니다, 사람을 더 고용해주십시오'라고.

이 단계에서 회사는 영업보조와 경리 직원을 고용하네. 그들이 바로 세 번째인 관리자로, 그들은 창업자와 실무자가 가장 귀찮아하고 하기 싫어하는 일을 하게 되지. 그러면 창업자나 실무자는 그토록 싫어하던 전표나 청구서 발행, 외상매출금 회수와 같은 업무에서 벗어날 수 있네."

"그러면 실무자는 일이 편해지겠군요. 편해진 만큼 영업을 할 수 있게 되고요."

"하지만 그렇게 예상대로 되지는 않네. 원래 창업자는 아이디어맨으로, 머릿속에 떠오른 아이디어를 실행하지 않으면 직성이 풀리지 않지. 그래서 책을 읽거나 세미나에 참가하거나 다른 경영자들을 만나 정보를 받아들여서, 사내에서 새로운 아이디어를 실행하려고 하네.

더구나 매주 새로운 아이디어를 가져와서 다음 주에는 또 다른 새로운 아이디어를 말하니까 회사는 대혼란에 빠지게 되지. 회사를 대혼란에 빠뜨리는 사람은 정작 창업자 본인이면서 그 이후의 처리는 실무자나 관리자에게 맡기는 걸세. 아이디어를 내놓고 실행하라고 말하는 것보다, 그것을 구체적인 형태로 만들고 뒤처리하는 것에 시간이 더 걸리는 것은 당연하겠지. 그래서 회사는 언제나 긴급사태에 놓이게 되네.

혼란스러운 회사에서 일할 수 있는 능력을 가진 사람은 그렇게 많지 않아. 대부분의 사람들은 정해져 있는 안정된 일을 원하고 있으니까 말일세. 따라서 직원은 좀처럼 정착하지 못한 채 몸이 아프다는 핑계를 대고 자주 휴가를 내게 되지. 그 결과, 실수가 늘어나는 악순환에 빠지게 되네.

회사가 혼란 상태에 빠져 있음에도 사장은 늘 회사에 없거나 어쩌다 회사에 나오면 새로운 아이디어를 가져와서 더욱더 혼란스럽게 만들곤 하지. 그러는 사이에 실무자와 관리자는 뒤처리를 한 다음에 한잔하러 가서 창업자를 험담하기 시작하네. '피도 눈물도 없는 사장'이라고 말일세. 그래서 두 사람은 손을 잡고 반기를 들게 되지. 이게 바로 조직이 무너지는 과정이네."

다쿠는 불쾌한 마음을 감출 수 없었다. 간자키의 이야기가 마스터링크에서 일어난 일과 너무도 똑같았던 것이다. 차이가 있다면 마스터링크는 실무자인 료와 그의 부하 직원이 한통속이 되었다는 것뿐이다.

"그 말씀은 곧 조직 붕괴의 방아쇠를 당긴 사람이 사장 본인이라는 뜻이 아닌가요?"

"그렇다네."

간자키가 당연하다는 표정으로 대답했다. 다쿠는 큰 충격을 받고는 고개를 좌우로 흔들었다.

"거의 모든 기업이 이런 시나리오에 따라 움직이고 있네. 그런데 기업이 처한 상황이 서로 다르기 때문에, 자신이 정해진 시나리오대로 연기하는 비극의 주인공이라는 사실을 알아차리는 사람은 거의 없지."

간자키의 시나리오는 분명히 마스터링크에는 해당된다. 하지만 그렇게 단순한 시나리오로 모든 회사를 설명할 수 있을까? 다쿠는 반발심을 느끼며 간자키에게 질문했다.

"지금의 설명은 지나치게 단순한 것 같은데요. 그 설명에 해당되지 않는 회사도 있지 않을까요?"

"물론 그렇겠지. 일부러 단순하게 설명했으니까. 하지만 지금으로선 단순화해서 예외를 간과할 위험보다 단순한 시나리오를 몰라서 함정에 빠질 위험이 훨씬 크다네. 주위를 둘러보면 비극의 시나리오에 휘둘리는 회사가 대부분이라는 사실을 알 수 있을 걸세."

예외가 발생했을 때 적절하게 대처하기 위해서는 근본을 알아야 한다는 간자키의 의도는 얼마든지 이해할 수 있다. 그러나 그 근본에도 몇 가지 패턴이 있지 않을까? 이해할 수 없다는 다쿠의 표정을 보고 간자키는 이야기를 덧붙였다.

"좀 더 자세히 설명하면 조직이 무너지는 시나리오는 조금 전에 말한 것 말고도 두 가지 정도가 더 있네. 첫 번째는 실무자가 창업자에게 반기를 들지 않는 경우지. 이 경우에는 아무도 창업자의 독주를 막을 수 없네. 그로 인해 창업자의 에너지가 지나치게 강해져서 사내에 관리자가 뿌리를 내리지 못하네. 원래 창업자와 관리자는 물과 기름의 관계이니까 말일세. 창업자는 자유와 혼란을 좋아하고, 관리자는 규칙과 안정을 좋아하지. 회사에는 양쪽 다 필요하지만 창업자의 에너지가 지나치게 강하면 관리 부문이 약해질 수밖에 없네. 그러면 회사는 결국 시스템이 자리를 잡을 수 없고, 가업 상태에 머무르게 되겠지."

"즉, 회사 내에 창업자에게 반발하는 에너지가 없으면 회사가 잘되지 않는다는 건가요?"

"그럴 수도 있고 그렇지 않을 수도 있지. 문제는 그 회사가 성장곡선의 어디에 있느냐가 중요하네. 도입기부터 성장기의 전반까지는 창업자의 에너지를 활용해야 하고, 성장기의 후반부터 성숙기까지는 관리자의 에너지를 활용해야 하니까."

간자키의 대답을 들으면서 다쿠는 새삼스레 절감했다. 회사라는 것은 시기에 따라서 완전히 다른 생물이 되니까, 경영 스타일도 그 상황에 따라 180도 달라지지 않으면 안 된다는 것을⋯⋯.

"또 하나의 시나리오는 뭔가요?"

"그것은 실무자와 관리자가 대단히 강한 경우야. 그런 경우에는 회사를 혼란에 빠뜨리는 창업자에게 염증을 느끼고 그를 쫓아내서, 결국 회사에는 실무자와 관리자만 남게 되네. 그러면 규칙이 엄격해지고 조직이 급속히 경직되지. 그리고 창업자가 없기 때문에 새로운 일을 하지 못하고 서서히 쇠퇴해가네."

"그러면 반대의 경우, 즉 창업자에게 반기를 들어서 떨어져나간 실무자와 관리자도 성공하지 못한다는 건가요?" 다쿠는 료와 영업부 직원들이 만든 회사를 염두에 두고 물었다.

"그래. 그들에게는 실무자와 관리자의 에너지는 있지만 창업자의 에너지는 없는 경우가 많기 때문이지. 그들은 새로운 아이디어를 생각해내지 못하고, 예전의 회사와 똑같은 일만 반복하게 되네. 잘 버텨야 고작 2년이고, 망하는 것은 시간문제지."

"어떻게 하면 비극의 시나리오에서 빠져나갈 수 있죠?"

"열쇠는 두 개일세. 하나는 사장이 성장 드라마의 시나리오를 알고 있어야 한다는 거야. 그런 의미에서 지식은 사람들에게 큰 힘을 안겨주지. 만약 함정에 빠지기 전에 사장이 이런 지식을 가지고 있다면, 그는 경영의 목적을 매출 성장에서 경영 시스템화로 바꿀 수 있을 테니까.

그렇다면 회사를 시스템화하는 동안 창업자는 무엇을 해야 할까? 그때는 회사에서 멀리 떨어져서 놀아야 하네. 창업자는 아이디어를 내는 사람이니까 사내에 있어봤자 혼란만 야기하게 되지. 애당초 사장은 앞으로 나아가기만 하고 멈출 줄을 모르는 사람이 아닌가. 회사를 시스템화하는 도중에 새로운 일을 시작하는 건 자동차를 제작하는 도중에 액셀을 힘껏 밟는 것이나 마찬가지일세. 그러면 차가 산산조각 나는 것은 당연하지 않을까?

따라서 창업자는 운전석에서 물러나 실무자와 관리자에게 핸들을 넘겨주고 놀아야 하네. 그러면 사내에는 시스템이 제대로 자리 잡게 되지. 그렇게 놀다 보면 창업자에게는 새로운 아이디어가 떠오르네. 그러면 사내에 시스템이 정착되었을 때 회사로 돌아오는 걸세. 그런 다음에 창업자의 뛰어난 아이디어로 성장 사업을 시작하면 계속해서 성장할 수 있는 선순환 사이클이 만들어지겠지.

지속적으로 성장하는 회사의 사장은 대부분 이렇게 행동하네. 물론 무의식중에 직감적으로 움직이는 거지만 말이야. 사장이 2년 정도 하와이에서 놀다가 훌륭한 비즈니스 아이디어를 가지고 돌아와서 회사를 크게 만드는 경우는 흔히 볼 수 있잖나?"

"우아, 이건 아주 멋진 소식인데요? 사장의 놀이를 정당화할 수 있으니까요!"

"흐름을 잘 타는 회사는 잘 놀고 잘 일하면서 성장하지. 그런데 흐름을 타지 못하는 회사는 놀 여유가 없네. 우연히 성장기에 있었을 뿐인데 돈을 벌었다고 들떠 있다 보면 어느새 성숙기에 접어들어서 수익도 없고 조직력도 없는 고통스러운 상황에 빠지게 되지."

성공자의 고백

간자키의 이야기를 들으면서 다쿠는 사토코에게 부사장직을 맡긴 것은 정답이었다고 생각했다. 지금 자신이 해야 할 일은 조직을 이끌고 나가는 운전사가 아니라 조수석에 앉아서 그녀가 일하기 쉽도록 보조하는 것이다.

다쿠는 나머지 열쇠도 빨리 알고 싶어서 다급하게 물었다.

"비극의 시나리오에 빠지지 않는 두 번째 열쇠는 뭐죠?"

그러자 간자키는 노트에 그려진 성장곡선에 '정리자'라고 써넣었다.

"두 번째 열쇠는 사장이 정리자가 되는 것, 그리고 직원 한 사람 한 사람이 정리자의 자질을 키우는 것이네.

조금 전에 정리자는 어머니 같은 존재라고 말했지? 작은 회사에서는 그렇지만, 가업이 기업으로 변하면 이번에는 아버지, 즉 사장이 정리자가 되지 않으면 안 되네. 정리자로서의 어머니는 모든 직원에게 사랑을 쏟아야 하지. 반면에 어린아이가 성장했을 때의 정리자는 아버지처럼 이념과 철학, 인생을 가르쳐줘야 한다네. 그런 존재가 없으면 기업은 통합되지 않지."

그 말을 들은 다쿠는 얼굴에 실망감이 드러나지 않도록 신경써야 했다. 이념이나 철학이란 단어가 등장하면 이야기는 개념론이 되어버려서, 회사 경영에 적용할 수 없는 경우가 많았다. 그래서 다쿠는 철학이라는 단어를 별로 좋아하지 않았다.

"직원들에게 철학이나 인생을 가르쳐주는 것이 쉽지 않잖습니까?"

"크레도가 있지 않나?"

그 말에 다쿠는 흠칫했다.

"아하! 크레도를 통해서 기업의 철학을 효과적으로 뿌리내리게 하면 되는 거군요. 그러면 누구나 자연스럽게 정리자의 자질을 가질 수 있게 되겠네요."

"그렇지. 그렇게 되면 회사의 문화가 뿌리를 내리고 분위기가 만들어지지. 가치관을 강요하지 않아도 다른 사람을 이해하는 힘을 키울 수 있네.

지금까지 설명한 것처럼 기업에는 네 가지 역할이 있고, 제각기 입장에 따라 쓰는 말도 다르고 견해도 달라지지. 그리고 이 네 가지 역할 이상으로 직원들의 개성은 다양하네. 그 다양한 개성을 큰 시점으로 포착해서 통합할 수 있느냐, 각각 다른 개성을 가진 사람들을 이해하고 그들의 능력을 끌어낼 수 있느냐 하는 것이 회사 발전의 원동력이지. 크레도를 도입하는 의미가 거기에 있는 걸세."

다쿠는 지금까지 회사에 철학을 도입할 수 있으리라고는 상상도 하지 못했다. 물론 직원들의 마음에 철학을 스며들 수 있게 만들면 인격을 높일 수 있겠지만, 인격은 원래 갖춰져 있는 소질이나 재능 같은 것이라고만 생각했다. 그런데 간자키의 말을 통해서 인격이란 더 높은 곳을 목표로 하는 과정이라는 사실을 깨

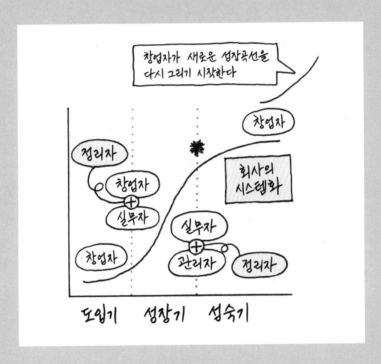

달았다.

자기처럼 인격이 높지 않은 사람이 다른 사람의 리더가 되는 것은 주제넘은 일이 아닐까? 하지만 인격을 성장하게 만드는 구조를 알게 된 지금, 자신이 직원들의 정신적 리더로 활약하지 않으면 안 된다는 자각이 불끈 솟구쳤다.

"그 네 가지 역할을 전제로 한다면, 우리는 리더십에 대해서 착각했다고 할 수 있겠군요. 리더라고 하면 보통 한 사람의 강력한 리더를 떠올리는 법이죠. 하지만 리더가 태어나기 위해서는 창업자와 실무자, 관리자, 정리자가 필요하고, 조직에 리더십이 뿌리내리기 위해서는 각각의 멤버가 적절하게 힘을 발휘해야 하는군요."

간자키는 가볍게 미소를 지으면서 고개를 끄덕였다.

"그것이 회사의 본질이지. 회사는 그곳에 모이는 모든 사람이 본래의 자기 모습을 발견하는 장소라네. 그런 과정에 즐거운 일만 있을 수는 없겠지. 오히려 좌절이 더 많을 수도 있네. 하지만 좌절을 극복해야만 비로소 자신의 빛나는 부분을 만날 수 있고 보물을 가져갈 수 있지 않을까? 여기서 말하는 보물이란 자기에게 힘이 있다는 자각이네.

퍼즐을 떠올리면 이해하기 쉬울 걸세. 직원들은 모두 자기를 만나는 여행을 하고 있고, 여행의 끝에서 퍼즐 한 조각을 가져가지. 모든 직원이 그 한 조각을 가져가면 회사는 세상을 향해서 하나의 큰 그림을 그릴 수 있네.

　이것은 회사에만 해당하는 이야기가 아니라 인류 전체의 과제라고도 할 수 있지. 모든 사람은 자기를 만나는 여행을 하고 있네. 예술가도, 운동선수도, 노숙자도 각자 자신에게 필요한 길, 가치 있는 길을 걸어가고 있지. 그리고 그 여행의 끝에서 퍼즐 한 조각을 가지고 돌아가네. 인류 전체가 그렇게 했을 때, 모든 조각이 이어져서 새로운 단계에 올라설 수 있지 않을까?"

　간자키의 목소리에는 다쿠가 지금껏 들어본 적이 없는 뜨거운 열기가 담겨 있었다.

　"누군가가 그 역할을 해내야 하는데, 그 사람이 창업자라는 말씀인가요?"

　"그만큼 한 사람 한 사람이 큰 사명을 가지고 있다는 뜻이지."

성공자의 고백

　시간이 자정을 넘어서자 바에는 사람이 줄어들고, 웨이터가 다가와서 마지막 주문 시간이라고 말했다. 그러자 평소에 담배를 피우지 않던 간자키가 여송연을 주문했다. 몬테크리스토 4번이다. 여송연용 긴 성냥에 불을 붙이자 오렌지빛 불꽃이 피어오르고, 여송연 특유의 달콤한 향기가 연기와 함께 떠다니기 시작했다.

"그나저나 사장님께서는 어떻게 관리에 대해서 그토록 잘 아시나요?"

간자키는 옛날을 추억하는 듯한 눈길로 말했다.

"자네는《성공자의 고백》이란 책을 읽어본 적이 있나?"

다쿠는 제목은 들어본 적이 있지만 읽은 기억은 없었다.

"읽은 적은 없습니다. 어떤 책이죠?"

"초판이 100여 년 전에 나온 오래된 책이네. 크게 성공한 사업가가 노년에 쓴 책이야. 성공하면 인생에 왜 균열이 생기는지, 그 균열을 없애기 위해서는 어떻게 해야 하는지 쓰여 있지. 그 책에 내가 여태껏 자네에게 가르쳐준 지식이 모두 들어 있네.

그 책을 처음 만난 것은 6년 전, 자네가 독립하기 얼마 전이었지. 나는 그 책을 읽고 큰 충격을 받았다네. 그 책에는 내 인생에 대해서 자세히 쓰여 있더군. 나의 성공과 실패의 이유까지 모두 쓰여 있었다네.

나는 그때까지 내가 겪은 고난들을 모두 나 개인의 일이라고 여겼지. 하지만 그 책을 읽은 이후, 회계사로서 많은 창업자를 살펴보았네. 그랬더니 그것은 나에게만 일어나는 사건이 아니라 일종의 패턴이라는 사실이 분명해지더군.

예전에 자네한테, 옛날의 나와 비슷하다고 말한 적이 있지? 그것은 빈말이 아니라 사실이라네. 자네가 겪은 어려움을 나도 겪었는데, 그 패턴이 너무도 비슷하더군.

가정과 회사는 아주 밀접한 관계에 있지. 하지만 사람들은 비즈니스 부분만을 보고, 성공한 사람의 빛나는 부분에만 찬사를 보낸다네. 빛이 있으면 그늘도 있게 마련 아닌가? 하지만 그늘에 대해서는 입을 꼭 다물지. 성공 때문에 가정이 어떻게 일그러지는가? 조직에 어떤 균열이 생기는가? 그것에 대해서는 아무도 말하지 않네. 아니, 말하고 싶지 않은 거겠지."

간자키의 목소리가 가늘게 떨리기 시작했다.

"나는 전혀 몰랐다네. 자식이 부모의 관계를 회복시키기 위해 병에 걸린다는 사실도……."

간자키는 꺼질 듯한 목소리로 말한 다음, 입을 다물었다. 그러곤 무엇인가를 견뎌내려는 듯이 고개를 푹 떨구었다.

잠시 후, 간자키의 얼굴이 일그러지면서 굳게 다문 입술 사이에서 오열이 새어나왔다. 심장이 오그라드는 울음소리였다.

"조금만 더…… 조금만 더 빨리…… 그 책을 만났더라면……."

간자키는 술잔을 깨뜨릴 듯이 손에 힘을 주었다.

"왜 그러세요? 무슨 일이에요? 물이라도 가져오라고 할까요?"

"딸을…… 내 딸을!"

간자키는 보기에도 안타까울 정도로 몸을 떨었다. 그런 모습은 처음이었다.

잠시 후, 그는 가슴의 응어리를 토해내듯이 말을 내뱉었다.

"내 딸을 죽이진 않았을 텐데……."

얼마나 침묵이 흘렀을까?

어쩌면 한순간이었을지도 모르고 한 시간이었을지도 모른다. 여송연에서는 더 이상 연기가 피어오르지 않았다.

머릿속이 새하얘져서 다쿠는 아무 생각도 할 수 없었다. 다쿠의 눈에서도 눈물이 끊임없이 흘러내렸다. 이를 악물어도, 눈을 크게 떠보아도 굵은 눈물방울이 멈추지 않았다. 무엇 때문에 눈물을 흘리는지 스스로도 알 수 없었다.

간자키의 바닥을 알 수 없는 고독. 자신이 살아 있다는 느낌. 간자키와의 운명적인 만남……. 이 만남은 수백 년 전부터 정해져 있지 않았을까? 저세상으로부터 이어진 아득한 인연이 한순간의 오차도 없이 이 자리에서 맺어진 게 아닐까? 그런 상념들이 돌고 돌아서 다쿠의 눈에서 눈물이 되었을지도 모른다.

"미안하네. 괜히 나 때문에 분위기가 이상해졌군. 어제가 딸의 기일이었다네."

간자키는 일곱 살짜리 딸을 백혈병으로 잃었다고 털어놓았다. 전처와 헤어진 지 얼마 되지 않았을 때였다. 눈에 넣어도 아프지 않을 정도로 끔찍하게 사랑했던 딸이라고 한다. 나중에 지인에게 들으니, 그때 간자키는 우울의 늪에 빠져서 죽은 사람처럼 살

성공자의 고백

았다고 한다.

간자키와 헤어진 것은 새벽 2시가 지나서였다. 다쿠는 택시에서 내려서 집으로 향했다. 문득 하늘을 올려다보니 보름달이 아름답게 빛나고 있었다.

불현듯 독립한 직후, 한계 상황에 몰려 있었을 때 보았던 달이 떠올랐다. 그때도 지금처럼 달이 아름다웠는데…….

하지만 그때만큼 간절한 감동은 솟구치지 않고 뭔가가 부족하다는 생각이 들었다.

'그때와 무엇이 달라졌을까?'

그 기억을 마지막으로, 그는 소파에 쓰러진 채 잠의 세계로 빠져들었다.

다음 날, 다쿠는 점심시간이 지날 때까지 그대로 소파에 누워 있었다. 멍한 상태에서 어젯밤의 일들이 어렴풋이 떠올랐다.

'《성공자의 고백》이라…….'

책의 제목이 머릿속을 가득 메웠다. 분명히 어디서 본 것 같은데 어디서 보았는지는 떠오르지 않았다.

'잠깐!'

그의 기억 속에서 창업할 당시 두 평 남짓한 방에 있던 책장이 떠올랐다. 그 책들은 이사할 때 상자 안에 넣은 채 창고에 보관되어 있었다. 상자를 열자 독립하기 위해서 읽었던 책들이 쏟아졌다. 조셉 머피의 《잠자면서 성공한다》도 오랜만에 보니 매우 반가웠다. 상자의 맨 아래쪽에서 찾던 책을 발견했을 때 저도 모르게 소리를 질렀다.

"찾았다! 이거야!"

《성공자의 고백》.

그것은 독립했을 때 아버지가 보내준 책이었다. 다쿠는 무엇인가에 쫓기듯이 책을 펼쳤다. 그때는 자신과 관계가 없다고 생각했던 한마디 한마디가 지금은 큰 의미로 다가왔다. 책갈피 사이에 편지가 들어 있었다.

'아아, 맞아. 아버지와 싸운 다음이라서 편지도 읽지 않았어.'

5년 전의 편지를 펼치자 만년필로 꼼꼼히 쓴 파란색 글씨가 눈으로 뛰어들었다.

다쿠, 며칠 전에는 미안했다. 아무래도 아비는 네 앞에서 하고 싶은 말도 제대로 못하는 것 같구나.

너도 알다시피 난 지점장이 되기 전에 대출을 담당했었지. 그래서 오랫동안 수많은 기업의 경영자를 지켜보았고, 성공할수록 인생이 어긋나는 경영자를 많이 봐왔다. 은행 빚뿐이라면 괜찮지만 자금줄이 막히면 사채에 손을 대게 된다. 그렇게 해서 빚에 시달리다 자살한 경영자도 여럿 보았다.

지금은 창업에 관한 열기가 뜨거워지고 있지. 시대의 흐름을 생각하면 어쩔 수 없는 일일지도 모른다. 하지만 붐에 편승해서 창업하는 것만은 그만두길 바란다. 유키코에게도, 그리고 신이치에게도 네가 필요하니까, 지금은 네가 곁에 있어주어야 하니까…….

아버지가

편지를 들고 있는 다쿠의 손이 가늘게 떨렸다.

'나는 여태껏 무엇을 오해하고 있었던 걸까? 아무것도 몰랐다. 아니, 알려고 하지도 않았다.'

그는 다시 편지를 읽었다. 지난 5년의 공백을 메우려는 듯이 몇 번씩이나……. 그러자 아버지에 대한 분노가 녹아내리고, 동시에 아내에 대한 응어리도 사라졌다.

'더 이상 남에게 잘 보이려고 노력할 필요는 없다. 나를 좋게 보이려고 위장했기에, 그리고 필요 이상으로 어깨에 힘을 주고 살아왔기에 아내를 고독하게 만들었다. 게다가 나 자신을 고독하게 만들었다.'

편지를 읽는 사이에 그는 어젯밤에 달을 보면서 마음이 허전했던 이유를 알 것 같았다. 똑같은 달을 보았는데 왜 예전만큼 감동이 솟구치지 않고 뭔가가 부족하다는 느낌이 든 것일까? 그 의문에 대한 해답이 떠오른 순간, 그는 황급히 뛰쳐나갔다. 도저히 그대로 있을 수 없었던 것이다.

　정신이 들었을 때는 유키코가 머물고 있는 처갓집 앞이었다. 다쿠는 그제야 비로소 자신이 수염도 깎지 않고 머리칼도 부스스하다는 것을 알았다. 머리칼을 손으로 쓸어올리고 나서 초인종을 누르려고 할 때였다. 갑자기 현관문이 열리더니 눈앞에 유키코가 나타났다. 몇 번이나 상상하려고 했지만 이내 사라져버리고 하던 그리운 얼굴이었다.

　"여보!"

　순간적으로 문을 닫으려는 아내에게 다쿠는 떨리는 목소리로 말했다.

　"여보, 문 닫지 마. 할 말이 있어."

　유키코는 눈길이 마주치지 않도록 등을 돌렸다.

　"최근 몇 달 사이에 우리 회사는 눈부실 정도로 성장했어. 연매출도 10억 엔이 넘고, 도저히 불가능할 것 같던 5000만 엔이라는 대출금도 갚았지. 지난 5년 동안, 나 스스로도 놀랄 정도로 큰 성공을 거두었어. 그것도 많은 사람을 기쁘게 만드는 사업을 통해서……. 하지만 아무리 큰 성공을 거두어도, 무엇으로도 채울 수 없는 부족한 부분이 있어. 기쁨을, 그리고 슬픔을 함께 나눌 아내가…… 내 아내가 집에 없다는 거야."

　다쿠는 가슴속에서 목소리를 쥐어짜내면서 덧붙였다.

"내게는 당신이 필요해. 다른 무엇보다도 당신이 필요해. 내가 잘못했어. 용서해줘……."

그 순간, 유키코의 눈이 젖어들면서 눈물방울이 뺨을 타고 흘러내렸다. 다쿠는 그녀를 껴안으면서 눈물을 닦아주었다.

참으로 긴 이별이었다. 앞으로 많은 시간을 들여서 서로의 상처를 쓰다듬을 필요가 있으리라. 하지만 그것은 회복을 향한 상처임을 서로의 온기에서 느낄 수 있었다.

그때 옆에서 신이치의 밝은 목소리가 들렸다.

"엄마, 누구야?"

유키코는 흐르는 눈물을 닦고 대답했다.

"아빠야. 아빠가 신이치를 만나러 오셨어!"

그녀의 아름다운 목소리가 다쿠의 귀에서 메아리쳤다.

다쿠는 서점에 있었다.

요즘은 일에 쫓기지 않고, 주말에는 가족과 함께 지낼 수 있게 되었다. 시간이 있을 때는 아이들과 함께 서점을 찾곤 한다. 신이치와 마리가 가는 곳은 서점의 4층으로, 그림책 코너다. 마리는 마법사에 관한 책을 가져와서 사달라고 졸랐다.

"아빠, 이 세상에 마법이 있어?"

"물론이지. 마법은 누구든지 사용할 수 있단다."

신이치가 눈을 동그랗게 뜨고 다쿠를 쳐다보았다.

"아빠는 거짓말쟁이야! 이 세상에 마법이 어디 있어?"

"그럴까? 아빠는 마법이 있다고 생각하는데?"

마리가 초롱초롱한 눈망울로 다시 물었다. "아빠, 마법을 사용하면 꿈을 이룰 수 있어?"

"그럼!"

"어떤 꿈이라도?"

"그래, 어떤 꿈이라도 이룰 수 있어. 이건 거짓말이 아니야."

"그걸 어떻게 알아?"

다쿠는 마리와 눈높이를 맞추고 나서 대답했다.

"지금까지 아빠도 모든 꿈을 이루어왔으니까."

마리의 맑은 눈망울을 보면서 다쿠는 문득 깨달았다.

성공으로 가는 길은 결코 평탄치 않다. 그 길에는 산도 있고 계곡도 있다. 그동안 수많은 산을 넘고 계곡을 기어 올라온 지금에야 겨우 알 것 같은 기분이 든다.

성공의 과정에서 만난 장애물은 나를 해하려는 지뢰가 아니다. 아무리 악의에 가득 찼다고 여겨지더라도 진실은 그렇지 않다.

사랑하는 아이를 꼭 껴안을 수 있는 것, 아내의 존재에 진심으로 감사할 수 있는 것, 기쁨과 슬픔을 함께 공유할 수 있는 친구를 만나는 것. 그것은 모두 내 인생에, 당신의 인생에 보석 같은 빛을 안겨준다. 그리고 세상에서 가장 다정한 힘을 가져다준다.

성공자의 고백

성공의 과정에서 만나는 장애물은 무서운 지뢰가 아니었다. 그 것은 우주에서 보내준 소중한 '선물'이었다.

모든 꿈꾸는 사람에게

To Every Dreamer

"꿈을 끝까지 추구할 용기가 있다면
우리의 꿈은 모두 실현될 수 있다."

월트 디즈니

성공을 향한 한 걸음

이 책은 창업하고 나서 5년 동안 많은 사람에게 일어나는 전형적인 사건을, 몇몇 실화를 바탕으로 만든 소설이다. 5년 동안 일어나는 다양한 일들은 아무리 짧게 축약해도 책으로 만들면 수십 권이 될 것이다. 그러나 나는 그 내용들을 일부러 한 권의 소설로 만들었다.

꿈을 가진 사람이 성공을 향해 한 걸음을 내딛고, 수많은 실패와 좌절을 경험하면서 일과 가정의 균형을 찾아가는 것. 그 과정은 소설로 읽어야만 제대로 이해할 수 있기 때문이다.

사람들은 일에서 성공하는 것과 가정에서 성공하는 것을 다른 주제로 다뤄왔다. 그러나 수천 개가 넘는 기업의 경영자들을 만나면서 내가 절실하게 느낀 것은, 그 두 가지가 매우 밀접한 관계에 있다는 것이다. 그리고 DNA 구조처럼 복잡하게 뒤얽혀 있는 내용을 이해하기 쉽게 전하기 위해서는 소설이라는 형식이 가장 좋으리라 판단했다. 이 소설을 통해 많은 것을 배우기 위해서는 사업의 성장 과정과 가정과의 관계를 살펴보면 된다. 큰 맥락을 짚어보면 다음과 같다.

○ **1장 성공을 향해 한 걸음을 내딛기 시작한다. 일은 힘들지만 가정은 원만하다.**

○ **2장 성공을 향해 멋지게 이룩한다. 일은 순조롭지만 가정에서는 서서히 균열이 생기기 시작한다. 균열은 가정에서 가장 취약한 부분, 특히 아이를 통해 나타난다.**

○ **3장 성공의 최종 목표로 가는 갈림길에 서 있다. 일은 순조롭지만 인간관계에서 문제가 발생한다. 가정에서 부부는 더 이상 서로 아무것도 기대하지 않음으로써 균형을 유지하는 체념 분위기다.**

○ **4장 일과 가정의 균형을 회복한다. 일에서는 남을 지도하는 자리에 서게 되고, 가정에서는 주도권 쟁탈 관계에서 상호 의존의 관계로 발전한다.**

이런 식으로 성장 단계별로 일어나는 전형적인 문제를 일과 가정 양쪽에서 정리해놓았다. 이와 같은 패턴을 알게 되면 성공으로 가는 길에 숨어 있는 일들을 예측할 수 있다. 그리고 성공과 좌절에 대해 하나도 숨기지 않은 성공자의 자서전을 보면, 이 소설에 나오는 패턴과 놀라울 정도로 일치한다는 사실을 깨닫게 된다.

강조하고 싶은 세 가지

아마 이 책을 읽은 후에는 자신에게 맞는 성공자의 모델을 발견할 수 있을 것이다. 매스컴에 등장하는 성공 이야기는 대체로 표면적인 부분에만 스포트라이트를 비춘다. 그러나 그래서는 성공자의 극히 일부분밖에 이해할 수 없다. 반면에 이 책을 읽고 나면 성공의 이면에 무엇이 있는지 예측할 수 있는 능력이 생길 것이다. 성공한 사람도 정신적으로는 매우 불행한 사태에 빠져 있고, 반대로 사회의 낙오자 같은 사람이 진정한 영웅일 수 있다는 사실을 알게 된다.

나는 이 책에 전략과 마케팅, 영업, 관리, 코칭 등 많은 노하우를 담으려고 했다. 소설은 원래 잠재의식에 작용하기 때문에, 이 책을 읽은 후에는 의식하지 않아도 사업 능력이 향상되어 있을 것이다. 여기에서는 노하우에 대한 자세한 설명은 생략하지만 다음의 세 가지만은 특별히 강조하고 싶다.

○ 첫째, 사업 모델의 발전 과정

여기에 나오는 외국어 홈페이지 제작이라는 소재는 어디까지나 나의 상상으로, 실제로는 존재하지 않는다. 따라서 중요한 것은 이 비즈니스가 성공하느냐 아니냐가 아니라, 다쿠가 홈페이지 제작이라는 사소한 아이디어에서 출발해서 어떤 식으로 그 업계를 만들고 그곳의 리더가 되느냐는 것이다. 나는 이런 식으로 발상을 확대해서 한 걸음 앞으로 나아가는 사람이 늘어나면 앞으로 몇 가지 새로운 사업이 탄생하리라고 믿는다.

○ 둘째, 사업이 자리 잡힐 때까지의 딜레마

다쿠는 사업이 원만하게 자리 잡힐 때까지 어떻게 예상 고객을 모으느냐 하는 마케팅 문제와 어떻게 예상 고객과 계약하느냐 하는 영업 문제에서 한 번 좌절하게 된다.

이것은 모든 창업자가 직면하는 문제로, 해결 방법을 모르기 때문에 대부분 성공으로 가는 길을 포기해버린다. 성공이 바로 코앞까지 와 있는데도 그 직전에 포기해버리는 것이다. 창업하는 사람은 누구나 넘어질 수 있다는 사실을 기억해두면 필요 이상으로 좌절하지 않고 원만하게 사업을 발전시킬 수 있을 것이다.

○ 셋째, 사업이 순조로울 때 싹트는 붕괴의 씨앗

붕괴는 가장 먼저 인간관계에서 나타난다. 이것에 대해서는 3장과 4장에서 설명하고 있지만, 솔직히 말해서 아직 경험하지 못한 사람들은 이해할 수 없을지도 모른다. 실연을 당해보지 않으면 실연의 고통을 알 수 없는 것처럼, 조직과 가정이 무너지는 고통은 직접 겪어보지 않으면 알 수 없는 법이다. 인간은 원래 괴로운 경험을 통해서 가장 소중한 것이 무엇인지 깨닫지 않는가.

하지만 세 번째 사항에 대한 중요성은 아무리 강조해도 지나치지 않을 것이다. 이에 대한 사전 지식이 없기 때문에 성공을 향해 달리는 많은 사람이 골인 지점 직전에 발목을 잡힌다. 그러니까 선뜻 가슴으로 다가오지 않더라도 반드시 읽어두길 바란다. 그러면 자신이 넘어지려고 할 때, '예전에 그 책에서 한 말이 이것이었나?' 하는 깨달음을 얻는 동시에 적절히 대처할 방법도 찾을 수 있을 것이다.

꿈을 가진 사람의 힘

내가 이 책을 쓴 이유는 지금 세계 경제가 심각한 문제를 안고 있기 때문이다. 특히 일본은 이 책의 3장에서 설명하는 상황에 놓여 있다. 경제는 위기 상황에 직면해 있고, 국가는 리더십 부재에 빠져 있는데도 혼란을 수습할 수 있는 사람은 아무도 없다. 고도성장기에 발생한 가정의 균열(등교 거부와 학교 폭력, 은둔형 외톨이, 가정 폭력, 미성년 성매매, 황혼 이혼, 우울증 등)이 한꺼번에 쏟아지고 있다. 매일 귀가 따가울 정도로 경고 신호음이 울리는데도 모두 들리지 않는 척 외면하고 있다.

이 균열은 누가 메워야 할까? 그것을 메울 사람은 자기 자신밖에 없다. 지금처럼 무기력한 시대에 꿈을 가진 사람의 힘은 무서울 정도다. 특히 대기업 간부나 중소기업 경영자를 비롯한 사회 지도층의 영향력은 막대하다. 경영자가 가정과 사업의 조화를 이루면서 행복해지겠다는 꿈을 가졌을 때, 그 꿈은 경영자의 가족에게 영향을 주고 부하 직원과 그의 가족에게도 전해진다. 나는 이 책을 읽은 독자들이 그 중요성을 깨달아 서로 전하기 시작하면, 행복해지고 싶다는 꿈은 몇 년 안에 실현할 수 있다고 확신한다.

마지막으로, 이 책을 쓰고 나서 너무나 당연한 사실을 깨달았다. 성공을 향해 달리는 사람들의 뒤에는 많은 사람의 희생과 헌신이 있다는 사실이다.

우선 아직 미숙한 나와 함께 걸어온 고객 여러분께 감사의 마음을 전하고 싶다. 그들은 멋진 경험만이 아니라 힘든 경험도 나와 공유해주었다. 아마 그런 동지들과 경험을 공유하지 못했더라면 이 책은 태어나지 못했을 것이다.

책의 내용 중 많은 부분은 요코하마 국립대학 보건관리센터(임상심리학)의 호리노우치 다카히사 조교수에게서 가르침을 받았다. 관리팀을 만들 때의 심리적인 접근은 그와 거듭된 논의 끝에 태어난 것이다. 특히 클레임 대처 방법에 대해서는 그에게 배운 내용을 그대로 정리했다. 아무리 퍼내도 마르지 않는 그의 지식과 경험이 없었다면 가정과 회사가 밀접한 관계에 있다는 사실을 제대로 정리할 수 없었을 것이다.

소설의 깊이에 대해서 가르쳐준 '스토리아트&사이언스연구소'의 오카다 이사오 선생님, 소설이란 분야에 첫발을 내딛게 해준 고단샤 편집자인 시노키 가즈히사 씨, 그분들 덕분에 이 소설이 햇빛을 볼 수 있게 되었다.

성공의 길목에서 나에게 들이닥친 고뇌를 함께 나누어준 친구들. 내가 잘못된 길로 걸어갈 때마다 바로잡아준 친구들. 그들이 아니었으면 나는 정신이 이상해졌을지도 모른다. 그 고마움을 표하기 위해 대표로 세 명만 거론하고자 한다. 나를 이혼의

위기에서 구해준 하시모토 나오미. 우리 가족을 추락 직전에 새로운 가족으로 태어나게 해준 마사, 유코. 그들이 아니었으면 지금의 나와 우리 가족은 존재하지 못했으리라.

격동의 5년 동안 우리 회사의 직원으로 근무하면서 나와 똑같은 괴로움을 겪은 고토 하쓰코, 야마구치 리에코, 그리고 끝까지 나를 믿고 따라준 직원들에게 이 자리를 빌려서 진심으로 감사의 말을 전하고 싶다.

그리고 정말 마지막으로…….

이 작품은 어디까지나 픽션이다. 그렇게 말해도 여러분은 아오시마 다쿠를 나로, 유키코를 내 아내로 받아들일 것이다. 소설의 재미를 더하기 위해 여기에서는 필요 이상으로 유키코를 악처로 만들었다. 지금까지 아내도 많은 고통을 겪은 만큼, 이렇게 묘사되는 것은 가슴 아픈 일이다. 그럼에도 이 이야기를 세상에 내놓는 것에 웃는 얼굴로 동의해준 아내에게 진심으로 존경한다는 말과 함께 감사의 마음을 전한다.

간다 마사노리

참고문헌

○ 《EQ 감성지능》 대니얼 골먼, 웅진지식하우스

○ 《Next Society》 피터 드러커, 한국경제신문

○ 《특별한 원칙: 성공한 사람들이 반드시 지키는 단 한 가지 전략》 존 오닐, 홍
   익출판사

○ 《어른아이와 가족: 마음속 아이를 치유하다 アダルト・チルドレンと家族: 心の
   なかの子どもを癒す》 사이토 사토루, 가쿠요쇼보

○ 《If It Hurts, It Isn't Love: And 365 Other Principles to Heal and
   Transform Your Relationships》 Chuck Spezzano, Da Capo Lifelong
   Books

○ 《If It's Heartbreak, It Can Be Healed: Letting Go of Hurt and
   Learning to Love Again》 Chuck Spezzano, Da Capo Lifelong Books

○ 《Ten Steps to a Learning Organization》 Peter Kline, Bernard
   Saunders, Great River Books

○ 《The Writer's Journey》 Christopher Voglar, Michael Wiese

○ 《Managing Corporate Lifecycles》 Ichak Adizes, Penguin USA

○ 《Awakening the Heroes Within: Twelve Archetypes to Help Us
   Find Ourselves and Transform Our World》 Carol S. Pearson,
   Harper Collins

○ 《The Solutions Focus: The Simple Way to Positive Change (People

Skills for Professionals)》 Paul Z. Jackson, Mark McKergow, Natl Book
Network

또한 본서에 나오는 이야기의 진정한 취지는 독자분들의 꿈
을 위해 함께하는 것이지만, 실천을 위해서 구체적인 방향성, 전
략이나 기술에 대해 좀 더 심도 있는 내용을 알고 싶을 때는 아
래의 책을 참고하셔도 좋을 것 같다.

○《비상식적 성공 법칙: 부의 추월차선에 올라타는 가장 강력한 8가지 습관》
  간다 마사노리, 생각지도
○《90일 만에 당신의 회사를 고수익 기업으로 바꿔라》 간다 마사노리, 경칩
○《입소문 전염병: 저절로 매출이 올라가는 불변의 법칙》 간다 마사노리, 한
  국경제신문i
○《기업 최강의 전략: 60분 기업 혁명》 간다 마사노리, 국일증권경제연구소
○《왜 봄은 오지 않는가? なぜ春はこない?》 간다 마사노리, 지쓰교노니혼샤
○《High Probability Selling: Re-Invents the Selling Process》 Jacques
  Werth, Nicholas E. Ruben, Abba Pub Co

지금 인생의 지뢰를 밟고 있지는 않은가?

《성공자의 고백成功者の告白》.

이 책의 일본어 제목을 처음 보았을 때, 나는 연신 고개를 갸웃거렸다. '성공자'라는 단어의 찬란함과 '고백'이라는 단어의 비밀스러움이 나를 당황하게 만들기에 충분했기 때문이다. 대체 성공한 사람이 무슨 고백을 한다는 것일까?

내가 이 책의 저자인 간다 마사노리를 처음 만난 것은 《비상식적 성공 법칙》을 통해서였다. 명쾌한 문장과 허를 찌르는 내용, 상식을 뒤집는 노하우, 어두운 부분을 밝은 세계로 이끌어내는 강인함……

그 후 나는 그의 공식 홈페이지를 정기적으로 방문해서 새로운 정보와 독특한 성공 방식을 배우는 열렬한 독자가 되었다. 그리고 그곳의 신간 안내 코너에서 이 책을 발견했을 때, 나는 흥분과 설렘을 감출 수가 없었다.

간다 마사노리의 이력은 매우 화려하다.

조치대학 3학년 때 외무고시 합격, 외무성 경제국 근무, 뉴욕대학의 경제학 석사, 펜실베이니아대학 와튼스쿨에서 MBA 학위 취득, 미국 월풀사의 일본 대표를 거쳐 경영 컨설턴트로 화려하게 독립……

위에 나열된 경력만을 보면 그의 인생은 아름다운 빛으로 가득 차 있는 듯이 보인다. 하지만 젊은 시절의 그는 결코 사회에서 성공한 사람이 아니었다.

일류대학 출신이 아닌 외무성 관료, 젊은 나이에 당한 정리해고, 어쩔 수 없이 선택한 MBA, 그 뒤에 찾아온 가정불화와 이혼 위기 등등……

하지만 그는 더 이상 물러설 곳이 없는 벼랑 끝에서 멋지게 날아올랐다. 성공에 대한 강한 집념과 동물적인 감각, 타고난 밝은 성격, 위기를 기회로 만드는 발상의 전환 등이 그의 재산이었다. 어떻게 하면 2등 인생이 1등 인생이 될 수 있을까? 간다 마사노리는 그 비결을 몸소 보여준 뛰어난 실천자인 것이다.

이 책은 소설이다. 아니, 정확하게 말하면 소설의 형태를 빌린 저자 자신의 고백이다. 간다 마사노리는 이 책을 통해서 이렇게 말하고 싶었던 것이 아닐까?

"일에서는 누구나 성공할 수 있다. 하지만 인생에서 성공할 수 있는 사람은 겨우 몇 명에 불과하다. 성공으로 가는 길목 곳곳에 수많은 지뢰가 놓여 있기 때문이다. 나는 미련하게도 그 지뢰를 밟았다. 그 결과, 내 몸과 마음에는 깊은 상흔이 남아 있다. 그것이 이 책을 내놓는 이유다. 적어도 당신만이라도 그 지뢰를 피하길 바라면서……."

《누구에게나 세 번의 기회는 있다》《성공자의 고백》의 국내 초판 제목가 국내에 출간된 2005년 이후 벌써 20년 가까이 시간이 흘렀다. 그러던 중 몇 년 전부터 나에게 전화로, 또는 메일로 이런 문의가 종종 오곤 했다.

"《누구에게나 세 번의 기회는 있다》라는 책을 꼭 구하고 싶은데, 혹시 여분의 책이 없나요?"

회사에서, 또는 학교에서 이 책으로 세미나를 하고 싶은데 책이 절판되어서 구할 수 없다는 내용이었다. 부탁이 간절하기도 했지만 나 자신도 이 책의 가치를 너무나 잘 알고 있기에 새로 출간되었으면 하고 간절히 바라던 상태였다.

그러다 드디어 새로이 출간하게 되었다는 반가운 소식이 들려왔다. 역시 책이든 사람이든 인연은 따로 있는 것이리라. 이번에 예전 책에 있었던 사소한 오류와 오래된 표현을 바로잡고 문장을 수정하는 등 글을 전체적으로 다시 손보면서 또 느꼈다.

역시 이 책은 굉장하다!

창업자들이, 또는 인생의 후배들이 회사에서나 가정에서나 자신처럼 지뢰를 밟아서 고통스러워하지 않기를 바라는 저자의 마음이 절절히 느껴졌다.

창업의 시대인 지금, 이 책은 창업자의 강력한 아군이 되어 그가 꿈꾸는 길을 같이 걸어가줄 것이다.

이선희

성공의 본질적인 문제를 다루고 있는 경영의 바이블

간다 마사노리의 《비상식적 성공 법칙》을 읽다 보면 꼭 일독하라고 권하는 책이 있다. 바로 《성공자의 고백》이다. 국내에 번역된 간다 마사노리의 책 중에서 유일한 소설로, 사실상 소설의 형태를 빌린 저자 자신의 인생 고백서라 할 수 있다. CEO들의 멘토이자 비즈니스 구루로서 비즈니스 분야뿐만 아니라 교육계에서도 열정적인 활동을 하고 있는 간다 마사노리의 유일한 자전소설이기 때문에 일본에서는 스타트업 대표라면 반드시 읽어야 하는 작품으로 꼽히고 있다. 또한 창업에 관심이 있거나 언젠가 창업을 하려고 준비하고 있다면 반드시 읽어야 하는 작품이기도 하다. 나의 지인인 한 컨설턴트는 이 책을 '경영의 바이블'이라고 칭

하면서 생각이 날 때마다 책을 뒤적인다고 털어놓았다.

《성공자의 고백》은 간다 마사노리가 자신의 생생한 경험담과 그동안 컨설팅해온 CEO 1만여 명의 실제 사례를 통해 발견한 성공 법칙의 핵심을 응축해 담아놓은 책이다. 작품은 평범한 샐러리맨의 이야기로 시작된다. 주인공은 회사를 그만두고 창업을 준비하는 아오시마 다쿠이다. 젊은 창업가 다쿠는 사업을 준비하면서 다양한 어려움을 겪는다. 그때 선배이자 예전 직장의 상사 간자키와 만나게 되고, 그에게서 비즈니스 단계별로 맞춤 조언을 얻는다. 한마디로 소설로 만든 비즈니스서인 것이다.

그렇다고 주인공이 성공하여 끝나는 단순한 창업 성공 스토리인가 하면 전혀 그렇지 않다. 오히려 비즈니스에서 빛이 비치면 다른 부분에서 그림자가 되는 사건이 분출한다는 사실과 성공의 어두운 측면(다크사이드)이라고 하는 다루기 힘든 주제를 깊이 파고들었다. 저자인 간다 마사노리는 컨설턴트로서 1만 명이 넘는 CEO를 접하면서 다크사이드의 패턴을 깨달았고, 자신 또한 다크사이드를 경험했다고 밝혔다. 그런 여러 실화를 바탕으로 《성공자의 고백》이 완성된 것이다. 그래서 매우 사실적이면서도 인간의 감정이나 심리학 등에 초점을 맞춘 심도 있는 작품이 만들어졌다.

또한 이 책은 비즈니스서로서 실천적인 사고방식과 노하우도 전수해주고 있다. 우선 비즈니스 아이디어를 찾는 비결은 '우연을 우연이라고 생각하지 않는 것'이다. 우연히 일어난 사건에 어떤 의미가 있을지도 모르고, 또 그 우연에서 교훈이 생길 수도 있기 때문이다. 그리고 또 하나의 핵심, 비즈니스 모델을 판단할 때의 체크포인트를 제시한다.

- ○ **이 사업 또는 상품은 성장곡선의 어디에 있는가?**
- ○ **경쟁업체와 비교해서 시장 우위성이 있는가?**
- ○ **사업을 계속하기 위해 이익을 충분히 확보할 수 있는 모델인가?**

최소한 이 세 가지를 해결하지 못하면 아무리 연구해도 사업은 성립되지 않는다.

창업이란 결코 쉽지 않은 일이다. 하지만 창업의 각 단계에서 빠지기 쉬운 함정이나 그에 대한 대책을 《성공자의 고백》을 통해 알게 된다면 성공 확률은 상당히 높아지지 않을까. 또한 성공자에게는 다크사이드에 빠지는 함정이 있다는 것, 사람이 모이는 감정의 자리에서는 긍정적인 감정이 있으면 부정적인 감정이 나온다는 것, 분노는 전염되어버린다는 것 등등. 이런 내용은 지금까지 비즈니스 맥락에서 의식하는 일이 많지 않았지만 사실은 매우 중요하다. 왜냐하면 회사는 물론이고 가정이나 학교, 동아리, 지역사회 등 여러 사람이 모이는 자리에서는 얼마든지 일어날 수 있는 일이기 때문이다.

《성공자의 고백》은 2005년 국내에 처음 선보였지만, 곧바로 절판되었다. 사람들이 이 책의 가치를 알기도 전에 끝난 것 같아 안타깝게 생각해왔는데 이렇게 새 옷을 입고 다시 세상에 나오게 되어 반가움이 크다. 이 책이 앞으로 창업에 뜻을 두고 있는 분들이나, 모든 비즈니스맨들에게 꼭 필요한 책이 될 것이라 확신한다.

퍼스널비즈니스협회 회장, 나홀로비즈니스스쿨 대표

서승범